汽车先进技术译丛
日本汽车技术协会·汽车技术经典书系

汽车控制技术

[日] 原田宏 主编

张扬 译

机械工业出版社

《汽车控制技术》是日本国内应用非常普遍的一本技术书籍，内容包括汽车控制技术发展概要、环境和车及发动机和驱动系统控制、行驶安全与底盘控制、舒适行驶和底盘控制技术、汽车的智能化辅助驾驶系统、控制技术的现状与未来。其研究与实验方法贴近工程实际，非常值得国内技术人员阅读借鉴。

Translation from Japanese language edition：自動車の制御技術，自動車技術会編集

Copyright © Originally published in Japan in 1997 by Asakura Publishing Company, Ltd.

Chinese translation rights arranged with Asakura Publishing Company, Ltd. through TOHAN CORPORATION, TOKYO.

All Rights Reserved.

版权所有，侵权必究。

This title is published in China by China Machine Press with license from Asakura Publishing Company, Ltd. This edition is authorized for sale in China only, excluding Hong Kong SAR, Macao SAR and Taiwan. Unauthorized export of this edition is a violation of the Copyright Act. Violation of this Law is subject to Civil and Criminal Penalties.

本书中文简体版由Asakura Publishing Company, Ltd. 授权机械工业出版社在中国境内（不包括香港、澳门特别行政区及台湾地区）出版与发行。未经许可之出口，视为违反著作权法，将受法律之制裁。

北京市版权局著作权合同登记　图字：01-2015-0552号。

图书在版编目（CIP）数据

汽车控制技术/（日）原田宏主编；张扬译.—北京：机械工业出版社，2018.7

（汽车先进技术译丛. 日本汽车技术协会·汽车技术经典书系）

ISBN 978-7-111-60196-8

Ⅰ.①汽⋯　Ⅱ.①原⋯②张⋯　Ⅲ.①汽车-控制系统　Ⅳ.①U463

中国版本图书馆CIP数据核字（2018）第128293号

机械工业出版社（北京市百万庄大街22号　邮政编码100037）

策划编辑：孙　鹏　　责任编辑：孙　鹏　李　军

责任校对：潘　蕊　　封面设计：鞠　杨

责任印制：张　博

三河市国英印务有限公司印刷

2018年7月第1版第1次印刷

184mm×260mm·10印张·234千字

0001—3000册

标准书号：ISBN 978-7-111-60196-8

定价：65.00元

凡购本书，如有缺页、倒页、脱页，由本社发行部调换

电话服务　　　　　　　　　　　　网络服务

服务咨询热线：010-88361066　　机工官网：www.cmpbook.com

读者购书热线：010-68326294　　机工官博：weibo.com/cmp1952

　　　　　　　010-88379203　　金　书　网：www.golden-book.com

封面无防伪标均为盗版　　　　　教育服务网：www.cmpedu.com

序

  本丛书是日本汽车技术协会主编的汽车技术经典书系，书系共 12 册。本系列丛书旨在阐述汽车相关的焦点技术及其将来的发展趋势，由活跃在第一线的研究人员和技术人员编写。

  日本汽车技术协会的主要责任是向读者提供最新技术课题所需要的必要信息，为此我们策划了本系列丛书的出版发行。本系列丛书的各分册中，相对于包罗万象的全面涉及，编者更倾向于有所取舍地选择相关内容，并在此主导思想下由各位执笔者自由地发表其主张和见解。因此，本系列丛书传递的将是汽车工程学、技术最前沿的热点话题。

  本系列丛书的主题思想是无一遗漏地包含基础且普遍的事项，与本协会的"汽车工学手册"属于对立的两个极端，"汽车工学手册"每十年左右修订一次，以包含当代最新技术为指导思想不断地进行更新，而本系列丛书则侧重于这十年当中的技术进展。再者，本系列丛书的发行正值日本汽车技术协会创立 50 年之际，具有划时代的意义，将会为今后的汽车工学、技术，以及工业的发展发挥积极的作用。

  在本系列丛书发行之际，我代表日本汽车技术协会向所有为本系列丛书提供协助的相关人员，以及各位执笔者所做出的努力和贡献表示衷心的感谢。

社团法人 日本汽车技术协会
汽车技术经典书系出版委员会
委员长 池上 询

前　言

对于汽车控制技术经过数十年间的蓬勃发展，已经在世界汽车技术中占有主导地位。因此，我们需要回顾控制技术以往的贡献，介绍从现在到未来可能需要的新技术或新课题，进而，向科研战线的专家与研究者们阐述未来的先进研究与控制领域的情况。在这里，我们提及的"控制"，是指通过电子信号对执行机构施加动作，而在纯机械机构中很难或者根本无法实现"狭义的控制概念"的功能。在此对伴随技术演变下控制概念的变化，通过获取驾驶人及汽车自身与周围环境的信息，构建理想的人－车－环境为一体的闭环，进行"广义的控制理念"范围内的技术论述。

在以往的著作中，多以硬件结构为中心的各类控制系统的讨论为主，本书将专注于控制，即软件逻辑部分，阐述汽车控制技术的历史变迁与今后的课题。从本系列丛书的初衷出发，并没有追求覆盖全部的专业领域，而只限定在以动力总成控制、底盘控制部分，并以私家车为研究对象。

在第1章中，以市场需求与新技术利用为主线，介绍控制系统的发展历程，导入目前待研究的技术课题与未来的发展方向。这些内容将从第2章开始详述。

在第2章中，以油耗的改善与动力性的提升为目的，特别对控制理论的应用方式进行介绍，其中包括发动机系统中的排气净化系统及驱动系统。

第3章，旨在提升行驶安全与降低交通事故率，以与驱动力和制动力相关的车辆动力学控制为中心，探寻满足新时期需求的汽车安全性理念。

在第4章中，介绍以追求操控性与舒适性为中心的控制技术，特别是追求满足驾驶人与乘员的主观感受的车型并研究其实现的可能性。

在第5章中，为进一步减轻驾驶人的负担，缓解环境污染及交通堵塞问题，针对汽车的使用，探讨控制技术应当发挥的作用及实现的可能性。同时探究巨大技术变革后的汽车技术与社会公共设施之间的关联问题。

在最后，即第6章中，总结上述各章中所介绍的控制技术以及实现过程中遇到的关键技术问题，或相关设计辅助技术、预想的问题及解决方法和技术开发方法等。本书在最后将勾勒出未来汽车社会的愿景。

编 辑 的 话

本书是由日本汽车技术协会组织编写的"汽车技术经典书系"的第 2 分册《自動車の制御技術》翻译而来的。本丛书的特点是对汽车设计、测试、模拟、控制、生产等技术的细节描写深入而实用，所有作者均具备汽车开发一线的实际工作经验，尤其适合汽车设计、生产一线的工程师研读并应用于工程实践！本丛书虽然原版出版日期较早，但因为本丛书在编写时集聚了日本国内最优秀的专家，使本丛书具有极高的权威性，是日本汽车工程技术人员必读图书，故多次重印，目前仍然热销。非常希望这套丛书的引进出版能使读者从本丛书的阅读中受益！本丛书由曾在日本丰田公司工作的刘显臣先生推荐，也在此表示感谢！

日本汽车技术协会
"汽车技术经典书系"
出版委员会

委员长	池上　询	京都大学工学部
副委员长	近森　顺	成蹊大学工学部
委　员	安部正人	神奈川工科大学工学部
	井上悳太	丰田汽车
	大沢　洋	日野汽车
	冈　克己	本田技术研究所
	小林敏雄	东京大学生产技术研究所
	城井幸保	三菱汽车
	芹野洋一	丰田汽车
	高波克治	五十铃工程技术有限公司
	迁村钦司	新ANSYS有限公司
	農沢隆秀	马自达汽车
	林　直义	本田技术研究所
	原　田宏	防卫大学校
	东出隼机	日产柴油发动机有限公司
	间濑俊明	日产汽车
	柳濑徹夫	日产汽车
	山川新二	工学院大学工学部

主编
原田　宏　　防卫大学校
参编
原田　宏　　防卫大学校
大畠　明　　丰田汽车株式会社
佐藤真实　　本田技术研究所株式会社
白石修士　　本田技术研究所株式会社
森田隆夫　　三菱汽车工业株式会社
田中忠夫　　三菱汽车工业株式会社
保坂明夫　　技术研究组合
永井正夫　　东京农工大学
平野　豊　　丰田汽车株式会社
浅见　谦　　丰田汽车株式会社

目　　录

序
前言
编辑的话
第1章　汽车控制技术发展概要 ………… 1
 1.1　代的划分 ………… 1
  a. 第1代 ………… 1
  b. 第2代 ………… 1
  c. 第3代 ………… 1
 1.2　应对环境能源问题的措施 ………… 2
  a. 发动机系统控制 ………… 2
  b. 自动巡航 ………… 2
  c. 发动机、驱动系统的综合控制 ………… 3
 1.3　行驶控制与安全性提升 ………… 3
  a. 防抱死制动系统（ABS） ………… 3
  b. 牵引力控制系统（TCS） ………… 4
  c. 防止侧滑系统（VSC） ………… 4
 1.4　驾驶舒适性的追求 ………… 5
  a. 阻尼可控悬架 ………… 5
  b. 后轮转向（4WS） ………… 5
  c. 助力转向（PS） ………… 6
  d. 四轮驱动控制（4WD） ………… 6
  e. 主动悬架 ………… 6
  f. 综合控制系统及课题解决 ………… 7
 1.5　驾驶辅助系统和智能化 ………… 9
  a. 预防事故控制 ………… 9
  b. 智能化汽车的实现 ………… 9
  c. 汽车的未来 ………… 10
 参考文献 ………… 10
第2章　环境与车及发动机-驱动系统控制 ………… 11
 2.1　发动机控制 ………… 11
  a. 低排放 ………… 12
  b. 低油耗 ………… 12
  c. 舒适性 ………… 12
  d. 可靠性和安全性 ………… 12
 2.2　发动机控制系统 ………… 12
  a. 进气 ………… 12
  b. 燃料 ………… 13
  c. 点火时间 ………… 13
  d. EGR ………… 13
 2.3　发动机模型 ………… 14
  a. 转矩计算模型 ………… 14
  b. 进气压力计算模型 ………… 17
  c. 燃料动态模型 ………… 18
  d. 发动机转速计算模型 ………… 22
 2.4　发动机控制逻辑 ………… 23
  a. 低排放控制 ………… 24
  b. 低油耗及动力性能的提升 ………… 30
 2.5　未来的发动机控制 ………… 32
 2.6　驱动系统控制 ………… 32
  a. 低油耗 ………… 33
  b. 舒适性 ………… 34
 2.7　发动机-驱动系统模型 ………… 34
 2.8　自动变速器的控制系统 ………… 37
 2.9　驱动控制逻辑 ………… 37
  a. 滑移控制 ………… 38
  b. 换档控制 ………… 38
 2.10　未来的驱动系统控制 ………… 43
 2.11　发动机-驱动控制的未来 ………… 43
 参考文献 ………… 44
第3章　行驶安全与底盘控制 ………… 46
 3.1　事故避免技术 ………… 46
 3.2　ABS的发展历程及现状 ………… 47
  3.2.1　ABS的开发背景 ………… 47
  3.2.2　后两轮控制ABS（美国） ………… 49
   a. 飞机技术的应用 ………… 49

  b. 基础技术的发展 ············ 49
 3.2.3 四轮控制 ABS ············ 52
  a. 控制算法 ················ 52
  b. 高速选择和低速选择 ········ 54
  c. 液压执行机构 ············ 55
 3.2.4 日本的 ABS ············ 56
 3.2.5 ABS 的现状 ············ 57
  a. 提高车体速度的推测精度 ···· 57
  b. 推测路面状态 ············ 58
  c. 四轮驱动用 ABS ············ 58
  d. 车体振动和踏板反作用 ······ 58
  e. 跑偏控制 ABS ············ 58
3.3 TCS 的现状和未来 ············ 59
 3.3.1 TCS 的开发背景 ············ 59
 3.3.2 TCS 的实例 ············ 61
  a. 系统 A（日产 E-TS） ······ 62
  b. 系统 B（博世） ············ 63
  c. 系统 C（三菱 TCL） ········ 64
  d. 系统 D（本田 TCS） ········ 64
 3.3.3 驱动控制的基本形式 ········ 65
 3.3.4 驱动控制系统的分类 ········ 66
 3.3.5 驱动控制系统的现状和未来 ··· 66
3.4 未来技术和车辆行驶控制 ········ 67
 3.4.1 控制基本形式的理解 ········ 67
  a. 驾驶交感型控制和现实适
   应型控制 ················ 68
  b. 视觉型控制和触觉型控制 ···· 68
  c. 个人型控制和社会型控制 ···· 69
 3.4.2 控制理论的层次和关联 ······ 69
 3.4.3 工程师的课题和未来技术 ···· 70
3.5 结束语 ······················ 70
 参考文献 ······················ 70

第4章 舒适行驶和底盘控制技术 ··· 72
4.1 行驶舒适性 ·················· 72
 4.1.1 解决矛盾和舒适性 ·········· 72
 4.1.2 提高行驶性能和舒适性 ······ 72
4.2 控制系统的发展 ·············· 73
 4.2.1 电子控制悬架 ············ 73
  a. 车身高度调整系统 ·········· 74

  b. 阻尼控制 ················ 74
  c. 主动悬架 ················ 77
 4.2.2 后轮转向系统 ············ 81
  a. 前轮转向角比例方式 ········ 82
  b. 转向力反馈方式 ············ 82
  c. 横摆角速度反馈方式 ········ 84
  d. 模型跟踪方式 ············ 84
  e. 非线性控制 ·············· 85
  f. 失效保护 ················ 86
 4.2.3 4WD 控制 ················ 86
 4.2.4 系统的集成化 ············ 87
 4.2.5 控制信息 ················ 90
  a. 车辆外部环境的判断 ········ 91
  b. 驾驶人意图的判断 ·········· 91
4.3 底盘控制系统课题 ············ 92
 4.3.1 控制系统综合化 ············ 92
  a. 功能综合化 ·············· 92
  b. 信息综合化 ·············· 93
  c. 硬件通用化 ·············· 93
 4.3.2 控制目标的研究 ············ 93
 4.3.3 其他课题 ················ 93
4.4 驾驶舒适性的未来 ············ 94
 4.4.1 综合控制概念 ············ 94
 4.4.2 高性能化 ················ 94
 4.4.3 车辆稳定性控制 ············ 95
4.5 结束语 ······················ 95
 参考文献 ······················ 96

第5章 汽车的智能化辅助驾驶系统 ··· 97
5.1 驾驶人与辅助驾驶系统 ·········· 97
 5.1.1 汽车与驾驶人的关系 ········ 97
 5.1.2 辅助驾驶的分类 ············ 97
5.2 汽车的社会课题与智能化
  改善 ······················ 99
 5.2.1 安全性的提升 ············ 99
  a. 防止发现滞后 ············ 99
  b. 防止反应滞后 ············ 99
 5.2.2 交通堵塞的缓解 ············ 99
  a. 由驾驶人行为引起的堵塞 ···· 99
  b. 交通容量的增大 ············ 100

5.2.3	油耗与排放的改善	100
	a. 停车次数的减少	100
	b. 行驶速度的稳定化	100
	c. 行驶速度的优化	100
	d. 跟踪车群行驶、降低空气阻力	100
5.2.4	方便性、舒适性的提升	100
5.3	研发实例	100
5.3.1	控制信息辅助系统	101
	a. 前方障碍物报警系统	101
	b. 侧方障碍物报警系统	102
	c. 近距离障碍物报警系统	103
	d. 车道偏离报警系统	103
	e. 前方道路危险报警系统	104
	f. 疲劳驾驶报警系统	104
5.3.2	控制操作辅助系统	106
	a. 速度控制辅助系统	106
	b. 转向操作辅助系统	108
5.3.3	紧急情况下的操作自动化系统	109
	a. 碰撞避让自动制动系统	109
	b. 防止偏离车道系统	110
	c. 碰撞避让自动转向系统	110
5.3.4	正常行驶时的部分自动化控制系统	110
	a. 自适应巡航控制系统	110
	b. 车道保持系统	112
5.4	智能化的通用技术	113
5.4.1	障碍物识别技术	113
	a. 光学雷达	113
	b. 电波雷达	114
	c. 图像处理识别障碍物	115
	d. 障碍物识别技术的课题	116
5.4.2	行车道标识识别技术	117
	a. 图像的白线识别	117
	b. 新的车道标识识别	117
	c. 行车道标识识别的课题	119
5.4.3	前方道路障碍物的识别	119
	a. 车辆的识别	119
	b. 基础设施的识别	119
5.4.4	车辆位置、行驶轨迹的识别	120
	a. 推算定位法	120
	b. GPS卫星位置测定	120
5.4.5	移动体通信技术	120
	a. 车间通信	120
	b. 路-车间通信	121
5.4.6	执行机构	121
	a. 节气门执行机构	121
	b. 制动执行机构	121
	c. 转向执行机构	122
5.5	系统的开发过程及前景	122
5.5.1	系统的研发过程	122
	a. 向导式自动驾驶系统的研究开发	122
	b. 自律型自动驾驶系统的研究开发	123
	c. 辅助驾驶系统的研究开发	123
5.5.2	智能化系统发展的前景	123
5.6	今后的课题	124
	a. 与使用环境相关的课题	124
	b. 与人相关的课题	124
	c. 与可靠性、耐久性相关的课题	125
	d. 事故责任的问题	125
	e. 对辅助驾驶系统过度信赖及紧张感下降	125
	f. 车辆与基础设施的作用分工	125
	g. 作为社会系统的开发	125
	h. 标准化、规格化	125
5.7	结束语	126
参考文献		126
第6章	**控制技术的现状与未来**	**128**
6.1	控制理论的现状与未来	128
6.1.1	目的与设计流程	128
	a. 控制对象与输入输出	128
	b. 目标值或目标性能的设定	129
	c. 控制系统结构的选择	129
	d. 控制算法的选择	129
	e. 考虑人的特性的设计和评价	129
6.1.2	各种控制系统设计方法	129

  a. PID 控制 …………………… 130
  b. 逆模型的前馈控制 ………… 130
  c. 逆模型的反馈控制 ………… 131
  d. 调节器及观测器 …………… 131
  e. 最佳调节器和卡尔曼滤波器 …… 132
  f. 模型跟随控制 ……………… 132
  g. 2 自由度控制系统的伺服
   系统设计 …………………… 133
  h. H_∞ 控制和 μ 综合控制 ……… 133
  i. 非线性控制 ………………… 134
  j. 自律分散控制系统 ………… 135
 6.1.3 智能化控制系统的设计方法 … 135
  a. 自适应控制 ………………… 135
  b. 模糊控制 …………………… 136
  c. 神经元网络控制 …………… 136

  6.1.4 人的驾驶习惯与控制 ………… 137
 6.2 控制关键技术的现状与展望 … 138
  a. 传感器技术 ………………… 138
  b. 执行机构技术 ……………… 140
  c. 半导体技术 ………………… 140
  d. 多重通信技术 ……………… 140
  e. FDI 与故障诊断辅助技术 … 141
  f. ECU 软件开发辅助系统 …… 143
 6.3 控制系统开发的革新 ………… 143
  a. 车辆 LAN 的采用 ………… 143
  b. 开发工具的运用 …………… 143
  c. 层次化系统 ………………… 143
  d. 新开发体制 ………………… 145
  e. 梦想的实现 ………………… 145
参考文献 …………………………… 146

第1章 汽车控制技术发展概要

1.1 代的划分

纵观控制系统应用历史和控制技术本身的变化，大致可以划分为三代。

a. 第1代

20世纪60~70年代为摇篮期，该时期以电子化为开端，替换原有机械化功能，采用二极管、晶体管和IC（集成电路）作为发动机和电子元器件的重要部件，使单独控制系统进入实用阶段。虽然燃料喷射、变速器控制等实现了实用化，但仍处于以模拟技术为中心的时代，运算精度和控制自由度等的约束条件较多，因此，确保硬件/软件两方面的可靠性是该时期重要的课题。

电子化在电子燃油喷射（Electronic Fuel Injection，EFI）中发挥了很大的作用，在初期其主要的问题是构成部件的可靠性问题。与驾驶人本身操作的不确定性相比，可靠性的要求相当高，并且需要适应广泛使用环境条件的变化，在机械系统不能操作的领域中体现了优势，从而EFI的效果迅速得到了认同，并且得到普及。此外，底盘系统也在探求新的功能，最先开发出后两轮的ABS，但是由于可靠性、价格、效果等方面还不成熟，在当时的市场上并没有得到普及。有关第1代的其他详细情况，此处不再赘述。

b. 第2代

到20世纪80年代，汽车控制系统进入普及期，或称为成长期，该时期以大规模集成电路（LSI）和电子计算机的应用为开端，"机电一体化"这一术语开始被人们接受。为了符合排放法规和降低油耗的要求，"机电一体化"在发动机控制领域中发挥出了巨大的作用。以前所担忧的可靠性问题，随着控制系统不断的应用而改变了以往不被接受的情况，反而提前得到了解决。同时，由于高精度执行机构的出现，控制系统运算精度提高、复合判断功能增强，使自由度更多的控制成为可能，工程师的梦想一个接一个地得到了实现。这是包括发动机和驱动制动系统在内的复合系统得到迅速发展的时代，再加上悬架和转向系统控制，构成了可以充分发挥整车最高性能的控制系统。在这个阶段，人们已经开始认识到必须排除各系统独立控制之间的干涉，构筑有效协调控制整个车辆的控制系统。此外，由于现代控制理论、多变量控制和数字技术的应用等控制理论的发展，硬件和软件相互发挥优势，使很多新系统迅速达到了实用化水平。从这个时期起，日本进入控制技术世界领先的时代。

c. 第3代

从20世纪90年代开始的第3代，是以解决由于第2代的迅速发展而产生的诸多问题，寻求新改造和创新，以及探索新技术的时代。期望系统综合化、信息共有化和功能智能化等在21世纪有质的巨大变革，同时考虑降低成本，打破传统框架的全新概念控制系统，专注于以下一代控制技术为中心的技术。

对车辆的要求也是随着当时的社会、经济等诸多因素而产生了很大的变化，要求的独立控制系统达到了完全实用化。其概要见表1.1。

在20世纪70年代的第一次石油危机前后，对排放净化、降低油耗和提高安全性等的要求比以往更加严格了。以此为契机，开始利用电子控制技术实现更多的功能，解决能耗问题。

表 1.1　主要控制系统的研发历史及其背景

年代 项目	第 1 代～1970 年	第 2 代～1980 年	第 3 代～1990 年	下一代～2000 年
概念项目		Adaptive Vehicle（GM） PROMETHEUS, Convoy, ZEV	OSC（三菱） IVHS　　VICS, ITS	
	electronics	high-tech	integration	intelligent
研究试验车	ESV, CVT	FXV2, NeoX, HSC Lotus Active Sus	EV Fr/Rr WS　Platoon	ASV（96）
量产车 控制系统	EFI R&P 4ABS 4WD VC	自动行驶发动机驱动系统综合控制 控制减振器 动力转向 TRC（85）	空气悬架 4WS Vehicle Stability 电子导航	主动悬架（89） ARS（INVECS） Control（96）
背景 （发展，技术）	模拟 &IC/数字 & 计算机 排放法规 经济高速发展 1 美元 =360 日元，第一次石油危机日元升值	安全法规的修改 经济成熟	LSI PL 法的制定 经济停滞 海外生产	多重通信　　　多媒体 东京湾横断公路 阪神大地震 日元升值 1 美元 =80 日元

当时采用控制技术的主要目的：

① 对于一些没有控制就不能实现的性能和功能，提高其应用水准和附加价值。

② 借助控制从诸多制约中解放出来，以保证必要的功能和特性等，从而确保降低整体成本、实现小型化和节省空间的设计自由度等。

进入 20 世纪 80 年代，当第 1 代的课题全部完成之后，随着经济的持续增长，开始追求更高质量和性能的汽车，即进入了开始重视高速行驶性能、追求驾驶乐趣及方便性的时代。此外，随着电子相关硬件可靠性的提高和计算机成本的大幅度降低，为了满足市场需求，需要扩大控制技术在多领域中的应用。这样，能够实现原来机械技术难以达到的一些特性。随着日本国内各公司进行研发竞争，日本汽车技术高速发展。下面将简要介绍第 2 代控制系统的开发过程。

1.2　应对环境能源问题的措施

a. 发动机系统控制

表 1.2 所示为汽车排放和油耗法规的发展历史，被看成是发动机发展的原动力。为适应日本国内法规，发动机系统向追求动力性和舒适性的方向发展。控制技术对后来的排放净化、降低油耗起到积极的作用。随着控制理论的深入应用，现在已经发展到了将现代控制理论应用于每个气缸的进气、燃烧和排放模型的多变量状态量控制上，试图运用细致的控制，实现众多错综复杂的效果。此外，控制技术也为可变气缸和米勒循环等新发动机的研发做出了重大贡献。作为新机构，在确立了电子控制节气门技术后，希望借此能得到进一步的发展。为实现技术普及，确保硬件/软件两方面的可靠性是当务之急。

b. 自动巡航

在发动机控制应用的早期，研发得到的自动巡航，正是因为向北美地区出口车辆增加而认识到其必要性的。在日本，由于进入 20 世纪 80 年代后高速公路延伸，自动巡航作为易于驾驶的高级附加功能也得到普及。现在，更是附加了车间距报警装置。为了进一步提高安全性、向智能化的系统方向发展，已着手研究适应行驶控制系统的 ISO 标准化问题。

表 1.2　汽车排放及油耗法规的发展史

年代	20世纪60年代	20世纪70年代	20世纪80年代	20世纪90年代	21世纪初
美国（其他州）	○ 大气净化法	○ 马斯基法	○ 大气净化法修订	○ 1983年法规	○ 新大气净化法 ○ CAFE法规
美国加利福尼亚州	○ 美国加利福尼亚州防止污染法			○ OBD	○ LEV. ULEV 法规
日本	○ 汽车排放法规	○ 1976法规 ○ 1978法规			○ 强化 NO_x ○ 强化法规
欧洲				○ 应用 US 法规（德国）	新排放法规

c. 发动机、驱动系统的综合控制

满足了当时的排放法规要求之后便出现了追求方便驾驶的市场需求，因此采用计算机控制式自动变速器（自动锁定超速 AT）。20 世纪 80 年代初所说的 ECT（Electronic Controlled Transmission），由于采用计算机控制离合器和变速器，可以提高控制精度和自由度，从而降低油耗、改善行驶性能和驾驶操作性能等，同时还具有自诊断功能等，使得许多彼此矛盾的目标得以协调实现。此后，为了进一步降低油耗、净化排放、提高快捷性，发动机系统和驱动系统需要向整体控制系统发展，同时，为适应行驶环境的变化，应具有智能的控制功能。例如：估计路面坡度，根据车速和行驶阻力使发动机输出适当的功率；在弯路行驶时，可以选择辅助转向和符合驾驶人意图的档位等，即能根据行驶环境的自适应控制 AT（1993 年 FTO INVECS）。现已有利用符合驾驶人感觉的模糊控制技术，并可以达到实用化水平。

1.3　行驶控制与安全性提升

20 世纪 80 年代，基本行驶性能和高速行驶性能以及极限工况下的性能等都有大幅度提升。80 年代初，以德国和日本的运动车等为主，采用了多连杆悬架，以追求运动性能和行驶安全性的进一步提升，同时为底盘系统增加了新的功能。再加上控制技术和计算机技术的快速发展，不断涌现出新的底盘控制实用化技术。特别是在解决驾驶操作困难、修正过渡操作和避免操作失误等方面的保护系统得到了快速进展。

a. 防抱死制动系统（ABS）

数字化发展提升了控制系统的性能，同时电子产品的成本也在降低。1980～1983 年，在日本首先开始采用四轮 ABS（Anti lock Brake System），名为 Prelude ALB 或 Crown ESC。随着消费者对性能提升的认可，为与欧洲汽车技术进行竞争，于 20 世纪 80 年代中期正式投放市场。动力性能的提升改善导致高速行驶工况的增加，这样，ABS 有效地确保了高速时的制动性，保证行驶的安全性。因此，ABS 不仅提高了冬季行驶制动时的安全性，也得到了市场的认可。由于年轻人喜欢冬季驾车行驶，加上日本的特殊地形和气候条件，ABS 的必要性几乎人人皆知。但是，如何降低系统成本成为新的课题。1992 年开始规定 12t 以上的大型观光客车必须装备 ABS，并就其他大型车辆上是否必须装备的法规进行了讨论，还宣称要在普通乘用车上作为标准配置搭载。因此，对降低价格的要求日趋强烈。无论是 ECE、FWVSSI 法规的动向还是当时的日本市场，已经达成了需要在安全性上增加投入的共识。在20世纪90年代后期，为满足市场需求，所有轿车都要装备ABS。

防抱死控制系统的思考方法是根据各个时代的技术要求而变化的。控制目的从早期的确保稳定性的后两轮控制，向改善操纵稳定性的前轮独立控制+后轮控制的方向发展，其中包括抑制高速时的制动力、保证方向稳定性优先的横摆力矩控制技术。由于主动后轮转向系统已经进入实用化阶段，能够实现四轮独立制动力控制与后轮转向的协调控制，以缩短制动距离并提高方向稳定性（1992 Crown Four）。现在，即使在干燥路面上行驶，也要求具有提高运动性能的控制。但是，依靠过去经验建立的控制逻辑已经不能满足当前的需要，由此推断复杂化的逻辑和庞大臃肿的ECU（Electronic Control Unit）必然难以适应未来高度的控制需求。

今后，必须建立具有充分理论依据的控制体系，有必要确立更高级的控制技术。尤其需要从原来的以车体速度为基准的控制，转变为正确测定各轮的对地速度及四轮的滑移率的控制方式，须能够正确控制车辆的行驶状态和各个车轮的转动状态，建立多系统集成控制的算法与逻辑架构。

将来随着高速LAN（Local Area Network）的采用，需再配备可以与其他系统进行信息共享的ABS。

b. 牵引力控制系统（TCS）

20世纪80年代后期，为防止驱动时车轮打滑，提高车辆方向稳定性，TCS（Traction Controll System）开始投入使用。1985年，沃尔沃公司宣布开发出了TCS（燃料喷射控制方式）。而就在1987年奔驰公司宣布开发出了ASR（节流阀及制动控制方式）的前后，日本的公司也开始各种系统的开发工作，具有副节流式的功率控制机构率先达到了实用化水平（1987年Crown TRC）。TCS是一种在车轮打滑时控制发动机的功率，以解决失效的方法，其中包括保留机械连接的2阀式和驱动双线式节流控制等多种执行机构。加速时，可以通过控制驱动力和制动控制抑制车轮打滑。发动机系统、驱动系统及制动系统控制机构的形式因车企或车型而不同，按性能要求、系统构成、价格等进行组合，达到多种实用配置。日本是一个多山、多坡路的国家。单发动机驱动系统的控制，在控制响应性和控制效果方面是不能满足性能要求的，因此需要追求安全性，发展具有制动功能的控制方式。当然，在平坦的地区，也可使用相对廉价的发动机驱动控制系统。考虑到粉尘造成环境污染的问题，20世纪90年代初，日本禁止使用带有防滑钉的轮胎，该规定实施后，对牵引力控制系统的需求大大增加。

在干燥路面上行驶，在加速转弯、侧滑较小的情况下，如果车速过高，也会出现转弯半径过大的现象。测定车辆状态和驾驶人的操作，抑制、控制发动机的输出不要超过轮胎的极限范围的新概念——跟踪控制（1990年Diamante）作为TCS的升级型已经进入了实用化阶段。这种系统可以作为一类具有行驶环境对应辅助驾驶功能的安全系统。

c. 防止侧滑系统（VSC）

由于驾驶人的过度操作，经常导致失控的状态。因此，有必要研究一种防止一般驾驶人陷入无法操作状态（危险状态）的系统。从整车行驶安全出发，对纵向的运动采用补偿系统ABS、TCS十分有效，而对于横向运动出现不稳定性则没有补偿效果。如果出现侧滑现象，只有依靠驾驶人自身的驾驶技术，而没有其他方法应对。因此，开始研究提高横向极限或临近极限时进行保护/预警的高级系统。

图1.1所示为有关纵向、横向的各控制系统的作用分布概念图。1995年，有效利用制动力控制车辆跑偏急增的新系统——VSC（Vehicle Stability Control, Crown）进

入了实用化阶段。其效果示例见图1.2。今后以车辆安全性为目的,防侧滑系统的概念将会演化发展成各种形式的系统。

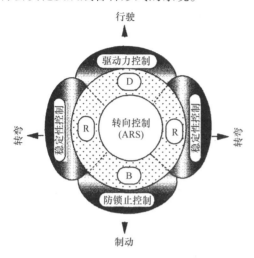

图1.1 底盘控制的作用分配及安全保护装置
D—驱动力分配控制 R—侧倾刚性分配控制
B—制动力分配控制

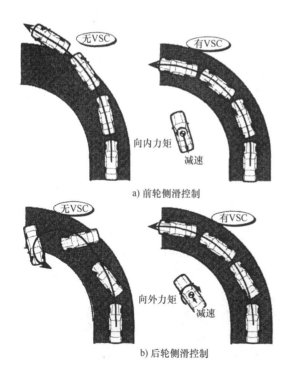

图1.2 VSC(Vehicle Stability Control,Crown)的作用及控制效果

1.4 驾驶舒适性的追求

所谓驾驶舒适性,即驾驶的乐趣(driving pleasure,fun to drive 等),从起初的追求高速性、高极限性和多功能性,逐步发展到追求感性和安全性、环境适应性和驾驶人嗜好适应性,追求的内容越来越广,形成了新的技术方向。

a. 阻尼可控悬架

为了追求新颖性、高附加值、差异化,悬架阻尼控制得到关注和发展,但其效果并没有得到市场的认可。而且市场上,还出现了无用论的声音。初期的系统(1981Skyline,1982Capella,1983Soarer)以区分驾驶操作、预先改变减振器特性的前馈控制为中心。如果出现行驶状态的预测错误,则会失去控制效果或起反作用,因此,如何正确预测路面干扰的状况,成为重要的课题。由此,应该考虑传感器是否能正确获知路面干扰状态,之后出现了根据行驶状态准确进行反馈控制的系统,能够预测弹簧上下之间的相对位移、路面激励、对地位移预测等。同时,与传感器相适应的各形式控制系统已经进入实用化的阶段。最理想的方式是根据胡克理论构成的主动控制方式,但它还存在着传感器构成和成本的问题。因此,提出了许多既能实现又相似的系统。利用 Karnopp 方式、滑动方式和经验规则切换的方式,并考虑主观感知的模糊理论应用等,进行了许多新的技术尝试,最终发现了理论与现实的差异。虽然该技术发展趋于成熟,但在道路环境较好的今天,人们对性能和成本(性价比)的要求却变得更为苛刻了。

b. 后轮转向(4WS)

常规的前轮转向系统在高速领域的响应性和稳定性上存在极限范围。因此,有人提出用后轮转向来增加自由度,以突破这个极限。于是,机械连接前后转向方式首先被研究。1985年世界上可以更自由设定的后轮转向控制方式首次在"skyline"HICAS（High Capacity Actively controlled Suspension）上实现了。之后，各公司开展更深入的研究工作，使得日本的后轮转向技术（4WS：Wheel Steering）在业界处于领先水平。起初，提出了按理论解析、侧滑为零的控制法则，但在现实中存在失效时确保安全性的问题，以及转向系统的特性几乎没有摆脱原来形式的问题。进而又提出了最大控制转向角控制在2°左右，如果同时追求低速小转角，转向可达到5°左右的机构也在考虑范围内。但是，还没有确定应该如何设定理想的目标特性。

1987年，由于振动式横摆角速度传感器的出现，对主动反馈控制影响巨大。针对抗侧风和低μ（附着系数）路面等干扰的鲁棒性，与ABS和主动悬架协调控制后的控制效果更加明显，由此展开了新一轮的开发。从前馈控制向反馈控制的升级，以及传感器和控制目标的差值等方面，开发了各种形式的主动后轮转向（Active Rear wheel Steering，ARS）系统。

商用车在小转角转向性和操纵性以及安全性方面的要求更加苛刻，特别是针对转向的相位滞后远比轿车大的特点，4WS可以实现更大的控制效果。如果能够解决成本和可靠性的问题，它将会得到广泛的普及。控制效果虽好，但故障时没有相应的措施，也不利于应用。因此，为保证安全性，必须开发故障检测和补偿机构等。

由于4WS作为商品名已经被使用，考虑到有同时控制前后轮的主动控制系统，为了便于区别，作为技术用语，决定使用"后轮转向"。

c. 助力转向（PS）

随着液压方式和电动方式的大量应用，车速感应特性可变PS（Variable Power Steering）的使用逐渐普及，将更加有利于主动安全信息系统的发展。之后还将开发能够影响转向性能，并为驾驶人反馈车辆行驶状况和道路环境变化的控制系统，可作为人机接口的重要因素。因此，PS应该是具有相当的灵敏度和准确性，并且能够监控驾驶人操作失误的智能化系统。

d. 四轮驱动控制（4WD）

4WD（4 Wheel Drive）是以提高在多种路面上的通过性为目的而开发的。进入20世纪80年代，开始最大限度地使用四轮驱动力并实现驱动力作用约束控制，提高了高速道路上的行驶稳定性、坏路和坡道上的通过性以及低附着路面上的行驶稳定性等。特别是大功率车型，如果要可靠地传递驱动力，4WD是不可缺少的。为了获得符合驾驶人感性的操作感觉，根据车轮滑移状况将驱动力适当分配给前后轮的控制系统得以实现。例如：以前置后驱（FR）为主的车型的4WD系统ATTESA-ETS，它可以检测侧向加速度，控制分配前后轴的驱动力，非常易于驾驶，该系统不仅维持与FR车型同样的转弯特性，还配备充分发挥4WD特点的多种控制软件，以追求高度的驾驶乐趣。此外，在充分利用4个轮胎抓地力提高车速的同时，为了确保非熟练驾驶人的安全，必须提高制动能力，需要配备对应四轮驱动的ABS。

e. 主动悬架

主动悬架系统的相关研究出现得很早，可以说是汽车工程师们的长期梦想。20世纪80年代中期，Lotus公司发布了与主要厂家共同开发的研究试验车，并在赛车上实现应用，获得了预期效果，给日本各大公司坚定了开发信心，在各研究机构激烈的竞争中，主动悬架系统于1987年首次安装在量产车型上。而后相继开发出了空气压力式（1987 Galant）、液气压式（1989 Celica，Infinity）、液压式（1991 Soaler），可以推测，未来市场对主动悬架的需求必定是多样化的。因此，根据传感器和控制目标不同，也就进入了研发问题的分类讨论阶段。

随着电子技术和控制阀的应用，以及多变量控制理论研究的推进，该技术得以迅速发展。但是，还存在传感器成本、降低动力消耗、提高性能等诸多问题。从能源消耗、成本和效果等方面看，预测控制的可实施性强，有关的理论分析也正在进行。为了确保安全性，作为具有环境适应性的手段，还需要专门特殊的执行机构。因此，就这个意义来说，对于主动悬架而言，与其说寄希望于改善乘坐舒适性，不如说它对控制操纵稳定性的效果更大。此外，有人提出了主动稳定控制并制造了试验样车，但是，从其成本和性能来看似乎很难实现商品化。

f. 综合控制系统及课题解决

为了确保事故发生前有一定的安全余量，其基本条件是排除6自由度运动干涉或进行协调控制，最大限度地利用4个轮胎的附着性能，达到所有方向的行驶性能平衡。

图1.3所示为试验实例。如果增加余量到达极限，就会出现驾驶人过度操作的危险。因此，必须同时正确地向驾驶人传递接近极限的信息，为避免超出极限，辅助驾驶系统成为今后重要的课题。

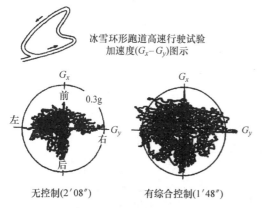

图1.3 综合控制的效果

随着控制系统不断升级，需要装备许多的传感器和计算机，增加繁杂的电气配线，进行复杂的信号处理和失效保护等，随之产生的诸多问题和成本增加的问题，需要从车辆整体来解决。此外，同时采用许多系统，必然产生控制效果的相互干扰，因此需要考虑各种情况，寻求对性能进行补偿的方法。在车辆开发初期，需要全面控制因素，对整车的硬件和软件进行全面评估。其中包括性能的综合化、信息的共有化和硬件的通用化等。解决这些问题的方法之一就是采用基于车辆LAN的综合控制系统，以此来降低总成本。图1.4所示为其概念示例图。

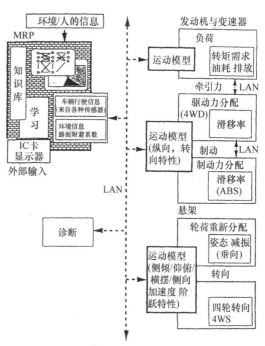

图1.4 信息驱动型层次控制构成

在1987年的日本东京汽车展览会上，各公司就不约而同地展出了综合控制的概念车。这是控制系统达到一个个性化发展新高度的标志，并且也提出了许多亟待解决的课题。三菱HSR（参照第4章）、丰田FXV2（图1.5）、日产NeoX的概念在于集成利用整车信息以实现整车水平的高性能。

4WS和TCS的出现，使整车的全方向运动得到了综合的控制，令驾驶人更加切实地感受到行驶的乐趣。此外，ABS与各个系统的性价比需要折中考量，并且为了进一步追

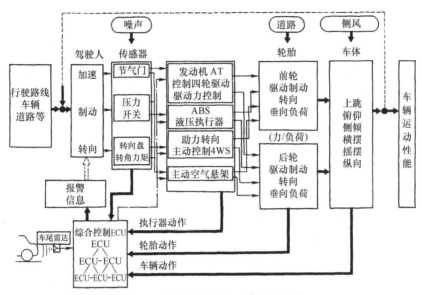

图 1.5 综合控制概念（丰田 FXV2）

求行驶稳定性和减轻驾驶人的负担，产生了追求更加极致性能的需求。同时，随着控制理论的研究深入，行驶性能也得以飞跃性地提高。但是，还不能认为已经可以完全把控驾驶人的操作，目前为止还无法确定应该如何设定控制目标，这是主动综合控制的重要课题。在紧急状态下，相对于评论性能是否良好，在躲避危险上多下功夫更为紧迫，欣然接受来自市场的严格评价，同时进行反复改进，以用户安全为主导方向，这才是今后工作的重点。

对于环境适应、驾驶人适应控制系统等，根据状况进行最佳的特性控制这种新概念也正在实施。通用公司提出的自适应车辆（图 1.6）正在研发之中。最终目标依然是实现驾驶舒适性和安全性，使它们不再矛盾。但目前还存在许多的课题需要解决。由于日本社会的特殊性，合理讨论安全问题还比较难。因此，需要排除感情论，从合理讨论中获得共识，更有利于培育健康和谐的汽车社会。

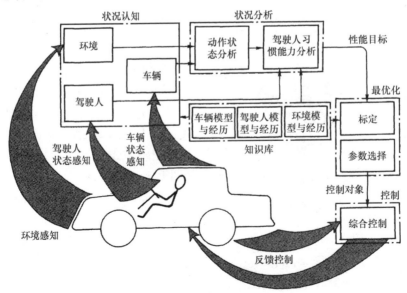

图 1.6 自适应车辆控制逻辑（通用）

1.5 驾驶辅助系统和智能化

a. 预防事故控制

驾驶人操作是按时间序列，重复进行识别、判断、操作的。如果这些过程能正确地进行，并且是在驾驶人能力极限范围以内，就可以实现安全行驶。但是，如果不能识别，或即使识别了却出现判断和操作的失误，就不能保证安全驾驶。因此，为了提高安全性，准确地向驾驶人提供必要的信息是十分重要的。特别是为了便于获得视觉信息，实时正确地反馈操作系统输出，需要建立辅助系统。但是，即使提供了十分充分的信息，也会由于驾驶人的疏忽，导致误操作。因此，需要一套车辆自身能够判断行驶状态与操作是否正确的辅助系统，控制技术的应用将在这个领域发挥重大的作用。

据报道，在行车事故中，大多数是由于驾驶人的过度修正操作而造成的。如果能够建立减轻驾驶人负担、易于驾驶和辅助弱者（残障者）及高龄者的辅助系统，将是汽车产业对社会的巨大贡献。

为了防止事故的发生、减轻伤害程度，法规上会接受控制系统在一定程度上介入驾驶人的驾驶领域。需要考虑：①成本/性能和安全性应该达到什么程度；②以后将如何应用各系统；③对车辆的要求发生了变化，这类控制将进步到何种程度；④未来将如何测定车辆的运动状态，判断驾驶人的意图，判断环境状态等，将推动从硬件向软件更加智能化的控制系统发展。因此，人为错误的解析、周围监视技术等对人类大脑活动的研究、适当设定各种判断条件、确立软传感技术等工作已迫在眉睫。这些系统的安全设计有许多难以解决的课题。首先需要考虑以下的因素：①不易发生故障的高可靠性；②即使发生了故障也不至于达到危险状态的失效保护；③防止误操作和判明操作失误的系统，其中，从技术上来说比较难的是控制判断标准；④按各个危险状态的报警，如清醒程度下降时的报警方式和时间；⑤报警的信息和质量既不给人以不舒适的感觉，又要确保紧张感、优先程度及等待程度；⑥利用人的五大感官的报警方式，特别是除了视觉以外，利用听觉、触觉和身体的感觉等，这些想法需要整理。开展这一领域研究的技术关键在于视觉信息传感技术和信息处理等。从这种意义来看，人们期待着日本运输省推行的先进安全汽车（Advanced Safety Vehicle, ASV）计划获得成功。如图1.7所示，原先由驾驶人所承担的工作和适应交通环境变化的领域，将由车辆更多地承担。这一切都离不开控制技术。

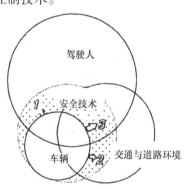

图1.7 汽车控制的"责任"

b. 智能化汽车的实现

现在，装配带有车间距离报警功能的自动高速巡航系统的汽车进入实用化阶段。在不远的将来，智能化将发展进步，会实现具有防止追尾、跟随行驶和躲避危险等功能的安全行驶系统。这样，在第2东名高速公路和东京湾横断公路开通时，就会在经济和社会上产生更多影响。这时就需要从基础设施和汽车两方面综合进行开发研究，以获得更大的效果。

不仅限于驾驶人的辅助系统，在解决改善环境、减少交通拥堵、降低社会活动成本等多种课题上，控制技术做出贡献的可能性很大，但是，还将面对许多研究课题。例如：智能化，或人与车的互补/协调的新概念是什么；未来的概念应该实现到何种程度；新概念的行驶安全性可能达到什么程度等。图1.8描述了控制系统的远景。

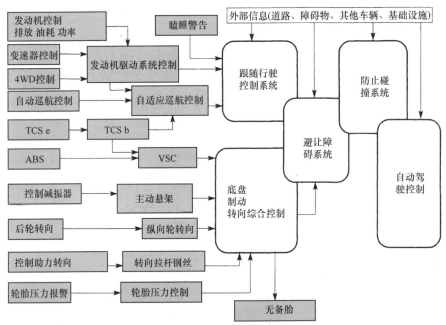

图 1.8 智能化脚本实例

c. 汽车的未来

从 20 世纪 80 年代末开始，日本经济进入长时间停滞阶段，人们对汽车的发展方向提出了疑问，正重新认识控制的作用。今后要冷静地考虑汽车本身的作用，包括解决交通社会问题，追求全新的理念。换一句话说，现在除了基本性能已经基本得到满足的车辆（硬件）外，对于未来汽车应该具备的特性和功能（软件）是什么，在新时代必要的附加价值是什么，对安全性、社会活动的贡献以及环境保护等新的概念已经展开了讨论，急需确立在改善硬件的基础上推进概念的进化和认知的统一。在 21 世纪开始之际，为了满足用户的真正要求，提炼概念，创造出崭新的系统，已经开始建立实现更高目标的硬件和软件新架构。在这项工作中，必须认清控制技术的作用、相关课题和技术的发展方向，全心致力于真正的开发与研究。

从第 2 章开始将对这些控制技术进行详细的讨论。

参 考 文 献

1) 鷲野ほか：エンジン制御の現状と将来動向，自動車技術，Vol. 48, No. 10, p. 20-25 (1994)
2) 寺谷ほか：クルーズコントロールシステムの現状と将来，自動車技術，Vol. 46, No. 2, p. 5-11 (1992)
3) 高田：パワートレイン総合電子制御の動向，自動車技術，Vol. 46, No. 10, p. 50-57 (1992)
4) H. Gaus, et al.：ASD, ASR und 4 Matic；Drei Systeme im "Konzept Aktive Sicherheit" von Daimler-Benz, ATZ, Vol. 88, Nr. 5, p. 273-284 (1986)
5) 山本ほか：ブレーキ制御による限界旋回での車両安定性向上，日本機械学会講演論文集，No. 940-57, p. 367-372 (1994. 12)
6) Y. Matsuo, et al.：Development of Experimental Vehicle with Integrated Chassis Control, JSAE Review, Vol. 11, No. 3, p. 30-36 (1990)
7) 藤代ほか：車両制御の動向，自動車技術，Vol. 44, No. 2, p. 26-33 (1990)
8) 原田ほか：自動車の最新技術事典（井口ほか編），5章4節 総合運動制御，朝倉書店，p. 283-294 (1993. 9)
9) N.A. Schilke, et al.：Integrated Vehicle Control, Proc. of International Congress on Transportation Electronics, IEEE/ SAE Convergence 88, p. 97-106 (Oct. 1988)
10) 桜井ほか：自動車の衝突回避，日本機械学会誌，Vol. 98, No. 916, p. 180 (1995)
11) 中島：21世紀に向けた先進安全自動車（ASV）の研究開発の推進，自動車技術，Vol. 47, No. 12, p. 26-30 (1993)
12) H. Harada, et al.：Vehicle Dynamics and Control for Active Safety, Proc. of FISITA '94, No. 945069

第 2 章　环境与车及发动机－驱动系统控制

汽车与生态环境息息相关，如何让汽车对环境产生积极效果是汽车行业的一个重要课题。另一方面，驾驶人对汽车的需求越来越高，也就是说，既要求"环保"，又要求"行驶舒适"将是汽车发展的目标。

这里，以轿车常采用的汽油发动机和装有液力变矩器的自动变速器为对象，主要对低排放和低油耗的控制加以论述。排气净化系统限定为进气道的燃料喷射和三元催化系统。关于驱动系统中四轮驱动控制等与车辆运动控制关系密切的系统将在后面章节中进行解释。低排放所占的篇幅比例较大，但为阐述控制与低油耗、动力性的关系，这部分也占有一定的篇幅。此外，发展历史和硬件的说明相对较少，但将详细说明数学模型与控制逻辑之间的关系。

2.1　发动机控制

控制发动机和驱动系统的目的除了降低排放和油耗外，还包括提高安全性、提高可靠性、降低振动噪声、提高动力性能及减少换档冲击等，它们彼此之间的关系是错综复杂的。发动机控制由各种目的不同的子系统构成。图 2.1 所示为发动机控制的目的。图中的基本控制目的是使发动机平稳起动，稳定地连续运转，基本控制包括点火时间控制、爆燃控制、混合空燃比控制及高温状态下保护排气系统（三元催化装置）不被损坏控制等。表 2.1 给出了发动机控制的主要操作量，包括燃料喷射量、点火时间、降低氮氧化合物（NO_x）和油耗的 EGR（排气再循环）量及进气量。为了能够适应各种运转状态，发动机控制将调整进入缸内的空气量、缸内燃料的进入量、点火时间及缸内的 EGR 量到最佳设定。

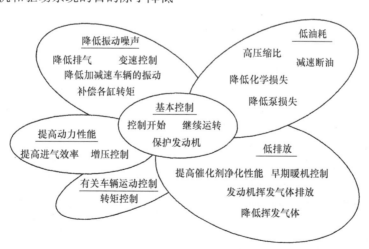

图 2.1　发动机的控制目标

表 2.1 发动机控制的操作量

操作量	控制目的
燃料喷射量	○ 起动时要求的燃料供给 ○ 暖机时的燃料增量 ○ 要求控制空燃比（理论空燃比、稀薄极限空燃比、功率空燃比等） ○ 防止排气系统的温度过高 ○ 防止减速时断油带来的迟燃
点火时间	○ 设定最大燃烧效率的点火时间 ○ 防止爆燃、过早点火 ○ 三元催化器快速起燃
EGR 量	○ 降低 NO_x 和提高运转性能并存 ○ 减小泵气损失以降低油耗
进气量（进气系统流入量）	○ 怠速控制 ○ 炭罐滤清控制

a. 低排放

空气净化是未达到大气环境标准的大城市及其近郊地区面临的严重问题。就此，美国和欧洲各国都已制定更加苛刻的环境法规。因此，排气净化工程依然是发动机控制的重要课题。

低排放与运转性能永远不能兼得，但将电子燃料喷射和三元催化相组合的系统至少在暖机后可以兼顾。现在技术开发中的主要课题是降低起动时和暖机时的碳氢化合物（HC）及一氧化碳（CO）。降低 HC 和 CO 的空燃比稀薄化及运转性能的适用范围是相对较窄的。控制课题也就集中在这点上。此外，工程师们还在积极地进行发动机本体的改进和新装置的开发。降低排放物的主要手段就是最大限度地发挥三元催化的净化能力，以及发动机起动后的三元催化器快速起燃和理论空燃比的精密控制。

b. 低油耗

为解决地球变暖的能源问题，对降低油耗的要求越来越高。对低排放有效的发动机的精密控制对低油耗虽然没有多大的效果，但是可以通过降低怠速转速、减速时的断油及 EGR（排气再循环）率的最优化使泵气损失降低，能够实现不到 1%~2% 的油耗降低。发动机控制的效果也可为降低油耗做出一定的贡献。实际上，通过这种效果的积累，对降低油耗也会有很大帮助。为了进一步降低油耗，还需要围绕发动机新机构开展研究。

c. 舒适性

对于舒适性，怠速时的地板振动和转向盘抖动是由发动机各气缸的工作偏差所致，这需要进行点火正时与空燃比控制；急加减速时驱动系统扭转共振导致的车辆前后振动，也会令人不快，这类振动也是控制内容。此外，实现平顺的加减速特性等给驾驶人以舒适的驾驶感觉也是发动机控制的一个课题。

d. 可靠性和安全性

发动机不自动熄火及加速时的响应等是对车辆安全性的第一要求。这些是过浓空燃比及过稀空燃比造成的。采用化油器的系统，通过大量的试制和试验进行空燃比的调整，而这种状况在采用电子控制后得到改善。

异常吸入大量空气导致无意的快速起步容易引起误操作。为了确保足够的可靠性，在硬件和软件上进行多重保护，防止无意间因异常加大进气量而引起的发动机失速的误操作。此外，还考虑了传感器和控制器失效时，具有切断运行的可能性。

为了提高车辆的运动安全性，需要限制在转弯过程中或易滑的低附着路面上起动加速时的驱动力，实施防止轮胎打滑的转矩控制。

2.2 发动机控制系统

下面，简单介绍发动机控制系统的特点。

a. 进气

调节进气量的装置除节气门外，还有怠

速旁通控制阀、炭罐控制阀及曲轴箱通风装置等。如图2.2所示,怠速旁通控制阀是进气节气门旁通路上的流量控制阀,用于调节怠速转速。炭罐控制阀是控制炭罐吸附的燃油蒸气(在发动机停止时,油箱和进气系统内蒸发的燃油蒸气被炭罐吸附)进入发动机的流量控制阀。曲轴箱通风装置不一定是电子控制的,新鲜的空气从节气门上游导入曲轴箱,曲轴箱内的气缸泄漏气体经气缸盖被吸入节气门下游的进气室。

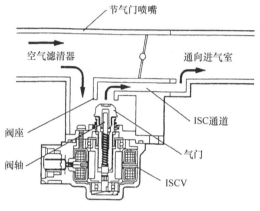

图2.2 怠速控制系统

这样,空气由数个进气路径流入,并由数个执行器进行调整。这些执行器有一部分是同步电动机,控制气门升程,但一般是节流孔和ON-OFF型电磁阀组合进行控制。

b. 燃料

燃料供给系统除通过进气道喷射燃料外,炭罐的空气中还可能有很多燃料,燃料量因炭罐的燃料吸附状态的不同而产生变化,但现阶段还无法准确测量这些燃料。在炎热的夏天停车等或长时间的放置后,大量的燃料吸附到炭罐上,而且空气中的燃料增加,相反,长时间的行驶后又会减少很多。这种蒸发空气的变化将成为空燃比控制误差的主要原因(图2.3)。

c. 点火时间

点火时间设定在压缩上止点前0至数十度曲轴转角范围内。尤其是想提高排气温度时,点火时间设定在压缩上止点之后。计算气缸和曲柄角度的脉冲及曲柄角每10°等的脉冲的间隔。为了得到曲轴脉冲相关的点火时间分辨率,用定时计数器进行点火时间检测。

d. EGR

将EGR阀安装在节气门下游的进气系统间的连通处,根据发动机的运转状态控制调整气门升程量,控制EGR量。这种不排出而返回气缸内的已燃气体称为内部EGR量,降低NO_x和降低油耗效果与EGR量有关。内部EGR量受排气阀开启时和节气门关闭时气缸容积的影响很大。前者决定排气行程残留在气缸内的已燃气体的容积;后者对排气行程后半部分缸内已燃气体向进气系统的倒流量有影响,逆流部分通过进气行程返回。也可以认为可变气门正时是控制内部EGR量的装置。

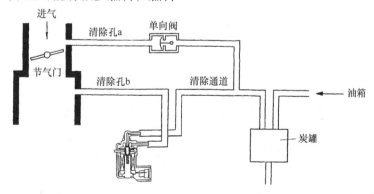

图2.3 防止燃油蒸气排出控制系统

2.3 发动机模型

众所周知,发动机是将化学能转化为热能和机械能,向发动机本体、车辆、电气电子装置、暖风装置等提供所需能量的能量转换装置。

发动机控制的作用涉及的范围很广,如保护发动机及其构成件、达到可以满足驾驶人意图的动力性及降低排放等。发动机控制系统由燃料控制系统、点火控制系统、EGR控制系统、怠速控制系统及防止燃料蒸气排出装置控制系统等构成,并根据运转状况进行各种目的的控制。影响发动机控制的外部因素有很多,如空调工作的负荷及前照灯、制动灯、各种执行器工作的电气负荷等都对怠速有影响。此外,调整怠速的进气量也可能影响空燃比和油耗。

目前的发动机控制逻辑主要由规则推理法构成,不是根据物理模型和控制理论推导出来的。但在本书中不用数学公式很难说明复杂的发动机控制逻辑,因此还是尽可能根据基本的物理法则推导出数学模型,以对发动机控制逻辑进行基础性说明。用于发动机控制逻辑设计的数学模型简略地表示了操作量和控制量的关系。但是,并不要求像利用结构设计等模拟那样根据物理现象及结构常数非常精确地求出发动机的工作动态。也可以说是以模型和实际现象不一致为前提组成控制逻辑。用试验数据拟合物理模型中的参数,比直接用结构常数和物理常数求得的参数值的精度有更大的改进,因此,经常采用试验拟合方法。此外,可将操作量和控制量的关系近似为二阶响应,而且,为与测量数据一致,还要计算出参数。与模型预测精度相比,更重要的是由控制模型求得的控制逻辑的调整难易度及简便性。

下面是简单的发动机模型。假定新气和燃油气体为理想气体,且不考虑燃烧导致气体成分变化及熵等的物理性质变化,然而实际上变化是容易发生的。从扩张性出发,考虑到从质量守恒法则及能量守恒等物理法则导出模型,并增加热传导的影响及组成变化的影响,易于试验值补偿。

a. 转矩计算模型

下面给出从燃烧发热量可以获得的机械能计算模型及缸内进气量计算模型。图2.4是在 $p-V$ 图上标出这里使用的假设和计算方法的概念。发生的热能到机械能的变换量是1个循环缸内压力的积分,由式(2.1)可以求得:

$$W = \oint P_c \mathrm{d}V \qquad (2.1)$$

式中,W 为机械能;V 为气缸内容积;P_c 为气缸内压力。

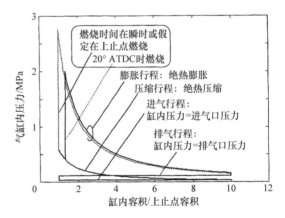

图2.4 缸内压力计算假设

运转条件:进气压力 = 0.3个标准大气压

空燃比 14.5 EGR率 = 0%

假定进气道和排气道各自能充分进排气,进气行程中的缸内压力即进气压力 P_m,与排气行程中的缸内压力即排气系统压力 P_e 相等。设压缩行程中的压力为绝热变化,在下止点的气缸容积为 V_c、熵为 κ。燃烧在上止点处进行(奥托循环),设发热量为 Q,上止点的气缸容积为 V_t,由式(2.1)求得的机械能转换为下式:

$$W = \int_{V_t}^{V_c} P_m \mathrm{d}V \qquad \text{(吸气行程)}$$

$$+ \int_{V_c}^{V_t} P_m \left(\frac{V_c}{V}\right)^\kappa dV \quad \text{(压缩行程)}$$

$$+ \int_{V_t}^{V_c} \left\{ P_m \left(\frac{V_c}{V}\right)^\kappa \right. \quad \text{(膨胀行程)}$$

$$+ (\kappa - 1)\left(\frac{Q}{V_t}\right)\left(\frac{V_t}{V}\right)^\kappa \right\} dV \quad (2.2)$$

式（2.2）中相关的项 V 经 1 个循环的积分为常数，改为系数可以得出下式：

$$W = a_{w1} P_m + a_{w2} Q + a_{w3} \quad (2.3)$$

式中，a_{w1}、a_{w2}、a_{w3} 均为常数。

发热量 Q 受空燃比的影响，与燃料量成正比。空燃比中的可燃范围约为 6～24，汽油和空气的理论空燃比约为 14.5。过浓混合气会有大量未燃烧的 CO 和 HC 排出。根据 CO、H_2、CO_2、H_2O 及 O_2 的 2000K 左右通过化学平衡计算可以近似求出发热量，CO、H_2、CO_2、H_2O 的排放成分与试验值也一致。燃烧温度在空燃比为 14 左右最高，而获得的机械能，由于分子量的变化，在空燃比为 12.5 左右最高。因此，过去为了获得更大的功率，在节气门接近全开时，设定功率空燃比，现在，为了降低排放，倾向于全部区域稀薄燃烧，防止排气温度高损坏排气系统和催化剂老化及爆燃带来的发动机损坏等，考虑耐久性和安全性，又选择加浓混合气燃烧。在稀薄燃烧方面，单位燃料量的发热量大致不变。如下所述，燃烧在良好的空燃比范围内进行，减少泵气损坏，使混合气稀薄，这样获得的能量逐渐增加。

该模型的燃烧时间相当于点火时间，通过改变燃烧时间可以知道相对于点火时间的 W 的大致变化情况及排气温度变化情况。燃烧在上止点时，W 最大；在提前和滞后任何一侧都会下降。在上止点进行燃烧时，燃烧气体被绝热压缩，燃烧温度非常高，容易产生爆燃。此外，没有转化为机械能的能量作为热能被排放出去，因此排气温度将会上升。根据理想气体状态方程式可以较容易地计算出排气温度。

在实际燃烧过程中，点火后到生成火焰存在滞后，由于燃烧时间有限，导致点火在未达到上止点前进行。如果发动机转速增加，气缸内混合气体的紊流也随之增大，着火滞后，燃烧时间就变短。但是，由于每一个曲柄角度的燃烧时间变短，最后还是把点火时间设定在提前侧。此外，由于进气量越少和EGR率越大，着火延时和燃烧时间越长，也要将点火时间调整到提前侧。

下面，求进气量与进气压力的关系。假定进气非常慢，而且进气行程中的缸内压力与进气压力 P_m 相等，一般节气门在进气行程上止点前 10° 左右打开，在下止点后 50° 左右关闭。节气门打开时由于进气压力比缸内压力低，缸内气体膨胀，一部分流入进气系统，在进气行程中又被全部吸回。如果不计排气侧的气流，在进气行程结束，节气门打开时气缸内仍存在残留气体。在进气下止点之后，由于气缸容积减少，一度被吸入的空气被挤回进气系统。尤其是在低速侧，节气门关闭时的缸内容积对进气量的影响很大。

这里，设节气门打开时的气缸容积为 V_{vo}，节气门关闭时的气缸内容积为 V_{vc}，气缸内吸入空气量为 M_{cf}、EGR 量为 M_{ce}，熵 κ 为常量，进气系统的混合气体常数 R_t 不变。设进气温度为 T_i，如不计气缸壁受热，根据能量守恒定律，式（2.4）是成立的。

$$\frac{1}{\kappa-1} P_m V_{vc} - \frac{1}{\kappa-1} P_e V_{vo} =$$

$$\frac{\kappa}{\kappa-1} R_i T_i M_{cf} + \frac{\kappa}{\kappa-1} R_i T_i M_{ce} - \int_{V_{vo}}^{V_{vc}} P_m dV$$

$$(2.4)$$

上式左边第 1 项是进气行程结束时气缸内混合气体的内部能量；第 2 项是进气行程开始时气缸内气体的内部能量。上式右边是出入气体的能量总量，第 1 项是进气流入的能量；第 2 项是 EGR 气体流入的能量；第 3 项是气缸内气体对活塞所做的功。从气缸壁传来的热量导致进气量减少，残留气体和EGR量的混合变化及熵对进气量也有影响，因此这些因素都需要考虑。

$$M_{cf} + M_{ce} = \left\{\frac{1}{\kappa}(P_m V_{vc} - P_e V_{vo}) + \frac{\kappa-1}{\kappa}(V_{vc} - V_{vo})P_m\right\} / (R_i T_i)$$
(2.5)

设EGR率为E，并按下式（2.6）进行定义：

$$E = \frac{M_{ce}}{M_{cf} + M_{ce}} \quad (2.6)$$

气缸内吸入的空气量和EGR量见下式：

$$M_{cf} + M_{ce} = a_{m1} P_m + a_{m2} \quad (2.7)$$

气缸内的进气量和EGR量用下列公式表示：

$$M_{cf} = (1-E)(a_{m1} P_m + a_{m2}) \quad (2.8)$$
$$M_{ce} = E(a_{m1} P_m + a_{m2}) \quad (2.9)$$

也就是说，气缸内的进气量为P_m的一次函数。但是，如果考虑燃烧导致的成分变化，低进气侧不在一次函数之内。实际的进气，在发动机高转速时不能忽略节气门的节流效果，则式（2.8）的精度下降了。

一般进气压力的测量是在进气室进行的，但因间歇进气带来了进气波动，所以进气压力具有空间分布，进气室的压力和进气道的压力不一样。这种效果与进气管的长度和直径有很大关系。进气管内由空气惯性产生的进气行程后半部的压力上升称为惯性效果，给气缸内的进气量造成15%以上的影响。但是，进气室是进气波动的点，进气室测量的进气压力没有惯性效果信息。尽管如此，惯性效果受发动机转速的影响很大，但因为压力变动的大小与进气压力几乎是成正比的，所以式（2.7）的关系仍然成立。不过，a_{m1}和a_{m2}因发动机的转速变化而变化。实际控制逻辑中应用的根据P_m的进气量的推测，往往通过试验获得发动机转速和进气压力阵点上的数据。在控制器内制二维表，这种表具有可以补偿其他难以模型化影响的

效果。EGR率E是选用的设定值或有代表性的发动机的实测值。设空燃比为α，则气缸内的燃料量为M_c / α，若假定发热量Q与供给燃料成正比，则根据式（2.3）和式（2.8），W为P_m的一次函数。

$$Q = K(1-E)(a_{m1} P_m + a_{m2})/\alpha$$
(2.10)

$$W = \left\{a_{w1} + \frac{K(1-E)a_{w2}a_{m1}}{\alpha}\right\}P_m$$
$$+ \left\{a_{w3} + \frac{K(1-E)a_{w2}a_{m1}}{\alpha}\right\}$$
(2.11)

设产生的转矩为T，曲轴转角为θ，则下述公式成立。

$$W = \int_0^{4\pi} T_c d\theta \quad (2.12)$$

$$T_c = P_c \frac{dV}{d\theta} \quad (2.13)$$

$$V = V_t + A[(r+l) - \sqrt{l^2 - \{r\sin(\theta)\}^2} - r\cos(\theta)] \quad (2.14)$$

式中，A为气缸截面积；r为曲轴半径；l为连杆的长度。

转矩T_c与发动机循环同步而发生周期性变化。设气缸数为N，假定气缸的W都一样，设一个循环中的平均转矩为T_m，则它的表达式为

$$T_m = \frac{NW}{4\pi} \quad (2.15)$$

由上可得产生的平均转矩的公式，也是P_m的1次函数，即

$$T_m = \frac{N\{a_{w1} + K(1-E)a_{w2}a_{m1}/\alpha\}}{4\pi}P_m$$
$$+ \frac{N\{a_{w1} + K(1-E)a_{w2}a_{m1}/\alpha\}}{4\pi}$$
(2.16)

式（2.2）右边的第1项和第4项之和称为泵气损失，并可以解释为从进气道的压力上升到排气侧的压力所需要的能量。泵气损失与排气压力和进气压力之差大致成正比关系。由式（2.16）可知，在空燃比α大

的稀薄燃烧区域内 P_m 值也变大,泵气损失减小。同样,增加 EGR 率 E,也需要增大 P_m,使泵气损失得以减小。实际可利用的机械能是从 W 中减去机械损失后得到的能量。机械损失转矩在发动机低速时被近似为二次函数的情况较多。

b. 进气压力计算模型

进气现象用进气管内的以纳维叶-斯托克斯方程式作为模型边界条件,以容积做模型,用集中常数系近似分歧部分等的模型,可非常精确地描述。但是,要想依据这些模型建立控制系统是非常复杂的,为构成控制逻辑,需要采用更加简单的模型[2-4]。主要的近似方法有按每个进气行程均分发动机间歇的动作,以及按集中常数系使进气系近似的方式。图 2.5 所示为计算进气压力的进气系统模型。下列公式是进气室内的空气质量守恒公式。

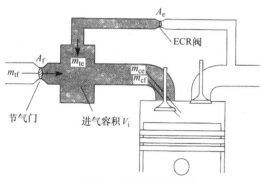

图 2.5 进气系统模型

$$\frac{dM_{if}}{dt} = m_{tf} - m_{cf} \quad (2.17)$$

$$\frac{dM_{ie}}{dt} = m_{te} - m_{ce} \quad (2.18)$$

式中,M_{if}、M_{ie} 分别为进气系统内的新空气和 EGR 气体的质量;m_{tf} 为通过节气门的空气流量;m_{te} 为通过 EGR 阀的 EGR 气体流量;m_{cf} 为进入气缸的新鲜空气进气流量;m_{ce} 为进入气缸的 EGR 气体流量;m_{tf} 和 m_{te} 分别见式(2.19)和式(2.20)。

$$m_{tf} = A_f \sqrt{2P_a \rho_a} \, \Phi \quad (2.19)$$

$$m_{te} = A_e \sqrt{2P_e \rho_e} \, \Phi \cong A_e \sqrt{2P_a \rho_a} \, \Phi \quad (2.20)$$

$$\Phi = \begin{cases} \sqrt{\dfrac{\kappa}{\kappa-1}\left\{\left(\dfrac{P_m}{P_a}\right)^{\frac{2}{\chi}} - \left(\dfrac{P_m}{P_a}\right)^{\frac{\chi+1}{\chi}}\right\}} \\ \qquad \left(\dfrac{P_m}{P_a}\right) > \left(\dfrac{2}{\kappa+1}\right)^{\frac{\chi}{\chi-1}} \\ \left(\dfrac{2}{\kappa+1}\right)^{\frac{1}{\chi-1}} \sqrt{\dfrac{\kappa}{\kappa+1}} \\ \qquad \left(\dfrac{P_m}{P_a}\right) \leqslant \left(\dfrac{2}{\kappa+1}\right)^{\frac{\chi}{\chi-1}} \end{cases}$$

式(2.20)假定新鲜空气和排气的压力及密度相同,对于实际的发动机,只有在低速、低负荷条件下才近似成立。此外,新鲜空气和 EGR 气体的熵也不一样。但是,可以充分表示现象和控制的想法,实用性上没有问题。例如:EGR 率 E 在计算时是由式(2.9)和式(2.20)的精度决定的。但实际中,为了使 E 与计算结果一致,确定 A_f 和 A_e,所有与 Φ 相关的系数是逻辑上的误算,可以忽略不计。

设发动机转速为 ω,N 为气缸数,根据式(2.8)和式(2.9),m_{cf} 和 m_{ce} 可用下式表示。

$$m_{cf} = \frac{N(1-E)(a_{m1}P_m + a_{m2})}{4\pi}\omega \quad (2.21)$$

$$m_{ce} = \frac{NE(a_{m1}P_m + a_{m2})}{4\pi}\omega \quad (2.22)$$

式(2.21)和式(2.22)是行程间的平均值。相应于缸体容积变化的新鲜空气和 EGR 气体充填到气缸内,就可以估算出各曲轴角度的流速变化。

设节气门开度为 θ_f,气缸直径为 d_t,A_f 可用简化公式(2.23)模型化。流动系数 C_f 可根据试验求得的 m_{tf} 来求,并反算求 $C_f A_f$,这样求得的值受进气脉动的影响,不能视为常数。

$$A_f = C_f A_{f0}\{1 - \cos(\theta_t)\} \quad (2.23)$$
$$A_{f0} = 1/4\pi d_t^2$$

在式（2.19）和式（2.20）中，进气系统中的新鲜空气和 EGR 气体的质量、密度及压力分别用 M_i、ρ_i、P_i 表示，并设容积为 V_i，则

$$M_i = \rho_i V_i \quad (2.24)$$

假设绝热变化为

$$P_i \rho_i^{-\kappa} = \text{Const.} \quad (2.25)$$

则式（2.25）的两边经微分可得

$$\frac{dP_i}{dt} = \frac{\kappa P_i}{\rho_i} \frac{d\rho_i}{dt} \quad (2.26)$$

这里，$(\kappa P_i)/\rho_i = C^2$（$C$ 为声速），P_i（$P_m = P_{if} + P_{ie}$）的微分方程式导出；

$$\frac{dP_{if}}{dt} = \frac{C^2}{V_i} \{ A_f \sqrt{2\rho_a P_a} \, \Phi - N(1-E)(a_{m1}P_m + a_{m2})\omega/(4\pi) \} \quad (2.27)$$

$$\frac{dP_{ie}}{dt} = \frac{C^2}{V_i} \{ A_e \sqrt{2\rho_a P_a} \, \Phi - NE(a_{m1}P_m + a_{m2})\omega/(4\pi) \} \quad (2.28)$$

再加上式（2.27）和式（2.28），经整理便可得出下式：

$$\frac{dP_m}{dt} = \frac{C^2}{V_i} \{ (A_f + A_e) \sqrt{2\rho_a P_a} \, \Phi - N(a_{m1}P_m + a_{m2})\omega/(4\pi) \} \quad (2.29)$$

另外，取消右边第1项，经整理可以得出式（2.30）。

$$\frac{d}{dt}(A_e P_{if} - A_f P_{ie}) = -\frac{NC^2 \omega}{4\pi V_i}\left(a_{m1} + \frac{a_{m2}}{P_m}\right)(A_e P_{if} - A_f P_{ie}) \quad (2.30)$$

式（2.28）是进气系统的总压力。由于节气门的开启面积只增大了和 EGR 相当的量，所以几乎和没有 EGR 一样。说明按照式（2.30）收敛为设定 EGR 率。图2.6示出了按照上述模型的 SIMULINK[5] 的进气压力和 EGR 率计算程序，图2.7示出了其计算结果。为了将 EGR 率控制在目标值，需要补偿相对 EGR 阀开度的 EGR 气体流动滞后量。

c. 燃料动态模型

如图2.8所示，喷射到进气道的燃料一部分直接进入气缸，其余部分则附着在进气道和节气门的表面，形成燃料膜后逐渐蒸发并流动，再被吸入气缸内。因此，如图2.9所示，即使进行与气缸内进气量相应的燃料喷射，加速时仍为稀薄燃烧，减速时仍为浓混合比燃烧。由于这种进气管内的油膜动态对运转性能及空燃比控制均有很大的影响，许多论文都给出了解析结果。下列公式是按每个循环计算进气管内残余燃料量 f_w 的燃料动态模型。

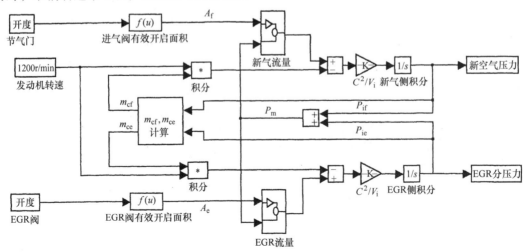

图 2.6 SIMULINK 的进气压力计算程序

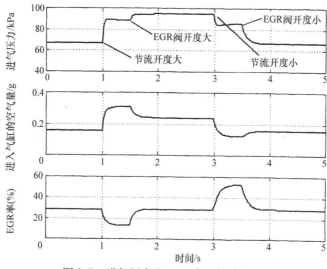

图 2.7 进气压力和 EGR 率的计算示例

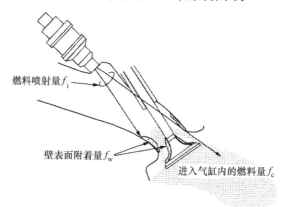

图 2.8 燃料动态模型

图 2.9 燃料比例和空燃比的计算示例

$$f_w(k+1) = Pf_w(k) + Pf_i(k) \tag{2.31}$$

$$f_c(k) = (1-P)f_w(k) + 1(1-R)f_i(k) \tag{2.32}$$

式中，f_w 为液膜燃料量；f_i 为燃料喷射量；f_c 为缸内吸入燃料量；P 为液膜燃料残留率；R 为喷射燃料附着率；k 为循环。

P 和 R 的值将随使用燃料、节气门上沉积物的状态及发动机的运转条件变化而变化。当使用蒸发慢的燃料或节气门上的沉积物多时，燃料的蒸发将变慢，P 和 R 将变大。此外，受发动机暖机状态的影响也很大，当冷却液温度低时 P 和 R 也将变大。有人提出采用通过燃料蒸发速度等物理现象的模拟推导这种模型的方法等，但它还受到喷油器的喷雾状态、进气流速、进气系统的各部分的温度、进气系统逆流、燃料成分及节气门上附着的沉积物等复杂因素的影响。通过物理现象解析出高精度模型是相当困难的。因此，一般都是根据试验数据来决定动态模型中的参数。

在式（2.31）和式（2.32）消除 f_w 后可得出下述公式：

$$\begin{aligned}&f_c(k+1) - f_i(k+1) = \\ &P\{f_c(k) - f_i(k)\} - R\{f_i(k+1) - f_i(k)\}\end{aligned} \tag{2.33}$$

测量使 f_i 变动时的排气中的氧气浓度，并通过 f_c（$f_c = M_{cf}/a$）来推断瞬时气缸空燃比，并像式（2.34）那样求出式（2.33）的公式误差，为使式（2.35）中的评价函数 J 达到最小，采用最小二乘法推算 P 和 R 的值。

$$\begin{aligned}e(k) &= \{f_c(k+1) \\ &- f_i(k+1)\} - P\{f_c(k) - f_i(k)\} \\ &- R\{f_i(k+1) - f_i(k)\}\end{aligned} \tag{2.34}$$

$$J = \sum_{k=0}^{n}\{e(k)\}^2 \tag{2.35}$$

实际上，这种推算法受氧传感器响应速度的影响很大，同时受排气流动带来的时间滞后及 f_c 的推测精度的影响。通过安装过滤器补偿这些影响，逐步加权的最小二乘法实时地对发动机暖机中的 P 和 R 值进行估计的结果如图 2.10 所示。像这样估计参数，并根据推测的模型参数适应性地改变控制法则的控制方法称为间接适应控制。根据控制误差不经过推测模型参数而直接改变法则的方法称为直接适应控制。

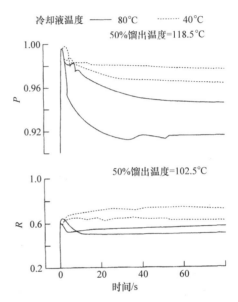

图 2.10 发动机暖机时 P 和 R 值的估计示例

这种适应控制是在排气氧传感器没有活化、不能使用空燃比反馈的发动机暖机时所需要的。现在汽车控制所使用的排气氧传感器要求的工作温度超过 350℃，从发动机起动至达到工作温度的这段时间要通过排气及电加热器加热。因此存在不能进行反馈控制的运转条件。发动机暖机是很难进行高精度空燃比控制的。因此，在排气氧传感器活化的暖机期间需要估计节气门沉积物的附着状态及使用燃料，提高发动机下一次暖机时的控制精度。

这里给出的燃料模型参数的估计方法在试验阶段可以达到一定的精度，但要用于批量生产发动机的控制，受各种误差的影响还是很大。发动机暖机时,在没有空燃比反馈的条件下,若想达到可能实用程度的估计精度是相当困难的。

根据式(2.31)和式(2.32)在目标空燃比求得控制法则。设目标空燃比为 α_r,气缸内吸入空气量的推测值为 M_{cf},则可用下列公式表示目标气缸内的燃料量 f_{cr}:

$$f_{cr}(k) = \frac{M_{cf}}{\alpha_r} \quad (2.36)$$

根据式(2.32),为了达到目标气缸内的空燃比 α_r,可用下列公式表示应喷射的燃料量:

$$f_i(k) = \frac{f_{cr}(k) - (1-P)f_w(k)}{1-R} \quad (2.37)$$

如图 2.11 所示,使用式(2.31)、式(2.36)和式(2.37)时,随目标气缸内燃料量阶跃变化,燃料喷射量也在变化。

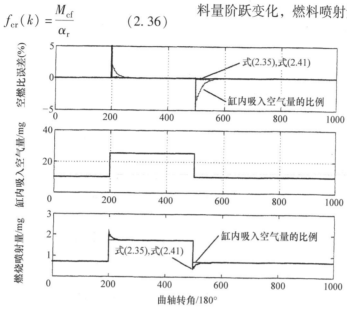

图 2.11 气缸内燃料流入滞后的补偿效果
4 缸发动机,$P = 0.8$,$R = 0.25$,目标空燃比 = 14.5

把式(2.31)和式(2.37)称为与燃料动态公式(2.31)和式(2.32)相对的逆模型。如图 2.12 所示,不用式(2.31)和式(2.37),为了达到 $|P + R_f| < 1$,求 f,如果反馈控制控制器内的模型,可制作模拟性的逆模型,避免 P 和 R 值的不稳定性,并可设定为任意目标 f_{cr} 跟踪速度。这时燃料喷射量的公式为:

$$f_i(k) = f_1 f_w(k) + f_2 f_{cr}(k) \quad (2.38)$$

式中,f_1、f_2 为常数。

总之,如果因为推导控制法则时的模型与发动机不一致(经反复试验决定燃料喷射控制逻辑时,试验时的发动机与实际控制的发动机不完全一致)而产生控制误差,要求高控制精度时必须进行反馈控制。在实际空燃比控制时存在产品偏差、使用时间不同及传感器误差等各种因素。因此,将会出现燃料喷射误差、气缸内空气量估计误差及燃料动态估计误差等。

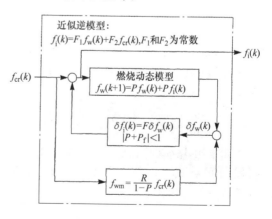

图 2.12 近似逆模的构成

d. 发动机转速计算模型

每个曲轴转角的发动机转速模型，现阶段只用在发动机失火检测等方面。而且几乎没有控制循环中的发动机转速的执行器，因此，这里介绍一下循环间平均化的发动机转速的模型。但是如果能把转矩的给出方法置换为式（2.13）等，就可以建立起每一曲轴转角的发动机转速动态模型。发动机转速动态模型根据运动方程式可用下式导出：

$$\frac{d\omega}{dt} = T_m - T_l - T_f \quad (2.39)$$

式中，T_m 为指示转矩；T_l 为负荷转矩，T_f 为机械损失转矩。

$$T_f = a_{f1}\omega^2 + a_{f2}\omega + a_{f3} \quad (2.40)$$

由于机械损失会因曲轴转角变化而变化，式（2.40）也是平均模型。假如 EGR 率和空燃比控制为一定，则可改动式（2.16）的系数变为下列公式：

$$T_m = a_{t1}P_m + a_{t2} \quad (2.41)$$

这样，发动机转速动态特性可用式（2.29）和式（2.42）表示。

$$\frac{d\omega}{dt} = a_{t1}P_m + a_{t2} - T_f - T_l \quad (2.42)$$

一般在怠速控制区域不使用 EGR，此外，因为进气室压力在临界压力以下，所以式（2.20）中等号右边的 Φ 不变。这样，式（2.29）改变系数后就变成了下列公式。根据这些公式，可以推导出怠速控制逻辑。

$$\frac{dP_m}{dt} = a_{p1}A_f - (a_{p2}P_m + a_{p3})\omega \quad (2.43)$$

用 $d\omega/dt = \omega d\omega/d\theta = (1/2d)\omega^2 d\theta$ 对式（2.39）进行变量变换，就可以得出下式：

$$\frac{d\omega^2}{d\theta} = 2a_{t1}P_m + 2a_{t2} - 2T_f \quad (2.44)$$

如果用 $A_{f1}\omega^2 + A_{f3}$ 近似 T_f 的话，在一个行程期间对式（2.44）积分，进行离散，改变常数部分得出下式：

$$\{\omega(k+1)\}^2 = a_{a1}\{\omega(k)\}^2 + a_{a2}P_m(k) + a_{a3}$$
$$(2.45)$$

同样，对式（2.43）在一个行程期间积分：

$$P_m(k+1) = a_{a4}P_m(k) + a_{a5}\frac{A_f(k)}{\omega(k)} + a_{a6}$$
$$(2.46)$$

因为是多功率系统，所以式（2.45）和式（2.46）适用 LQ 最佳调节器，并得出如下控制法则：

$$a_{a5}\frac{A_f(k)}{\omega(k)} = f_{s1}\{\omega(k)\}^2 + f_{s2}P_m(k) + f_{s3}\{\omega_r(k)\}^2$$
$$(2.47)$$

式中，ω_r 为目标怠速转速，因此，最终的控制法则为

$$A_f(k) = \frac{1}{a_{a5}}[f_{s1}\{\omega(k)\}^2 + f_{s2}P_m(k)$$
$$+ f_{s3}\{\omega_r(k)\}^2]\omega(k) \quad (2.48)$$

式（2.48）显示，在调整侧如果不能进行 A_f 更为高度的控制，每个循环的气缸内吸入空气量与低速侧不一样。在操作量和控制量方面进行参数变换，并通过控制表像线性系统导出。这种方法称为严密的线性化或者反馈线性化。在实际控制中以 LQI 控制（二次型加积分最优控制）等在式（2.48）中追加积分控制项。其结构如图 2.13 所示。图 2.14 给出了非线性控制系统（图 2.13）和线性控制系统控制结果的比较。

然而，式（2.48）是以空燃比控制一定为前提导出的。式中虽然没有明确标示，但发动机转速控制是通过进气量的调整来改变燃料量，以改变产生的转矩。发动机的转矩不仅可以由空气量决定，也可以由气缸内的燃料量决定。通过控制器控制燃料喷射量，导致怠速也受燃料喷射逻辑的影响。这些是基于物理模型的控制极限。控制器引起的动态特性是人为插入的，但在模型中难以处理。实际上，式（2.48）只能控制空燃比假定成立范围内的响应速度。

上述内容简单介绍了基本的发动机模型。其中，说明了参数的估计方法（称为

系统标定)、逆模型和模拟逆模型的构成方法及得到控制法则的方法等。根据模型推导控制法则是先求出控制误差 e，再对其进行微分，求出连续系统为

$$de/dt = -qe \quad (a>0)$$

离散系统为

$$e(k+1) = ae(k) \quad (|a|<1)$$

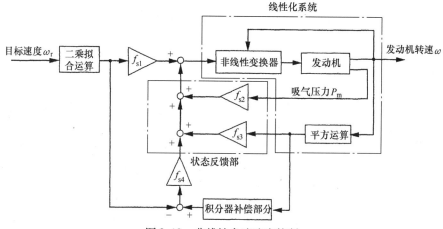

图 2.13 非线性怠速速度控制

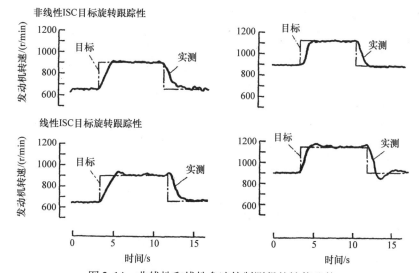

图 2.14 非线性和线性怠速控制测得的性能比较

因为操作量的方法对非线性系统也适用，所以方便易懂。这种方法虽然是利用逆模型的前馈和反馈导出基本的比例控制，但当得不到足够的控制性能时就要研究采用积分器和频率整形的鲁棒控制及适应控制等。前馈是很复杂的，应该简化。即使前馈是动态补偿器，一般在有反馈的系统中静态补偿器的控制精度没有下降，达到良好效果的情况也是存在的。

2.4 发动机控制逻辑

本节尽量按发动机模型推导出控制逻辑，并对测量和控制的现实问题及其应对方法进行说明。

从 20 世纪 70 年代后期到 80 年代前期，对最小分散控制和 LQ（二次型评价函数）

最优化控制等基于模型控制的应用研究处于鼎盛阶段。但由于控制理论和现实的距离相当大，几乎没能用于量产车。现在对基于模型控制的报告有所增加，而且其中有一部分已经被应用于量产车。

这里，试图尽量缩短理论研究与工程实践的差距，主要根据模型进行说明。因此，控制逻辑的说明就是为了理解发动机控制，它与实际量产车上使用的控制逻辑还是有所不同的。

如上所述，在汽车控制中，前馈的作用非常大。这是因为在汽车控制中工作范围广、要求响应性高及传感器出现异常时失效保护能力强。也有将过去的机械操作部分改为电子控制方式的，这样的改变对前馈也有一定影响。

在采用电子控制之前，由化油器依据流体力学，大致与空气吸入量成比例供给燃料。并且是根据发动机的暖机状态，在低温时增加燃料。EGR 系统也是按进气量的比例用流体力学方法进行调整的。为把油耗降到最低，通过调整器和真空提前角，依据发动机状态（发动机转速、气缸吸入空气量、空燃比及 EGR 率等），调整点火时间。现在的发动机电子控制只有手段是不一样的，基本上替代了过去机械装置的功能。例如：用空气流量计等估计气缸内吸入的空气量，为了达到目标空燃比，将燃料喷射到进气道；为了让所需的 EGR 量循环到进气道而控制EGR 升程；在预先设定空燃比和 EGR 率等的发动机状态下，为获得最佳油耗而进行点火时间的控制等。

a. 低排放控制

当前排气净化系统的主流是利用同时净化 HC、CO、NO_x 的三元催化和电子燃油喷射的精密空燃比控制系统。三元催化只是在理论空燃比附近具有对 HC、CO、NO_x 三种成分的高净化率。因而，排气净化系统控制上的要点就是将空燃比精密地控制在理论空燃比。这里，介绍一下应用在电子燃油喷射系统中的多点喷射系统的控制逻辑。

为把气缸内的空燃比准确地控制在理论空燃比，需要准确测量气缸内吸入的空气量 M_{cf}，其方法包括：

① 先用安装在节气门上流的空气流量传感器求得空气流量 Q，再联合发动机转速 ω 计算（图2.15）；

② 根据安装在进气室上的进气压力传感器求出进气压力，再联合 ω 计算。前者称为"进气流量法"，后者称为"进气密度法"。设气缸数为 N，气缸进气量 M_{cf} 由式（2.49）求出。

$$M_{cf} = \frac{4\pi Q}{N\omega} \quad (2.49)$$

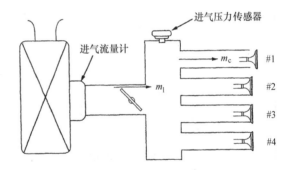

图 2.15　进气流量计和进气压力传感器装置

进气密度法遵循 2.3 节中式（2.21）所示的原理。一般受重叠、进气系统的动态效果及高速下进气门的节流效果等的影响，很难用模型根据 P_m 预测吸入的空气量。通过与吸气压力 P_m 和发动机转速 ω 的阵点相对的二维实测进气空气量图表的插值求得运转中的气缸内吸入空气量。

进气流量法在正常状态下高精度地提供进气量信号，过渡时误差大。以加速时为例，因为除缸内吸入空气，使进气系统压力上升的新鲜空气也通过流量传感器。图 2.16 所示为通过式（2.49）求出的 M_{cf} 和缸内吸入空气量的模拟结果。为了易于理解该影响，以阶跃变化计算上节气门开度。通过测量发现流量比实际要大得多。由式（2.49）可知：燃油喷射后，空燃比增大。此外，在高负荷区域脉动波动也大，对测量精度影响非常大。

进气密度法由于缸内吸入空气量的估算精度受排气口压力和进气温度的影响，虽然不比进气流量法高，但可以非常明显地反映瞬时缸内吸气量的变化情况。而且，进气下止点附近的压力不容易受进气流动的影响。在排气系统中用氧传感器进行反馈控制，可以补偿低频率的控制误差，因此，使用进气密度法也可以得到足够的空燃比控制精度。

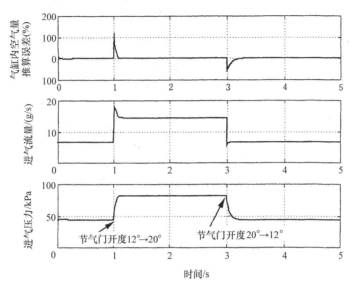

图 2.16　利用式（2.49）计算缸内吸入空气量的误差
排气量：1.8L，进气系统容积：1L

图 2.17 所示为测量与控制时间。进气行程中的燃料喷射有使燃烧恶化的问题。近来通过喷射燃料的微粒化改善燃烧，在进气行程也进行燃料喷射，但通常在进气行程前就结束燃料喷射。因此，必须在进气结束前决定喷射量。需要测量从开始测量进气压力和吸入空气量到进气行程结束时的进气压力变化。图 2.18 所示为节气门阶跃变化时测量时间导致的缸内吸入空气量估算误差结果。进气流量法中，时间问题也同样存在。

从空燃比控制精度比较来看，因为一般进气流量法的缸内吸入空气量估算误差属于燃油滞后补偿，所以空燃比特性较好。但是，进气流量法通过瞬时的流量测量和补偿缸内吸入空气的动态问题，空燃比的控制精度反而不高。结果，为了获得更高的控制精度，不管哪种方法都必须提高缸内进气量的估算精度，需要补偿燃料延时。

式（2.29）等号右边的第二项中 $m_{cf} = Q$，利用式（2.9）和式（2.49），假设 $A_e(A_f + A_e) = E_0$，可以得到下式：

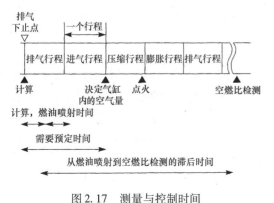

图 2.17　测量与控制时间

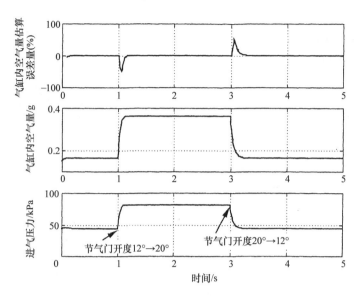

图 2.18 测量时间导致的缸内吸入空气量估算误差

排气量：1.8L，进气系统容积：1L

$$\frac{dM_{cf}}{d\theta} = -\frac{a_{m1}NC^2}{4\pi V_i}M_{cf} + \frac{a_{m1}(1-E)C^2}{(1-E_0)V_i}\frac{Q}{\omega}$$

(2.50)

E_0 表示在稳定状态下相对 $A_f + A_e$ 的 EGR 率。设 $M_{cf}(k)$ 为微分方程式（2.50）的初期值，$\Delta\theta$ 期间的 $Q(k)$ 不变，通过求 $\Delta\theta$ 后的值便可得出下式：

$$M_{cf}(k+1) = \exp\left\{-\frac{a_{m1}NC^2}{4\pi V_i}\Delta\theta\right\}M_{cf}(k) + \left[1 - \exp\left\{-\frac{a_{m1}NC^2}{4\pi V_i}\Delta\theta\right\}\right]\frac{a_{m1}(1-E)C^2}{(1-E_0)V_i}\frac{Q(k)}{\omega(\kappa)}$$

(2.51)

式（2.56）用于预测，可以计算到进气行程下止点，不过，在预测区间作 $Q(k)$ 不变的假设是不成立的。尤其是在发动机低速侧，由于估算时间长，缸内进气量的估算误差大。此外，也不可忽视进气门开度变化的影响，这个影响也会使预测缸内进气量较为复杂。

下面是根据进气压力 P_m 估算吸入空气量的方法。根据式（2.29）求 $P_m = P_{mf} + P_{me}$ 的预测值，通过式（2.30）求 $(A_f P_{me} -$ $A_e P_{mf})$ 的预测值，并通过解联立方程 P_{mf} 和 P_{me} 求预测值。利用式（2.29）的离散化，得出下式：

$$\frac{d(P_m)}{\frac{A_f + A_e}{\omega}\sqrt{2P_a\rho_a}\,\Phi\left(\frac{P_m}{P_a}\right) - \frac{NM_C(P_m)}{4\pi}} = \frac{C^2}{V_i}d\theta$$

(2.52)

假设等式左边的不定积分为 $G(A_f\omega, P_m)$，根据 $P_m(k_c)$，提前 $\Delta\theta$ 曲轴转角时的进气压力为 $P_m(k_c + a)$，即可满足下式：

$$G\left(\frac{A_f(k_c+1) + A_e(k_c+1)}{\omega(k_c+1)}, P_m(k_c+1)\right) - G\left(\frac{A_f(k_c) + A_e(k_c)}{\omega(k_c)}, P_m(k_c)\right) = \frac{C^2}{V_i}\Delta\theta$$

(2.53)

图 2.19 示出了不同 $(A_f + A_e)/\omega$ 相对于式（2.52）中 P_m 的积分 $V_i/C^2 G\{(A_f + A_e)/\omega, P_m\}$ 的计算结果。纵轴是 π 弧度表示的曲轴转角，与一个行程内 G 的增量相对应各渐近线就是稳定状态的进气压力。图表示 P_m 与时间一同收敛的情况。渐近线左侧是现在的吸气压力比节气门开度相当的压力

低，属于增压情况；右侧是减压情况，通过绘制相当于$(A_f + A_e)/\omega$的曲线，可以预测进气压力。这种$P_m(k+1)$的预测方法如图2.19所示。

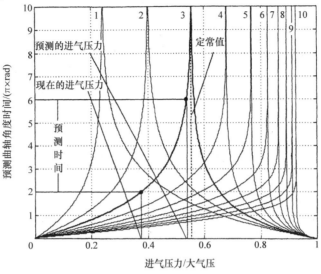

图2.19 进气压力预测法

图2.19的方法适用于发动机转速及A_f、A_e不变的情况，实际上由于$(A_f + A_e)/\omega$是变化的，式（2.52）左边的积分是比较困难的，才在预测期间使$(A_f + A_e)/\dot{\omega}$不变以进行积分。最理想的情况就是A_f、A_e只是进气节流阀开度的函数，但实际上受到进气流速和进气压力的影响，还是需要考虑流量系数的变化。为了使发动机的转速与进气节流阀的开度相对稳定状态的进气压力P_m一致，给定A_f、A_e结果，就可以求出相对于$(A_f + A_e)$、ω稳定的P_m，并从测量时估算的P_m逐渐地接近稳定状态的值。渐近的速度应根据$(A_f + A_e)$、ω、P_m而改变。如何利用简单的逻辑实现这种改变是实际应用的关键。

式（2.30）在P_m、ω不变的情况下离散化。

$$A_e(k_c+1)P_{if}(k_c+1) - A_f(k_c+1)P_{ie}(k_c+1)$$
$$= \exp\left\{-\frac{NC_\omega(k_c)}{4\pi V_i}\left(a_{m1} + \frac{a_{m2}}{P_m(k_c)}\right)\right\}$$

(2.54)

式（2.54）可以解释为已与设定的EGR相对应的时间常数接近。在实用中，在与节气门开度和发动机转速相对应的缸内吸入空气量二维图中，可以采取多样的瞬态补偿和零件偏差学习补偿的方法。此外，需要通过把预测的误差和实测的P_m的差值反应在下一个预测值上以补偿模型的误差。

节气门开度的推测值无论如何都存在误差，因此有提议用电子节气门使实际节气门开度稍滞后于加速踏板操作，这样使其与进气量预测运算同步。

空燃比控制逻辑的整体框图如图2.20所示。逻辑由前馈部分和反馈部分组成。在前馈部分采用缸内进气量的推测值，使缸内空燃比成为理论空燃比，用式（2.36）等决定基本燃油喷射量。除了式（2.36）之外还可以按式（2.55）和式（2.56）编制逻辑。

$$f_i(k) = f_{cr}(k) + \Delta f_i(k) \quad (2.55)$$

$$\Delta f_i(k+1) = \frac{P-R}{1-R}\Delta f_i(k)$$
$$+ \frac{R}{1-R}\{f_{cr}(k+1) - f_{cr}(k)\} \quad (2.56)$$

有研究报告指出：如果在此基础上增加不同响应速度如式（2.56）的补偿，精度还可以提高。在实际使用时,关键在于减少与运转条件相对应的 P 和 R 的二维表。

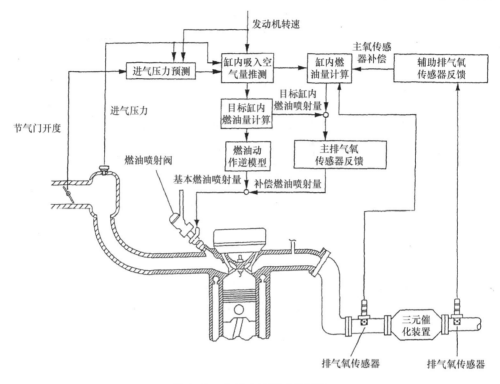

图 2.20 空燃比控制系统框图

发动机起动后的几十秒内空燃比传感器不工作,因此,在起动暖机时尤其需要高精度的基本燃料喷射控制。因此,要根据暖机后的空燃比误差推测发动机的时效变化等误差因素,并尽可能修正基本燃油喷射量。

反馈部分通过排气氧传感器输出的反馈修正前馈无法修正的空燃比误差。现在控制空燃比的系统在催化器的上游和下游处均安装排气氧传感器,进行双重反馈的情况较为常见。这是因为催化器上游是非平衡的排气成分,排气氧传感器的理论空燃比检测精度略有下降,催化器下游的传感器可对此进行补偿。

根据进气压力求缸内吸入空气量的方法受温度的影响,提高精度是有限的。此外,进气流量传感器还因受到进气波动的影响而产生误差。喷油器的精度还不能满足三元催化装置的精度要求。补偿这些误差是排气氧传感器反馈控制的作用。排气氧传感器是一种浓度差电池,如图 2.21 所示,在理论空燃比附近急剧变化电动势特性,并可以检测出从浓混合气到稀混合气以及从稀混合气到浓混合气的变化,然后就如图 2.22 所示补偿燃油喷射量。采用这种控制法空燃比总是变动的。但空燃比变化,也不一定使催化器的净化率下降,而且有可能得到高净化率的空燃比范围的效果。

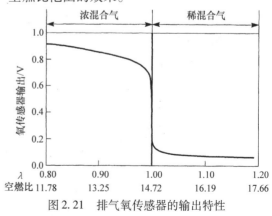

图 2.21 排气氧传感器的输出特性

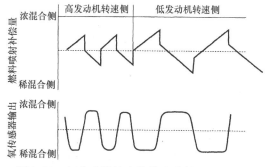

图 2.22 氧传感器输出的燃油喷射量补偿顺序

最近开发出了可以定量测量空燃比的氧传感器,使空燃比的反馈控制成为可能。这种方法对降低排放很有效果,其概要如下。

下列公式为燃料模型的偏差。

$$e_w(k+1) = Pe_w(k) + Re_i(k) \quad (2.57)$$
$$e_c(k) = (1-P)e_w(k) + (1-R)e_i(k) \quad (2.58)$$

排气系统有各种各样的扩散效果。瞬时空燃比误差即微小区间平均空燃比,如果是理论空燃比,可以得到补偿。如果一定行驶距离的空气积分值和燃料积分值之比相对于理论空燃比表现过低,则意味着排出了 HC 和 CO。同样,如果比值表现为稀薄,则可假定 NO_x 被排出。因此可以理解空气积分值与燃料积分值之比控制在理论空燃比是相当重要的。这意味着下式的评价函数,最好求出使式(2.60)的状态变量稳定在 $[0,0]'$ 的控制法则。

$$x(k) = \sum_{i=0}^{k} e_i(i) \to 0 \quad (2.59)$$

$$\begin{bmatrix} e_w(k+1) \\ x(k+1) \end{bmatrix} = \begin{bmatrix} P & 0 \\ 1-P & 1 \end{bmatrix} \begin{bmatrix} e_w(k) \\ x(k) \end{bmatrix} + \begin{bmatrix} R \\ 1-R \end{bmatrix} e_i(k) \quad (2.60)$$

使用 LQI 最佳调节器求得的控制如下:

$$e_i(k) = f_1 e_w(k) + f_2 x(k) + f_3 \sum_{i=0}^{k-1} x(i) \quad (2.61)$$

e_w 为不能测量的变量,应用式(2.58)按式(2.62)求出。

$$e_w(k) = \{e_c(k) - (1-R)e_i(k)\}/(1-P) \quad (2.62)$$

实际为了除去干扰,采用低通滤波器按下式估算:

$$e_w(k+1) = \hat{a}\hat{e}_w(k) + \hat{b}e_c(k) + \hat{j}\hat{e}_i(k) \quad (2.63)$$

它能对不能直接测量的变量进行估计,消除干扰,在功能上与线性系统理论的离散型观测是等效的,虽然系数不一样,但公式是相同的。改变系数,最后求得的控制法则如下:

$$e_i(k) = f_1 e_e(k) + f_2 e_i(k-1) + f_3 x(k) + f_4 \sum_{i=0}^{k-1} x(i) \quad (2.64)$$

式(2.64)右边第三项是将发动机运转区域分为几块,按各区域的保持值。该控制方法与以往采用排气氧传感器时的排放的对比示例可参照图 2.23。

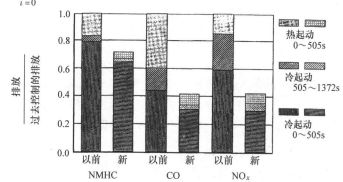

图 2.23 采用宽带区空燃比传感器反馈的控制方法的排放

然而，在稀混合侧并没有找出如同浓混合侧的 HC 及 CO 排放那样的 NO_x 排放理由，通过催化器特性还可以缓解稀薄偏离的可能性。其中一个实例就是最近开发出的 NO_x 储藏还原型催化器。吸附稀空燃比的 NO_x，在理论空燃比或浓混合区域内还有 NO_x，整体在稀混合侧运转。该控制方法如图 2.24 所示。

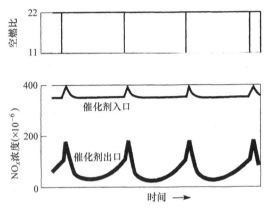

图 2.24　吸附还原型三元催化装置的空燃比控制
（80km/h 等速行驶）

在一份报告中给出了空燃比传感器的应用示例，指出通过应用空燃比传感器估计各个气缸的空燃比，为了各气缸达到理论空燃比采用 PID 控制，可以降低排放。图 2.25 所示为该控制采用的排气混合模型。在时间上比排气混合和空燃比检测滞后，在发动机运转状态下会有变化，因此，说明用一个传感器推算各气缸的空燃比相当困难。

节气门上的附着物及不易蒸发的燃料以及燃料动态滞后导致控制精度不好。为了保证空燃比的控制精度，可以通过适应性改变控制方法的方式，即采用最小二乘法估算等的 STR 和采用神经元网络的控制方法。

由于空燃比是根据排气中 O_2 的浓度推测的，未燃烧的 HC 是空燃比测量出现误差的原因。非平衡成分的 H_2 等也会对空燃比精度有影响，是净化率下降的原因。因此，在催化器出口安装氧传感器，修正催化器上游的空燃比控制误差。这种方法可以缩小与

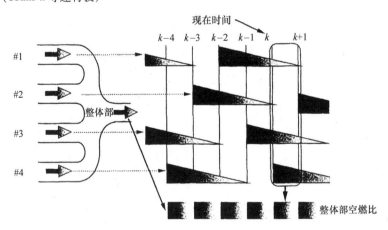

图 2.25　排气系统整体部的排气混合模型

排气氧传感器特性偏差相对的氧排放的偏差，提高可靠性。图 2.26 所示为该系统的效果。催化器出口的空燃比检测相当滞后，容易出现长周期的变动，但也有研究根据催化器下游的氧传感器的响应滞后，检测催化器老化的。

b. 低油耗及动力性能的提升

降低发动机油耗的方法大致分为提高燃烧效率和降低泵气损失两种。提高燃烧效率的方法包括用挤气和涡流改善燃烧及提高压缩比等；降低泵气损失的方法有大量 EGR、提高稀薄燃烧、可变气缸数控制系统及进、

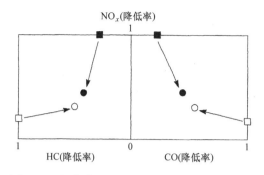

图 2.26 氧传感器系统造成的排放偏差降低效果
■□1 氧传感器系统　●■3 最大稀薄偏离传感器
●○2 氧传感器系统　○□4 最大加浓偏离传感器

排气门正时控制等。

　　使相位可变的进气门正时系统结构比较简单,实用性强。但是,如果为了提高低速时的转矩而将关闭时间提前,不利于进气系统惯性增压,延长进气门打开时间。结果,作用角度变小,在高速时得不到足够的功率。此外,在高速时设定足够的作用角度,在低速进气门打开时进气逆反量增加,转矩得不到提高。如果使作用角度可变,高低速都可得到最佳的气门正时,并可以发挥最大的转矩提升效果。

　　可变进气门正时系统不仅控制进气量,还控制内部的 EGR 量,达到降低 NO_x 和泵气损失的目的。相位可变式进气门正时系统在急速状态下通过减小内部 EGR 的设定,确保燃烧稳定性;在低中负荷状态下,通过内部 EGR 控制降低 NO_x 和油耗;在高速状态下,为了提高功率调整相位角达到平衡是关键。

　　可以连续改变关闭时间的进气门正时控制能够代替节气门的功能,并且可以大大降低泵气损失。可以考虑采用进气门提前关闭和迟滞关闭的方式。提前关闭是在吸入必需的空气量时关闭进气门,之后就是绝热膨胀,因为下止点后通过 $p-V$ 图上的曲线相同,泵气损失为0。迟滞关闭是在进气下止点后,所需空气量残留在气缸内时关闭进气门。该方式对应的 $p-V$ 如图 2.27 所示。

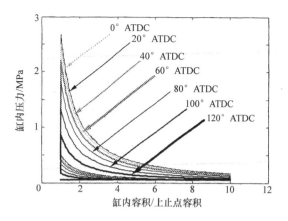

图 2.27　进气门迟滞关闭的效果
运转条件:进气压力 = 大气压,空燃比 = 14.5,EGR 率 = 0%
ATDC 为 After Top Dead Center 的缩写

　　可变气缸数控制系统是可以使多缸发动机的部分气缸停止工作的系统。因为工作气缸产生的转矩大,所以进气压力 P_m 大,泵气损失降低。停止气缸的方法包括切断燃料、进排气门锁止及只锁止进气门等。如图 2.27 所示,进排气门锁止有降低泵气损失的效果。可变气缸数控制系统具有发动机转矩变化大、车辆振动大的缺点。此外,还必须降低起动时的冲击及解决空燃比不稳定等各种问题。从获得的效果和成本的平衡角度出发,在多数发动机上还未能得到应用。

　　通过液压和电磁阀直接控制进排气门的无凸轮控制,可实现上面提到的可变气缸数,虽然是理想的,但很难降低驱动耗能及进行无噪声的气门回位速度控制,因此,仍处于研究阶段。

　　此外,对于降低油耗还有提高功率和转矩→发动机小型化→降低摩擦损失和泵气损失这种思路。采用增压器虽然会增加泵气损失和增压器驱动损失,且有为防止爆燃降低压缩比而导致燃烧效率恶化的倾向。但是,由于增压提高了功率,采用增压器也被认为是降低油耗的手段。有报告称根据米勒循环,采用控制爆燃的增压器,能同时实现高压缩比,达到降低油耗的目的。

2.5　未来的发动机控制

本节将沿着发动机控制发展的方向,预测未来的发动机性能。以下根据乐观和悲观两方面展开说明。悲观的预测是"汽车用发动机已经完结,无法承受更大的改变所带来的巨大成本,总而言之,不会有大的变化。"改进燃烧、提高压缩比及降低机械损失等已接近极限,已经没有余地对现在的发动机进行大的改进。现在的主要课题是对现有的技术进行优化,发动机控制也是根据其他系统实施的。尽管如此,为了充分发挥其性能,提高催化器在稀薄区域的NO_x净化性能,将开发能推测催化器详细状态的新型控制逻辑。基于三元催化的理论空燃比控制,扩大稀薄燃烧区域,可实现低油耗、减少排放。出于车辆运动控制的要求,兼顾降低排放、提高运转性能,对电子节气门控制的要求更加苛刻。

而乐观的预测是"发动机将有更大的改进,发动机控制也将有新的发展。"但必须跨越硬件方面的难关,在经济实用方面,还必须克服很多障碍。通过缸内混合气的分层化使以更稀薄空燃比运转成为可能的缸内燃油直接喷射发动机也是一种发展方向。最有希望的是进气开闭时间连续控制系统,这样可以完全消除泵气损失,而且内部 EGR 控制简单,还可以提高发动机的功率。

发动机功率的控制不是依靠节气门,而是根据进气门的关闭时间来实现的,形成了一种与现在的控制逻辑完全不同的体系;另一种可能就是与电机驱动并用,但在现在的汽车与电动汽车之间存在着最优解在哪里的问题。蓄电池的性能越好,电动汽车就是最优解。就目前的状况而言,业界认为还是更多考虑常规汽油机汽车比较适合。如果蓄电池的性能提高,最优解不是不断地向电动汽车方向移动吗?或者,是否存在中间阶段的产物呢?

2.6　驱动系统控制

驱动系统是将发动机产生的转矩传递给轮胎的系统,包括变速器、前后轮动力分配系统及左右轮动力分配系统。动力分配系统与转弯特性、行驶安全性等车辆运动性能有着密切的关系,将在下文中进行论述。此外,关于驾驶人意图、车辆运动及行驶环境的整合问题,以及关系密切的变速点的决定方法等问题也不会过多讨论。这里将说明如图 2.28 所示的车用最有代表性的自动变速器的控制以及考虑低油耗与舒适性的自动变速器的控制。

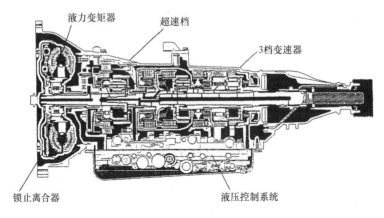

图 2.28　电控自动变速器示例

转矩传递系统由液力变矩器和齿轮传动装置构成。齿轮传动装置由多片式离合器、多片制动器、带式制动器、单向离合器及行星齿轮机构等构成。为便于理解，这里给出了齿轮传动装置的示意图（图2.29）。通过液压离合器和制动器的接合及分离控制液压回路以进行变速控制。电子控制式自动变速器在液压回路中装有ON-OFF型电磁阀及线性电磁阀。具体系统实例如图2.30所示。

自动变速器是为了减轻驾驶人的操作负担而开发的。自动变速器早期的不足是液力变矩器导致的油耗增大。这个问题通过采用液力变矩器的锁止机构和超速档而得到了解决。通过机械液压式控制减小了变速器的振动，并解决了会令乘员产生不适的变速点的控制。

电子控制技术实现了更加精密的管路压力控制、换档点的自由设定、锁止离合器的滑移控制以及与发动机的协调控制以降低换档冲击等，可以更加平顺地按照驾驶人的意图换档，并考虑降低油耗的效果。

a. 低油耗

虽然锁止是降低油耗的有效方法，但只是为了实现低油耗，而将锁止范围扩大到降低发动机的转速，则会引起驾驶人的不适，或由于制动时车轮抱死而导致发动机熄火。因此，通过电子控制，需要实现液力变矩器输入轴和输出轴转速差的滑移控制，以及锁止离合器的接合和分离等极细致的控制目标。

一般在发动机低速运转的工况下，可以降低发动机的摩擦损失及泵气损失，并降低油耗。不过，对变速点的控制对于车辆加速性能、与节气门开度对应的车辆加速感、油耗及噪声等均有影响，被认为是决定车辆综合性能的主要因素，因此，不能仅就降低油耗需求而决定换档时机。

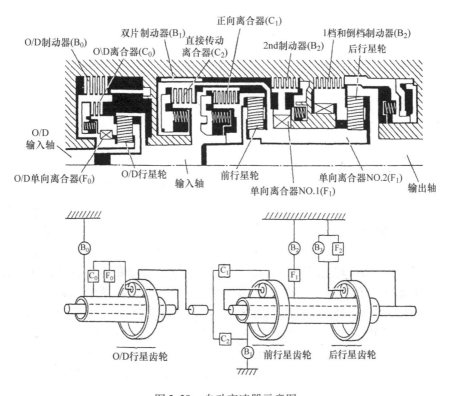

图2.29 自动变速器示意图

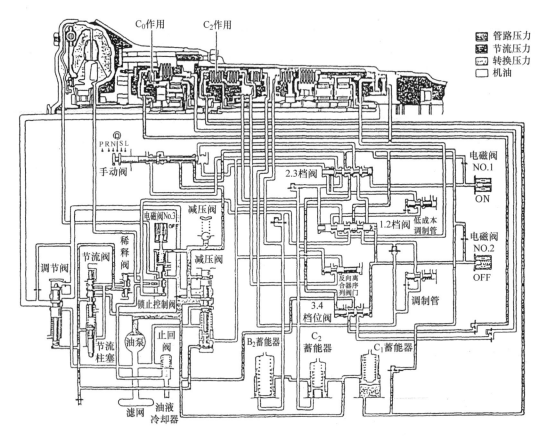

图 2.30 自动变速器的液压回路图
（D 区 1 档回路（A43DE 型）

在采用电子控制之前，使用与调整器和节气门开度联动的液压调整阀等，根据车速和节气门开度进行控制。电子控制是把 ON-OFF 型电磁阀安装在液压回路中，加上驾驶操作及行驶环境等信息，灵活地设定换档点，从而实现低油耗和舒适行驶。

b. 舒适性

因发动机和车辆的力学限制产生的换档冲击令人感觉非常不舒服，这是有级变速器的通病。升档时，发动机转速降低，失去旋转能量，这种能量传递给车辆，使车辆加速、减档；降档时车辆的动能转换为发动机的旋转能量，使车辆减速。因此，越是在短时间内进行变速，车辆受到加减速的冲击就越大。

为了减轻换档的冲击就必须进行摩擦要素接合时间的控制、利用线性电磁阀的管路压力精密控制、解除变速时的锁止及与发动机协调的转矩控制等。

2.7 发动机-驱动系统模型

这里，简单介绍一下动力性能、油耗及车辆加减速等计算模型。图 2.31 所示为对象发动机和驱动系统的模型。如果使用 SIMULINK 这种建模工具，可以很容易地追加扭曲刚性和轮胎特性，还可以扩大到四轮模型。因此导出运动方向仅是前进方向的基本模型，且不考虑驱动系统的扭曲刚性及负载移动的影响，不考虑轮胎侧滑。设车辆质量为 M，速度为 v，行驶阻力为 $F_r(v)$，轮胎驱动力为 F_t，车辆的运动方程式如下：

$$M\frac{dv}{dt} = F_t - F_r(v) \quad (2.65)$$

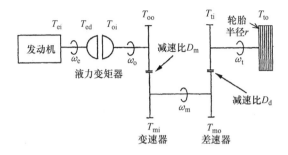

图 2.31 发动机驱动系统模型

简单地用与节气门开度和发动机转速相对的二维表近似得出发动机产生的转矩 T_a。考虑瞬态特性时，需要使用空气和燃料的动态发动机模型（见 2.3 节）。设液力变矩器反作用力的转矩为 T_{eo}，发动机旋转部分的惯性力矩为 I_e，发动机转速为 ω_{eo}，用下式表示：

$$I_e \frac{d\omega_e}{dt} = T_{ei} - T_{eo} \quad (2.66)$$

T_{eo} 用下式表示：

$$T_{eo} = C(e)\omega_e^2 \quad (2.67)$$

$$T_{oi} = t(e)T_{oi} \quad (2.68)$$

$$e = \frac{\omega_e}{\omega_o} \quad (2.69)$$

式中，C 为容量系数；t 为转矩比；e 为滑移率；ω_e 为输出轴转速。

将式（2.67）代入式（2.66），用 SIMULINK 表示 θ_u 和输出轴转速关系的程序如图 2.32 所示。容量系数 C 与转矩比及滑移率的关系见图 2.32 中的框内。

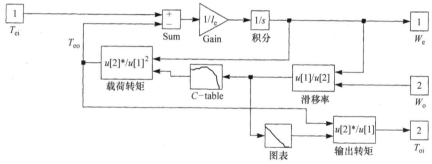

图 2.32 发动机旋转部分与液力变矩器的模型

下面，把旋转部分看作刚体，用下列公式表示各部分的转矩及转速。

$$I_o \frac{d\omega_o}{dt} = T_{oi} - T_{oo} \quad (2.70)$$

$$T_{oo} = \frac{1}{D_m}T_{mi} \quad (2.71)$$

$$\omega_o = D_m\omega_m \quad (2.72)$$

$$I_m \frac{d\omega_m}{dt} = T_{mi} - T_{mo} \quad (2.73)$$

$$T_{mo} = \frac{1}{D_d}T_{ti} \quad (2.74)$$

$$\omega_m = D_d\omega_t \quad (2.75)$$

$$I_t \frac{d\omega_t}{dt} = T_{ti} - T_{to} \quad (2.76)$$

$$T_{mo} = \frac{1}{D_d}T_{ti} \quad (2.77)$$

$$\omega_t = \frac{1}{r}v \quad (2.78)$$

$$T_{to} = rF_t \quad (2.79)$$

表面上看式（2.69）及式（2.70）~ 式（2.79）是联立微分方程，因为假定是刚体，根据 $[F_d, v]^t$ 的静态线性变换可求出各旋转轴的转矩和转速。车辆整体系统的 SIMULINK 程序如图 2.33 所示。根据稳定状态下试验数据的油耗图表，与计算过程中的发动机转速和节气门开度（有时用转矩、进气压力及进气量等），插值后累计求和得到瞬时油耗。发动机的排放也可用相同的静

35

态试验数据的图表计算。以排气法规值和允许车辆喘振水平作为限制条件，在某个变速特性和车辆参数的基础上，为使油耗达到最小，优化发动机空燃比、点火时间及 EGR 特性的研究很盛行。但是，按现在的排气法规水平，通过催化器后的 HC、CO 及 NO_x 对空燃比控制精度的依赖程度很大。因此，现阶段很难进行高精度的排放预测。

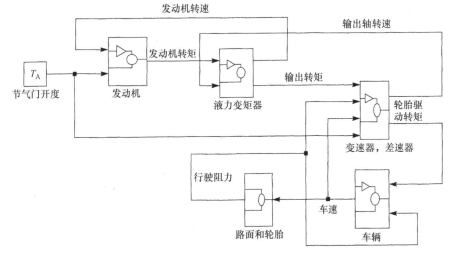

图 2.33　计算车速的 SIMULNK 程序

假设节气门开度变化为 1 阶滞后，计算车速、加速度的例子如图 2.34 所示。在该计算中，根据发动机转速和节气门开度，按照图 2.34 所示的换档线，使 D_m 瞬态化处理。根据图 2.34 所示的计算条件，在小节气门开度下，起步时液力变矩器的滑移率大，发动机转矩也增大。节气门开度小时，发动机的转速越低，转矩就越大，起步后出现加速度峰值，并逐渐降低到正常状态。行车时，车辆加速度的急剧变化与换档冲击对应。如果追加控制液压模型、求出离合器的接合转矩，也可计算出换档冲击的情况。

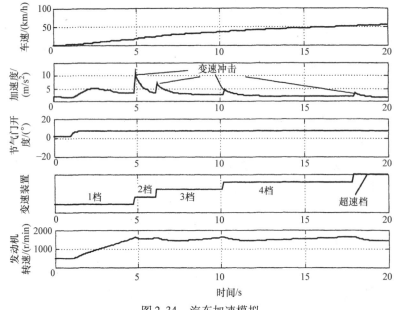

图 2.34　汽车加速模拟

通过这样的计算，既可得到低油耗与良好的行驶性能，还有助于理解实现平稳起步与变速的发动机驱动系统及其控制系统参数的关系。

2.8 自动变速器的控制系统

电子控制的目的是根据驾驶人的操作、路面打滑情况及坡度情况等行驶环境，以及发动机的暖机状态、车速等，通过变速及锁止动作的优化，实现低油耗和舒适行驶。图2.35所示为与发动机协调控制的自动变速器的传感器、执行器及控制器示意图。安装在变速器上的传感器有变速器输入及输出轴等旋转轴转速传感器、油温传感器及空档起动开关，通过操作系统的变速模式选择开关和超速档开关，实现从停车灯开关状态到制动状态全面信息的读取。几乎不使用压力传感器、转矩传感器及行程传感器等。发动机转速、节气门开度及冷却液温度等通过串行信号从发动机控制系统接收信号，离合器的开闭及制动动作通过 ON – OFF 型电磁阀选择，通过线性电磁阀进行精密的液压控制。利用串行通信，向控制系统发送变速器控制系统计算的点火滞后角、可变进气控制及燃油喷射量等发动机转矩控制信息。

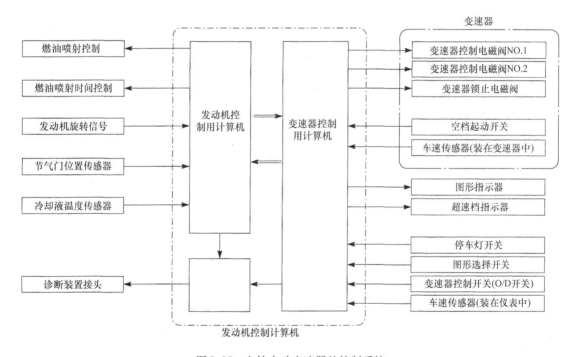

图 2.35　电控自动变速器的控制系统

2.9 驱动控制逻辑

变速器控制主要由滑移率控制及换档控制组成。换档控制这里不涉及"什么是与驾驶人感性相符的变速点的特性"这一问题。驾驶人主观感觉和变速点整合性的问题最终归结为与节气门开度相对的车辆加速度敏感度及最大加速度问题。这些特性因驾驶人的喜好而不同，对于易滑的冰雪路面和正常路面的要求也不一样。即便是对所有的驾驶人或在所有行驶状况都已经实现了"允许的特性"，但是想要实现"能够具有满足感的特性"还是有难度的。这是因为现在使用的传感器与其他系统通信所得到的信息，还不能完全识别驾驶人的意图和行驶环境。总之，驾驶人与车的关系应如何理解，是"驾驶人能否适应汽车特性与环境"，还是"汽车能否与驾驶人的能力、感觉、意图及环境相互适应"，仍需要深入探讨。

a. 滑移控制

液力变矩器是具有滑移特性的部件，因此，传递损失是行驶中不可避免的。采用将输入轴与输出轴直接连接的锁止控制变速器正在日益增加。图 2.36 所示为滑移控制系统的模型。由于发动机转矩的变动，锁止范围很难扩大到发动机低速转动区。通过控制输入轴和轴出轴的滑移情况，发动机低转速区域的油耗改善由原来的 5% 升到 7%。设离合器油压为 P，如果离合器转矩与油压成正比，输出轴和输入轴的运动方程式为

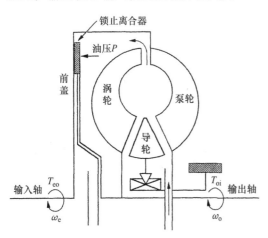

图 2.36　锁止离合器滑移控制模型

$$I_e \frac{d\omega_e}{dt} = T_{ei} - T_{eo} - \alpha P \quad (2.80)$$

e 为目标滑移转速的偏差，$\Delta\omega_r$ 为目标滑移转速，则有

$$e = (\omega_e - \omega_o) - \Delta\omega_r \quad (2.81)$$

$\Delta\omega_r$ 为定值，上式两边微分，再代入式（2.80）得到

$$\frac{de}{dt} = \frac{1}{I_e}(T_{ei} - T_{eo} - \alpha P) + \frac{d\omega_o}{dt} \quad (2.82)$$

$\alpha > 0$，通过以下控制压力，可使滑移转速逐步接近目标滑移转速，即

$$P = \frac{1}{\alpha}\left\{\left(ae + \frac{d\omega_o}{dt}\right) + \frac{1}{I_e}(T_{ei} - T_{eo})\right\} \quad (2.83)$$

先求出 T_{ei}，并根据容量系数和 ω_e 计算 T_{oi}，求得控制法则如下式：

$$P = \frac{1}{\alpha}\left[\left(ae + \frac{d\omega_o}{dt}\right) + \frac{1}{I_e}\left\{T_{ei} - C\left(\frac{\omega_e}{\omega_o}\right)\omega_e^2\right\}\right] \quad (2.84)$$

压力 P 通过由线性电磁阀预先确定的压力与电流之间的关系进行粗略控制，但实现压力与指示值不完全一致，导致 T_{ei} 和 T_{eo} 的精度难免出现误差。此外，执行器的响应滞后、时效变化及零部件的偏差等，也需要模型误差的补偿。

假设为定常状态，式（2.84）中 ω_o 的微分项为零。常数量可以利用各种运转状态下指定的滑移速度求得。但是由于变速器间的差异，需要补偿 T_{ei} 和 T_{eo} 的计算精度误差，因此，也需要积分补偿。从上述情况看，通过与上述常数项等价的前馈的 PI 控制可以进行滑移控制。但对于瞬态响应速度，这种 PI 控制效果不够理想。

通过劳斯稳定判别法求用 PI 控制时的闭环稳定条件，并弄清摩擦系数特性对离合器滑移速度的影响等。此外，有报告提出通过 ARMAX（Auto - Regressive Moving Average Exogenous）拟合模型的结果求出各种运转条件及自动变速器的偏差。如图 2.37 所示，利用解决混合感度问题的 H_∞ 控制逻辑设计控制法则可扩大滑移控制的运转区域。

b. 换档控制

换档按照车速和节气门开度进行，如图 2.38 所示的换档线。换档线的制定以低速行驶常用的低节气门开度的低油耗为基准，同时考虑驱动特性。换档设置了磁滞，使变速器不能频繁地升降档操作。

由于电控自动变速器具有不同变速特

性，通过变速模式选择开关可以选择驾驶人需要的变速表现。此外，当检测在节气门全开位置下再深踏情况，设置强制降档开关从而更好地满足驾驶人的加速意图。

（i）减小换档冲击　为了实现没有冲击而平顺进行换档，需要进行接合要素和分离要素的定时控制，以及对应变速状态的液压控制。图2.39所示为变速时离合器和制动器的工作定时及符合工作压力最优化的液压回路。采用线性电磁阀使离合器接合液压按变速状态进行反馈控制，吸收自动变速器的偏差和变化，始终保持良好变速特性的系统示例如图2.40所示。图2.41所示为通过与发动机的协调控制在变速时临时降低发动机转矩。这种降低发动机转矩的方法具有减少燃油喷射量和使点火时间滞后的效果。

（ii）多档位变速　图2.42所示为自动变速器（图2.28）D位2档和3档的控制状态。硬件构成上是3档变速器加超速档的4档自动变速器，但由于1档和超速档的组合，可以形成原来的4档变速中1档与2档之间的变速。这样，从2档到3档的升档需要同时进行超速档的解除控制及原来的1档到2档转换控制。图2.43所示就是这种换档控制。因为这些控制是相互干涉的2输入2输出系统，所以用多变量控制逻辑的LQ最优控制与时间滞后相结合补偿实现的控制逻辑设计。

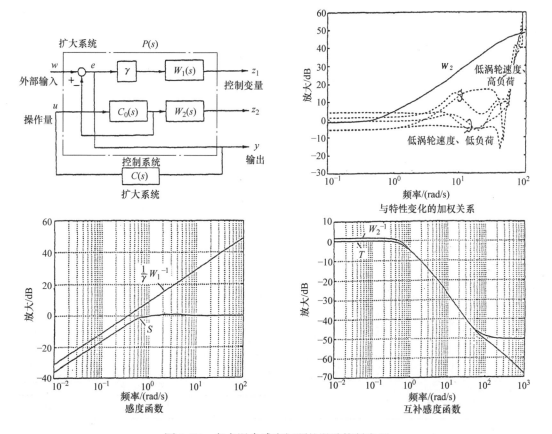

图2.37　考虑混合感度问题的滑移控制应用

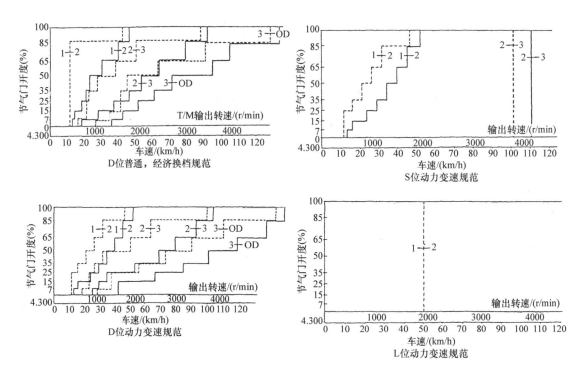

图 2.38 换档线示意图

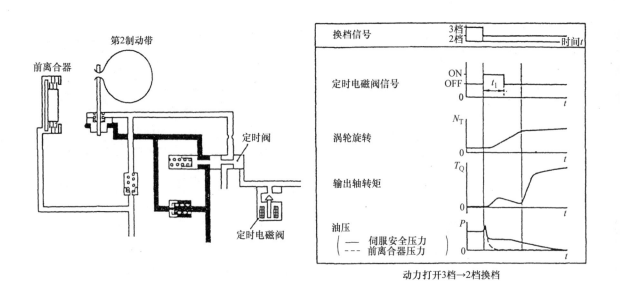

图 2.39 液压回路定时控制

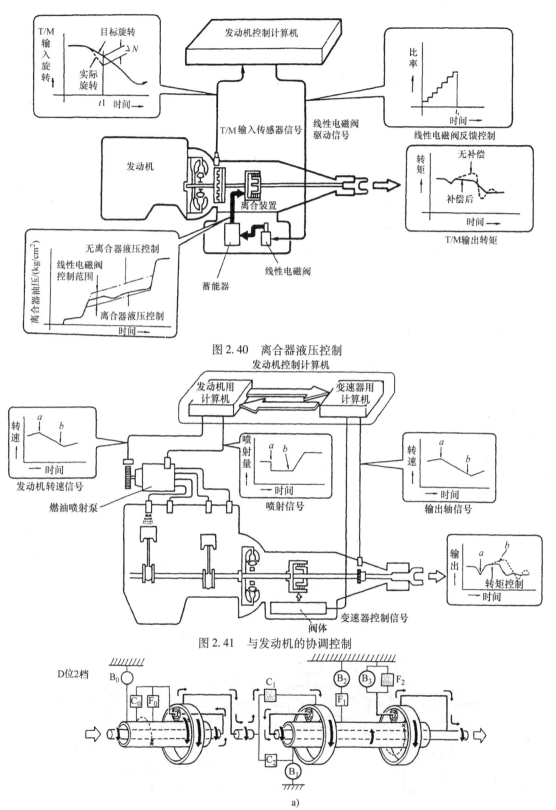

图 2.40 离合器液压控制

图 2.41 与发动机的协调控制

图 2.42 控制式 5 档自动变速器 D 位 2 档及 3 档的驱动状态

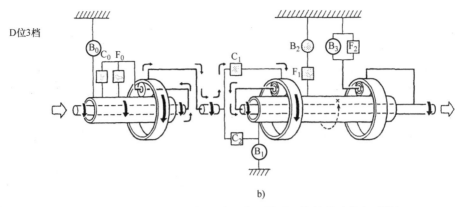

b)

图 2.42 控制式 5 档自动变速器 D 位 2 档及 3 档的驱动状态（续）

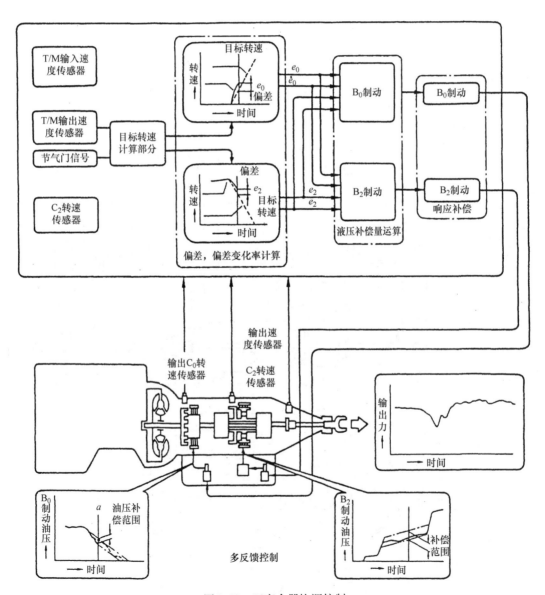

图 2.43 双离合器协调控制

2.10 未来的驱动系统控制

变速器的作用是将发动机产生的动力按照驾驶人的意图和车辆的状态准确无误地传递给轮胎。然而，无论是什么样的变速器，由于受到发动机和驱动系统的力学限制都会引起换档冲击的问题。为了解决这些问题，通过电子控制对油压和时机进行精密的控制。由于换档是在短时间内进行的，要想实现所要求的响应速度往往很困难。不过，现在已经可以将反馈应用在滑移控制和离合器接合液压控制上了。每次换档都可以进行前馈及反馈控制，以达到最适应的控制。但是，很多控制系统在利用电子控制之前，是通过机械部件的电子化改造实现控制的，还未达到以前馈和反馈为手段的最优化驱动效果。

在发动机控制中使用压力传感器、流量传感器、温度传感器、加速传感器、位置传感器等多种传感器，但是自动变速器是以转速传感器为主的。如果使用油压传感器、行程传感器，变速器的控制将发生很大变化，并能有效提升换档性能。

CVT（Continuously Variabe Transmission）能够连续进行换档，但人们更加关注其降低油耗的特性。然而，仅以低油耗为主要目的的变速特性往往会给驾驶人带来不舒适的感觉。如果折中考虑舒适性，需要接近多档式自动变速器的变速特性，还会出现影响降低油耗效果的问题。CVT的优势是没有换档冲击，但在力学限制方面与多档自动变速器相同。结果是，由于换档导致发动机转速变化引起的转矩变化仍不可避免，使得瞬间换档依旧困难，可以采取通过电子节气门依据发动机输出功率修正节气门的方法，但在节气门全开和全闭的情况下，普通连杆式节气门与电子节气门并没有什么差别。如果能毫无冲击顺畅地进行多档自动变速器的换档控制，则从车辆性能来看，与CVT相比就没有什么大的差别。CVT无论是带驱动式，还是牵引驱动式，传动效率是关键。另外，是否选择CVT还要决定于小型化、轻量及成本低等特性。为了防止紧急制动时发动机熄火、振动，依然需要离合器及流体接头，并需要自锁止及滑转控制等功能。

2.11 发动机–驱动控制的未来

在发动机驱动控制中，为了减少换档冲击、改善油耗很早就实施了各系统的协调控制。今后，车辆振动控制和车辆运动控制都需要考虑轮胎驱动力与驱动系统各部分转矩变化的高自由度控制。在开发这种复合系统时，将发动机驱动及车辆等控制系统中信息交换的参数换成转矩、转速等物理量是一种有效的方式。此外，为了能预测各自的控制对其他控制系统的影响，需要便于理解的开发环境，为此物理模型更要反映出实际载入的控制程序。从事系统开发的工程师必须有一个可以理解控制程序的环境，用实装的控制程序和 SIMULINK 等的 GUI（Graphical User Interface）工具记录控制逻辑与 HIL（Hardware In the Loop）模拟等开发环境的集成性，对于有效且可靠的控制系统的开发将变得越来越重要。相反，根据开发环境可以决定 CPU、I/O 接口等硬件。希望尽可能使这种开发环境标准化，有关工程人员也能够积极地交换信息。一个综合控制体系需要将车辆控制的要求、换档控制的要求及发动机控制的要求进行最佳调整，并需要进行发动机、驱动系统及车辆运动控制。并且，面对运转状态多变下的控制目标、错综复杂的目标及对立的目标，有必要进一步探讨是采取集中控制，还是采取分散控制，又或是采取自律分散控制等问题。此外，也应深入研究离散系统和复合系统中的评价函数的协调方法等。

目前，驱动力的控制一般是将电机用作起动部分，附加转矩控制后，发动机驱动控制系统的效果也随之改变。使用电机，不仅其动力助力能解决急速换档的问题，还能回收制动能量，以期达到进一步降低油耗的效果。如果不需要急速转矩变化，则减少低排放所需要的空燃比控制。这种系统就是介于电动汽车和内燃机汽车之间的混合动力汽车。从纯电动汽车到传统汽车之间仍有广阔的发展空间，暂不谈电动汽车存在的蓄电池问题，如何使控制系统更紧凑且实现精准功能将是未来亟待解决的问题。

参 考 文 献

1) 長尾不二夫：内燃機関講義上巻，第3版，養賢堂，p.162-173
2) E. Hendrics and S. C. Sorenson：Mean Value Modelling of Spark Ignition Engines, SAE Paper 900616
3) E. Hendrics, T. Vesterholm and S. C. Sorenson；Nonliner, Closed Loop, SI Engine Control Observers, SAE Paper 920237
4) T. Minowa, H. Ohnishi, Y. Nishimura and Y. Ohyama：Improvement in Torque Response during Acceleration Obtained by Using a Control System with Intake Manifold Models, JSAE Review Vol.3, No.1 (1992)
5) The Math Works Inc.：SIMULINK User's Guide (1992)
6) C. F. Aquino：Transient A/F Control Characteristics of the 5 Liter Central Fuel Injection Engine, SAE Paper 810494
7) R. Nishiyama, S. Ohkubo and S. Washino：An Analysis of Controlled Factors Improving Transient A/F Control Characteristics, SAE Paper 890761
8) H. Iwano, M. Saitoh, K. Sawamoto and H. Nagaishi：An Analysis of Induction Port Fuel Behavior, SAE Paper 912348
9) C. H. Onder and H. P. Geering：Measurement of the Wall-Wetting Dynamics of a Sequential Spark Ignition Engine, SAE Paper 940447
10) H. Inagaki and A. Ohata：An Adaptive Fuel Injection Control with Internal Model in Automotive Engin, IECON '90
11) T. Sekozawa, S. Takahashi, M. Shioya, T. Ishii and S. Asano：Development of a Highly Accurate Air-Fuel Ratio Control Method Based on Internal State Estimation, SAE Paper 920290
12) 糸山，内田，安達，高橋：制御系CADの適用によるエンジンの電子制御の研究．自動車技術会学術講演会前刷集 924
13) A. J. Beaumont and A. D. Noble：Adaptive Transient Air-Fuel Ratio Control to Minimize Gasoline Engine, FISITA Congress, London
14) A. J. Beaumont：Adaptive Control of Transient Air-Fuel Ratio using Neural Networks, 94EN001, International Symposium on Transportation Application
15) H. Maki, S. Akazaki, Y. Hasegawa, I. Komoria, Y. Nishimura and T. Hirota：Real Time Control Using STR in Feedback System, SAE Paper 950007
16) 古田勝久：実システムのデジタル制御，計測と制御，p.714-721 (1984)
17) K. Furuta, A. Sano and D. Atherton：State Variable Methods in Automatic Control, Wiley, p.135-148 (1988)
18) J. E. Slotine and W. Li：Applied Nonlinear Control, p.207-273, Prentice-Hall (1991)
19) M. Athans：The LQG/LTR Procedure for Multivariable Feedback Control Design, IEEE Transactions on Automatic Control, AC-32 (1987)
20) R. H. Hammerle and C. H. Wu；Three-Way Catalyst Performance Characterization, SAE Paper 810275
21) I. Gorille, N. Rittmannsberger and P. Werner：Bosch Electronic Fuel Injection with Closed Loop Control, SAE Paper 750368
22) N. F. Benninger and G. Plapp：Requirement and Performance of Engine Management Systems under Transient Conditions, SAE Paper 910083
23) A. Ohata, M. Ohasi, M. Masu and T. Inoue；Model Based Air-Fuel Ratio Control for Reducing Exhaust Gas Emissions, SAE Paper 950075
24) Y. Chujo；Development of On-board Fast Response Air-Fuel Ratio Meter Using Lean Mixture Sensor, ISATA, '89, Italy, No.89038
25) F. Meyer and A. Gerhard：Automotive Electric/Electronic Systems, SAE ISBN-89883-509-7 (1988)
26) H. Yakabe, H. Tai and M. Matsuura；Air-to-Fuel Ratio of Gas Engines Using Resposnes Characteristics of Three-Way Catalysts under Dynamic Operation, SAE Paper 912362
27) K. Kato, T. Kihara, T. Asanuma, M. Gotoh and N. Shibagaki：Development of NOx Storage-Reduction 3-way Catalyst System for Lean-burn Engines, Toyota Technical Review, Vol.44, No.2 (1995)
28) 長谷川佑介：オブザーバを用いた気筒別空燃比フィードバック制御，自動車技術，Vol.48, No.20 (1994)
29) M. J. Anderson：A Feedback A/F Low System for Low Emission Vehicles, SAE Paper 930388
30) W. B. Clemmens, M. A. Sabourin and T. Rao：Detection of Catalyst Performance Loss Using On-Board Diagnostics, SAE Paper 900062
31) 矢加部久孝：三元触媒の動的特性を利用したガスエンジン空燃比制御の研究，日本機械学会論文集（B編），Vol.57, No.539 (1997.7)
32) R. Prabhakar, S. J. Citron and R. E. Goodson：Optimization of Automotive Engine Fuel Economy and Emissions, ASME Publication, 75 WA/Aut-19, Dec. 2 (1975)
33) E. A. Rishary, S. C. Hamilton, J. A. Ayers and M. A. Keane：Engine Control Optimization for Best Fuel Economy with Emission Constraints, SAE Paper 770075
34) J. E. Auiler, J. D. Zbrozek and P. M. Blumberg：Optimization of Auotmotive Engine Calibration for Better Fuel Economy—Methods and Application, SAE Paper 770076
35) A. R. Dohner：Transient System Optimization, of an Experimental Engine Control System Over the FEDERAL Emissions Driving Schedule, SAE Paper 780286
36) P. N. Blumberg：Powertrain Simulation；a Tool for the Design and Evaluation of Engine Control Strategies in Vehicles, SAE Paper 760158
37) 山辺 仁：フィードバックコントロールロックアップクラッチ付き電子制御自動変速機，自動車技術，Vol.42, No.8, p.1012-1026 (1988)
38) 平松，竹村，中村：フィードバック制御式電子制御自動変速機の制御技術，自動車技術，Vol.42, No.8, p.1004-1001 (1988)

39) K. Kono, H. Itoh, S. Nakamura, K. Yoshizawa and M. Osawa：Torque Converter Clutch Slip Control System, SAE Paper 950672
40) R. Y. Chiang and M. G. Safonov：Robust Control Toolbox, User's Guide, The Math Works Inc.
41) J. C. Doyle and K. Glover：State Space Formulae for All Stabilizing Controller that Satisfy an H-Norm Bound and Relations to Risk Sensitivity, Systems and Control Letters, 11, p.167-172 (1988)
42) 坊田，川原，藤原，横田："Hold" モード付き電子制御自動変速機，自動車技術，Vol.42, No.8, p.1017-1022 (1988)
43) Y. Hojo, K. Iwatsuki, H. Oba and K. Ishikawa：Toyota Five-Speed Automatic Transmission with Application of Modern Control Theory, SAE Paper 920610

第 3 章　行驶安全与底盘控制

为使人们都能放心愉快地享受汽车高速行驶的乐趣，必须保证车辆行驶中的安全，为此在车辆上采取了各种措施并装备了各种装置。近年来，电子技术的发展减轻了驾驶人的负担，可以弥补一些简单的操作失误。但是，技术只是单方面的，与人的操作和控制的协调成为越来越重要的课题。

本章，从行驶安全的角度出发，重新审视汽车控制技术，探讨问题所在并展望汽车安全的未来。

3.1　事故避免技术

避免交通事故，从广义上讲，不仅是驾驶人的责任，整个社会都应采取合理的措施，采取预防措施才是解决问题的上策。尽管如此，如果运气不佳，即将发生撞车事故，只要有躲避碰撞的可能，驾驶人还是可以尽量避免眼前险情的发生。这时，如果车辆按驾驶人的意图有效制动，转弯避障成功，则事故发生的概率应该不高。但在现实中，在这种紧急状况下，如果驾驶人操作制动器有延迟，或制动力不够，或转向盘的操作过度，车辆将失去操纵稳定性。因此，在这种情况下，更加需要能够控制车辆状态、抑制轮胎打滑、辅助驾驶人以避免事故的技术。

具有代表性的系统是 ABS（防抱死制动系统）。该系统可以防止紧急制动时车轮抱死，确保车辆的操纵稳定性，并且实现良好的制动性能。此外，在易滑弯曲的路面上，过度踩下加速踏板，使驱动轮空转，有时车辆会发生侧滑现象。为了避免这种现象出现，使轮胎抓地，维持驱动性和操纵稳定性，TCS（牵引控制系统）得以研发。从防止轮胎纵向打滑的角度看，TCS 与 ABS 是同种技术。另外，用后轮的转向角调整轮胎的瞬间侧滑，提高如变线行驶的车辆侧向移动的响应性能，提升避免事故的能力，这就是 4WS（四轮转向）。

近些年，在有关行驶安全的多种工况下，发挥车辆行驶性能的技术进一步向综合化方向发展，不仅调整发动机的功率，还出现了独立调整四轮的制动力、控制车辆转向特性变化的系统，人们正期望这类系统有进一步的发展。

与行驶安全有关的车辆行驶性能受轮胎力的极限特性影响很大。车辆的制动/驱动性能基于轮胎产生的纵向力和纵向滑转率，操纵稳定性基于轮胎的侧向力和侧偏角特性。轮胎产生的纵向力与侧向力的合力，即综合抓地力，存在最大极限，常称为"轮胎的摩擦椭圆"。在综合抓地力的极限附近，如果纵向力大，侧向力就小。在车辆行驶的极限领域，车辆的制动性能和操纵稳定性难以兼顾。此外，轮胎的纵向力达到极限侧向力消失，侧向力达到极限纵向力消失，这时轮胎在任意滑移方向上只产生摩擦阻力，一般的驾驶人是难以驾驭的。

ABS、TCS 等行驶控制技术的主要作用包括在轮胎摩擦圆的边缘形成轮胎打滑的防御墙，以及尽可能调整在行驶极限领域的纵向力和侧向力的分配，以确保人－车系统的运动自由度（图 3.1）。

ABS 是防止车轮抱死的装置，但最新的车辆行驶控制系统，却是根据情况使车轮抱死，使多余的轮胎侧向力消失，产生由轮胎纵向力导致的车轮横摆力矩，确保操纵稳定性。因此，根据车辆行驶的原理和系统的目的，只确保单独轮胎的功能是无法满足整车稳定控制需求的，因为这与4个车轮产生的合力以及人和车的相互作用技术有关，这些问题将在下文论述。

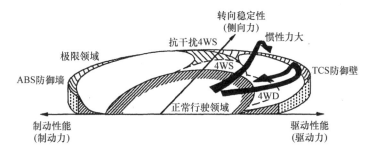

图3.1 作用在轮胎上的力与车辆行驶性能的关系

3.2 ABS的发展历程及现状

为了生产出安全性高的汽车，迄今为止，已经进行了许多新技术的研发。下面，介绍这些技术中的一个典型技术——ABS。

ABS不仅是最早用于车辆行驶控制的技术，也是随着车辆运动及轮胎力学的发展而不断发展的系统。因此，了解该系统开发的原委，对今后其他系统的开发也有一定启示作用。从此观点出发，本文追溯到受飞机制造、试制的启发，工程师着手开发后轮控制的ABS的时代，介绍ABS的发展历程及现状。

3.2.1 ABS的开发背景

ABS（后两轮控制）源于汽车大国——美国。这种技术的开发背景是日益发展的飞机技术、美苏太空开发竞争，以及控制理论的发展（图3.2）。

此外，20世纪60年代后期，随着美国民众对安全问题日益关切，ABS得以推向社会。并于1970年前后，由底特律的工程师首次在汽车上应用这种技术。

20世纪70年代中期，以能源危机为契机，制定了大气污染防止法和节能法，汽车由大型向小型化方向发展。由于战争问题给美国经济蒙上了一层阴影，ABS的改进和普及不得不停滞。防抱死制动系统的简称

ABS原为德语，1978年这种系统在欧洲达到了实用程度，博世和梅赛德斯-奔驰公司为其产品化做出了巨大贡献。当初该系统是特尔迪克斯公司（特尔芬根和本迪克斯的合资公司，后被博世收购）和奔驰共同研究的四轮控制ABS，1973年进行了道路行驶试验。新系统对以往的ABS技术进行了许多改进，并获得成功，为普及开辟了新道路。

1970年，日本因交通事故的死亡人数创历史最高，超过了16 000人，政府开始实施长期的汽车安全政策，汽车厂家也开始纷纷响应美国呼吁的"安全试验车（ESV）计划"。安全试验车的研究成为日本正式开发ABS的契机。在这前后，日本已经正式进入汽车化时代。1968年福特汽车公司最初采用的ABS，1971年应用在日产汽车上。以此为开端，各公司的后两轮控制ABS相继问世，并投放市场。紧接着发生的石油危机（1973年）和排放限制（1975年马斯基法）一下子改变了传统汽车的制造方法，日本的汽车生产厂家为尽快摆脱石油危机和适应排放限制的要求而不断努力，再借助20世纪80年代经济高速发展的东风，日本汽车的产量在1980年成为世界第一，日本车遍布世界。

1982年问世的本田四轮ABS，1983年问世的丰田四轮ABS等，都是日本的原产

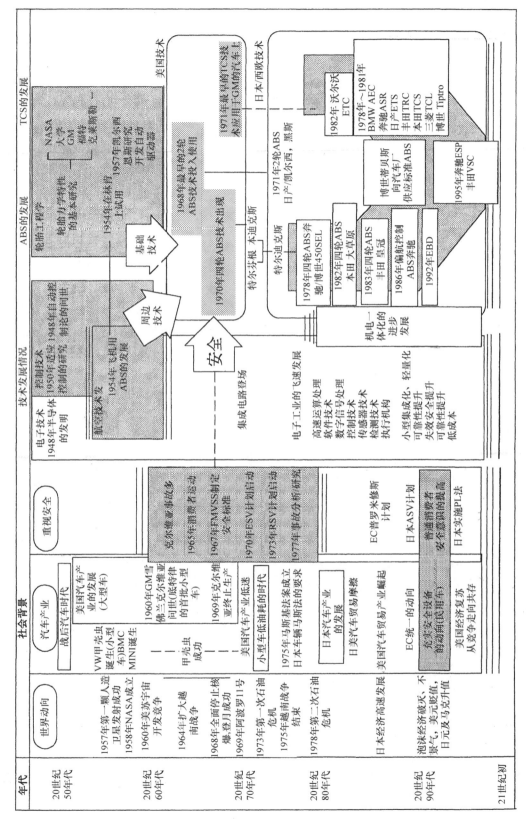

图 3.2 ABS、TCS 开发的历史

ABS，1984年德国博世公司以生产许可证的形式向日本开始供应。起初，四轮ABS的价格昂贵，只限于高级车采用。其效果随着大众的认可而迅速普及，这不仅促进了大批量生产，而且迫使厂家降低成本。现在，ABS的价格已经降到初期的三分之一以下，在普通车上也得以采用。

现在，诸如ABS等为社会所注目的安全技术，随着普及，其作用往往让人感觉不明显了，那么其最初的目的就有可能被人们遗忘，最后，作为常识应该了解的合理使用方法和使用注意事项也可能被遗忘。因此，日本也效仿美国，制定了PL法（1995年），厂家对其产品包括普通人的误操作担负安全上的责任。技术的普及，表面上看是正当且简单的销量、产量扩大，实际上也需要依据当时的社会价值，重新评价技术是否为人们所接受，是否是对社会有益，ABS当然也不例外。

在这样的技术改进和普及之前，确立ABS技术的主要构想，并进行尝试。本文将涉及ABS技术的基本概念，时空上跨越20世纪60年代后半期的美国、70年代后半期的联邦德国以及80年代初期的日本，针对现在的ABS技术核心及其工作原理和具体构成进行阐述。

3.2.2　后两轮控制ABS（美国）

a. 飞机技术的应用

如上所述，ABS开始是作为飞机应用技术而开发的。在飞机领域，高速着陆时的车轮制动抱死会产生轮胎的爆裂问题，飞行员的过分小心，则会使制动距离增加。1954年飞机制造厂成功开发出ABS。福特产品研究所的工程师们注意到了ABS在飞机滑行中改善其方向稳定性的效果，于是立即从法国的飞机制造厂买进了该系统，并装在福特的轿车上。因为该系统处于产品设计前的阶段，虽然对制动距离和方向稳定性有改进效果，但有报告提到在前悬架的主销周围产生严重的振动。此外，1957年，凯尔西公司也仿照飞机技术开始研究制动控制系统，报告提出"制动控制唯一的作用是在紧急制动时避免失去操纵性和缩短制动距离。"

当时的汽车工程师着眼于飞机领域的先进技术，但飞机和汽车在物理学及使用环境方面均有很大差异，作为汽车用的ABS要从根本上重新考虑。两者的不同如下：

① 轮胎的摩擦机理有大的不同。这是因为飞机的速度高，在湿润的路面上滑行，轮胎和路面间会产生高压蒸气；而在干燥的路面上滑行，轮胎橡胶会熔化。

② 飞机系统要求的动态范围小。这是由于飞行员判定跑道的状态，手动操作选择系统的响应。

③ 飞机跑道比汽车道路的状态稳定得多。也就是说，直到飞机停止，各轮的摩擦系数几乎没有急剧变化。

④ 飞机的保养非常重要，制动车轮间不能有严重的不平衡。此外，当时汽车广泛使用的双伺服制动器，如果在过热、淋雨或污浊的环境下使用，车轮间的制动效率有很大变化。

⑤ 飞机制动系统的成本比汽车的高得多。

b. 基础技术的发展

汽车用的ABS不能简单地从飞机上移植过来，必须从根本上重新研究。当时，汽车的运动、悬架力学及制动控制都混合在一起，非常复杂，而解决这种非线性问题的理论方法尚未确立。此外，上文提及的"轮胎与路面间的力学"在当时也没有定量性的数据。除了动力学方面的困难，还有控制学上的问题。例如"车辆的响应输出，即制动距离、状态量（如车体速度、车体减速度）难以计量，不能向控制器反馈""ABS的工作周期与悬架和车轮的共振领域重合，易产生噪声"等。

（i）轮胎和地面力学 汽车动力学及轮胎特性的研究几乎与 ABS 的研究同时进行，其研究成果很快就被应用在 ABS 的研究上。这一时期之前在轮胎和路面的关系上所得到的主要研究成果如下。

1931 年：用底盘测功机测定轮胎特性（弄清了充气轮胎的结构特性）。

1938 年：开发出可测量侧向力的底盘测功机并进行牵引式轮胎试验。

1955 年：从零到最大的滑行速度过程中产生的最大驱动力的事实。

1960 年：测定制动力与侧向力的相互依存关系。

1967 年：发表非对称摩擦椭圆数据，与纵向打滑、侧向打滑相关的纵向力和侧向力的产生机理。

1968 年：NASA 发布轮胎的详细数据。

通用工程师发布的轮胎数据（1969 年）和克莱斯勒与本迪克斯联合发布的数据（1968 年）分别如图 3.3 和图 3.4 所示。上述两数据的不同说明当时的技术认识和装置实用性的程度不同。

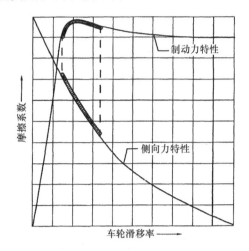

图 3.4 轮胎制动力和侧向力与车轮滑移率的关系（克莱斯勒＆本迪克斯，1968 年）

为使 ABS 更加成熟，在 ABS 开发的同时，轮胎和路面间的力学特性的物理学基础逐步成熟。

（ii）控制技术 当时在飞机控制领域中将动态特性假定为稳态所研究的自适应控制技术，也应用在 ABS 上并进行了进一步研究。福特汽车公司在载货汽车用 ABS（后两轮）的开发中，除凯尔西·黑斯作为研发中心以外，还有多个著名的研究开发机构和企业参与。他们认为"解决像 ABS 这样的控制问题的手段之一就是模型规范自适应控制"，将当时最先进的控制理论应用在 ABS 上（图 3.5）。

具体地说，就是按制动操作信号设定理想的时间——车轮速度特性（规范模型），使车轮速度与功率相吻合控制制动压力。在此条件下根据产生的误差信号的大小，评价修正模型特性和控制器响应性是否合适。最初的 ABS，比现在的 ABS 和自动驾驶仪更富有挑战性。

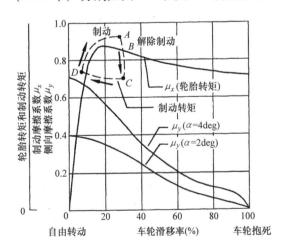

图 3.3 轮胎制动力和侧向力与车轮滑移率的关系（GM.，1969 年）

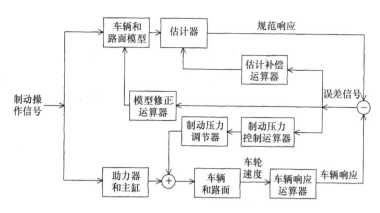

图 3.5　模型规范自适应控制（福特载货汽车）

（iii）负压执行机构　使 ABS 达到实用，最后攻克的课题是执行机构的开发。动力源的选定对系统的性能影响很大。福特载货汽车选择发动机负压式。当然，负压式的响应性并不好，但液压式与其他系统共用一个液压源，可使用的车辆是有限的。电气式比负压式响应性更差。他们当时说"采用负压式不会牺牲任何性能"。福特载货汽车的防抱死性能如图 3.6 所示。也许是采用负压式的缘故，与现在的 ABS 相比，车轮速度的响应、恢复性都比较差。

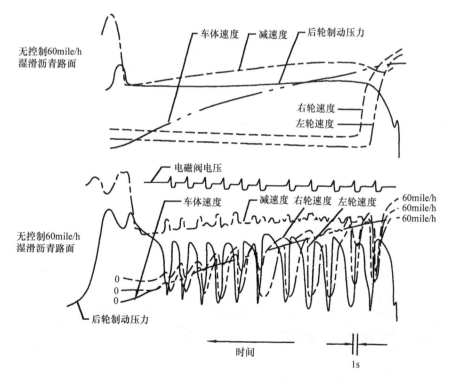

图 3.6　福特载货汽车的车轮防抱死性能
（1mile/h=1.6km/h）

当时由于成熟的工业标准、售后服务维修体系以及社会性的消费，根本想不到用液压直接控制制动器，即使想到间接液压，但限于当时没有 AT（自动变速器）和动力转向的车上不可能设专用的液压源，也只能放弃使用液压的想法。现有负压伺服制动技术的可利用性和在大型车上的应用自由度促使了负压动力方式的选择。

然而，时代要求系统更加紧凑，并具有更高的性能和安全性。但在 27 年前，尽管是负压控制，还是实现了汽车自动控制的第一种安全技术——ABS。

（iv）世界上最早的 ABS（后两轮控制） 汽车转向行驶时，前轮先产生转向力（这个力分为使车辆转弯的横摆力和向心力），使车辆开始转向。接着，为消除前轮产生的侧向力矩，后轮产生转向力，实现稳定的转向运动。按照上述分析，前轮称为操纵轮，后轮称为稳定轮。当施加制动时，负荷从后轮移向前轮，后轮产生的受力变化包括：①为抵消前轮横摆力矩增大，侧向滑转增大；②为产生与制动踏板力相符合的制动力，纵向滑转增大。前轮则相反，随着负荷的增大，在打滑状态下，产生多余的转向力，有时驾驶人必须回转转向盘。路面越滑，移动负荷减小，这种倾向也随之减弱。基于上述车辆动力学的观点，当时选择后两轮控制的工程师考虑了以下内容。

① 与四轮系统相比，两轮系统简单，可尽快开发出来（重视尽早商品化）。

② 在有的条件下，四轮 ABS 为维持方向稳定性，需要修正转向（通用也是这样认为的）。

③ 后两轮系统不需特别新的驾驶技术和训练。

他们确信从公共性和汽车工业的观点出发，应该采用后两轮 ABS。

此外，曾发生前述的悬架振动导致转向盘脱落等问题，但针对上述②、③问题的解决，近年来，也开展了控制四轮的制动力以直接控制车辆行驶状态的研究。

3.2.3 四轮控制 ABS

后两轮 ABS 可提高紧急制动时的稳定性，却无法改善紧急情况下通过转向避免事故的能力。

夏依那在他的著作（1978 年）中引用坦巴斯（1977 年）的研究成果做了如下事故分析报告，并表明对四轮控制 ABS 的期望。他在报告中提到"ABS 对事故减少率的效果是，后两轮系统占 2% 以下，四轮系统占 8%，为提高安全性和减少事故发生，依然有改进的余地"。

最初向市场投放四轮 ABS（大型负压控制型）的克莱斯勒由于陷入经营危机，当时没有具备满足时代要求的 ABS 开发能力。其结果是，博世公司开发出满足时代要求的系统，并用于梅赛德斯-奔驰汽车上的"防抱制动系统（ABS）"。在系统开发中起核心作用的博世公司的工程师海因茨·拉依巴指出："ABS 的目的是给产生过剩制动的车轮减小制动压力，使这些车轮不抱死，产生最大的制动力。这样，可保持车辆的操纵性，避免失稳发生。"

换句话说，ABS 的控制效果就是在轮胎特性的范畴内，确保紧急情况下车辆的操纵稳定性，图 3.7 中斜线部分（①、①a 和 ①b、②、③、④各条线）所示的侧向滑移率的范围即 ABS 的控制范围。有人提议 ABS 自身应适应各种道路和行驶状况。控制滑移率涉及范围很广，从 10% 到 40%，这就产生该如何区别各种状态，并适应这些状态进行控制的问题，这类问题的解决方法将在下文中叙述。

a. 控制算法

ABS 的直接控制对象是车轮的滑移率，这一点比较明确，把这一理论用于控制的是博世的系统。开发后两轮 ABS 的前辈们也

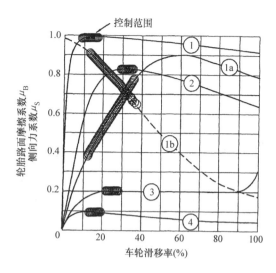

图 3.7 制动力和侧向力系数与滑移率的关系（博世，1979 年）

具有同样的认识，毫不迟疑地向有关轮速模型跟踪控制方向挑战。但是，检测或估计滑移率，必需的要素是车辆对地速度。因为对于紧急制动时的对地速度没有合适的检测或估计方法，使先问世的后两轮系统，在滑移率控制目标上没有明确的变量。

模型跟踪方式，能实时地追踪正确的规范模型，获得相同的效果，而上述的规范模型即使进行自调整，由于诸多因素（如路面状况、速度、装载质量、制动钳的形状），与实车有一定的差距，导致很难在实车上达到理想的控制效果。

结果导致以下影响性能亟待改善的问题。

① 滑移率的变动范围大，各轮的制动力有微小变动，车身和行驶机构产生很大振动（如用于前轮，转向盘振动，产品性能大幅下降）。

② 如想确保防抱死性能，需要采取增大制动压力减少量、恢复时间滞后以及恢复速度降低的措施，但这会导致难以确保缩短制动距离。

博世的系统，采用如下方法成功地解决了上述问题。

首先，假设"在任何路面，无论如何操作制动器，若 ABS 正常工作，则其控制的车轮轮缘速度最大值相当于车体速度，"梯度设上限（在良好路面车辆最大减速度 $10m/s^2$ 的值），描出这些最大值，看作车身速度，以此为目标考虑滑移率，设定标准车轮速度。简单有效地设定受控车轮速度目标值的方法是拉依巴等人研究的 ABS 控制概念的最大特点。

他们采用的控制变量是车轮的转速和加速度。基于这种控制概念，监测各车轮随时出现的控制变量的变化，并与按每个变量预设的边界值相比较，还要考虑比较后综合结果导致的动态滑移现象和滑移率 - 制动力的非线形特性（特别是稳定区域），预设每个情况的对应措施。按这些措施设定相应的控制动作，即制动压力的"定值增压""阶段性增压""保压""减压"工况。这就是他们考虑的"适应"控制，即根据具体的情况现场实时控制。按时间序列的现象，采用预先设定的措施，控制过程可分为阶段①～⑧（图 3.8），进行精密而准确的控制。具体的控制过程如下。

最初，踩下制动踏板，轮缸内的制动压力提高，车轮减速度提高。阶段①结束，车轮减速度通过设定值 $-a_1$ 后，制动压力保持在一定水平。在与滑移率相对的制动力特性稳定范围内，因已通过 $-a_1$ 设定值，制动压力不得再下降，基准车体速度限定在一定值，由此速度导出转换设定值 λ_1。阶段②结束，车轮速度低于 λ_1。从此时开始直到车轮减速度超过 $-a_1$，制动压力一直减小。阶段③结束，再次通过 $-a_1$ 设定值，进入压力保持阶段。虽然时间短，但车轮加速度一直提高到超过 $+a_2$ 设定值。此时，压力虽保持一定，但阶段④结束，车轮加速度超过较高的设定值 $+A$。这是因为轮胎与路面摩擦力（系数）增大。在超过 $+A$ 设定值期间，制动压力继续上升，在阶段⑥期间，制动压力再保持一定的水平。阶段⑥结束，车轮加速度低于 $+a_2$ 设定值。这表示车轮进入轮胎路面间的滑移曲线稳定区域，制动力低于最佳限度。通过制动压力的上升和保持加在控制阀上的脉冲序列，可得到阶段性压力上升。这种压力上升持续到车轮减速度低于 $-a_1$ 设定值（阶段⑦结束）。这时，在 λ_1 信号发生前，制动压力立即下降。与此相对应，最初的控制同期在 λ_1 信号发生前，制动压力不下降。这是因为阶段③轮胎-路面间的滑移曲线的稳定区域制动开始时避免过早减压。

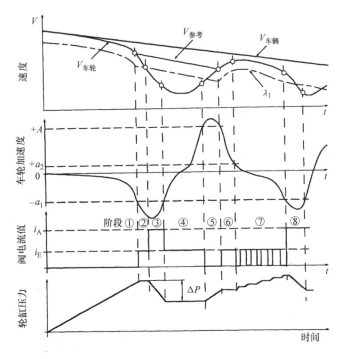

图 3.8　ABS 控制周期（博世，1979 年）

这种控制也可认为是与受控车轮速度相关的比例，类似于微分控制的变形。

b. 高速选择和低速选择

ABS 的表面作用是防止车轮抱死，这仅仅是手段，本来的目标是作为"最优制动系统"应用，即旨在获得最短的制动距离、最好的操纵稳定性。决定制动距离的轮胎纵向力和决定横向操纵稳定性的侧向力，如果接近 ABS 起作用的轮胎的抓地极限区域，则加强了它们的相互依存关系，这在前边已经说过。然而，车辆的操纵稳定性实时受到作用于四个车轮上的力（方向和大小）的影响。下面，就四个车轮作为一个车辆的整体控制、独立控制时的部分和整体的构成问题进行阐述。

本迪克斯公司的工程师舍夫尔等人在 1968 年发表的 SAE 论文中提出以下内容："若以一个车轮为基础，确立了令人满意的控制周期（车辆的车轮受控方法），还要考虑车辆控制的整体构成。"

整体构成有多种（图 3.9），但"最简单的控制系统是用一个压力调节器只控制后轮。这种配置给制动距离带来一些改善，但对车辆稳定性很有效。输入信息可分别发生在传动轴或后轮。根据以往的经验，可以说车轮传感器越独立，越能得到令人满意的效果。这意味着在任意的时间为及时控制压力调节器，应选择一个车轮。为保持良好的侧向稳定性，即将抱死的车轮应作为最初被控制的车轮。"

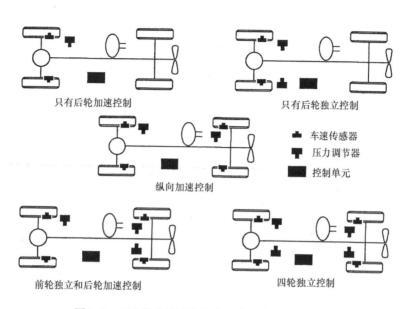

图 3.9　ABS 的典型系统构成（本迪克斯，1968 年）

这样，在后轴的左右轮中选择即将抱死的车轮，只控制这个车轮，不仅经济，而且另一个车轮的纵向滑移小，可确保充分的侧向力，确保方向稳定性。这种控制车轮的选择方式称为"低速选择"（低速车轮的选择），现在仍多用于后轮，但各轮所必需的充分的纵向滑移不能利用，不能完全保证制动距离，不适合后轴载荷偏重的车辆（如 MR 型或 RR 型车）。与此相反，选择高速侧的车轮控制的方式称为"高速选择"。这种方式因一侧车轮有抱死的可能性，与低速选择相比，虽获得令人满意的制动距离，但不能确保充分的侧向力。制动时，负荷从后轮移向前轮，后轮易抱死，恢复也慢。然而，如上所述，后轮是稳定轮，因此，为保证行驶安全，在后轮控制上几乎没有采用高速选择的。1982 年本田的 ALB（防抱死制动系统）就是前轮采用高速选择，后轮采用低速选择。前轮采用高速选择的优点是避免坏路上的过度控制，确保当时的 ABS 在最麻烦的砂石路上的制动距离。

舍尔夫等人还指出"在逻辑上能够成立的是后轮的独立控制。这需要两个速度传感器、两个控制回路以及两个调节器。这种方法对降低成本不利。因为后轮制动力的增大比例并不大。"

大多数乘用车都是前轴负荷较重的 FF 型或 FR 型，制动时，后轴负荷更小。从这个意义上讲，后轮控制用低速选择就足够了。直至 1978 年，ABS 几乎都是后轮 ABS。但是，现行的四轮 ABS 技术概念和整体构成在当时几乎已经成型，并有如下论述："前轮的独立控制和后轮控制没有失去当时描述的性能，满足所有目标。四轮独立控制是最佳的方法，但正如上所述，即使独立控制后轮，也只能获得较小的效果。"

在这些论述出现的 10 年后，博世公司的液压式四轮 ABS 以前轮独立、后轮低速选择的方式问世。之后，以 4WS 和 TCS 的开发为契机，对控制的整体构成，即四个车轮作为一个车辆的控制方法做进一步研究。

c. 液压执行机构

ABS 是控制车辆行驶性能最早的系统，但在某种意义上，其效果与驾驶人的意志相反，具有自动减缓制动的功能，因此一旦发生故障，有可能丧失制动功能。为此，在初期的 ABS 开发中，在结构上必须设有自保护装置（即使出现故障，只是 ABS 功能失灵，确保普通制动功能的机构）。在电子控制回路构成的控制器中增加监视系统状态的功能，当初使用的故障时切断控制器电源的方法，现在仍沿用。

液压回路包括执行机构，在某种程度可以监视系统的工作状态，但即使 ABS 停止，也能保持普通的制动功能。在初期的 ABS 开发中，在故障时也能保证普通制动功能的液压控制系统的开发上付出了相当多的努力。那时，故障的主要原因是执行机构工作的动力源失灵和包括执行机构在内的控制液（气）压回路漏油（气）。

初期的执行机构是，在动力源失灵或控制液压系统漏油时，控制液压回路自动与普通制动系统分离。

在这种方式中，使普通制动系统与控制液压系统分离的是活塞，支撑活塞的弹簧是按普通制动系统的规格决定的，弹簧的尺寸必然很大。后两轮控制是一个通道控制，弹簧尺寸并不是问题，但四轮 ABS，即使动力源全通道共用，也需要三个执行机构，特别是小型车，其装载性不易解决。最初解决装载性的是博世的系统。

该系统突破了以往自保护功能的概念，经过大胆尝试，终于在执行机构小型化上获得成功。具体地说，电气、电子回路采用冗余保护机构，"在 ABS 失灵时，允许普通制动系统的特性变化"，从而实现执行机构的小型化，可以在小型车上装用。控制液压回路的概念如图 3.10 所示。系统的工作如下：

一般情况下（不需要 ABS 功能时），进油阀"开"，出油阀"关"，制动主缸和轮缸连通，起普通制动器的作用。如果车轮将要抱死，按计算机的指令，进油阀"关"，轮缸处于液压切断状态，压力保持一定。尽

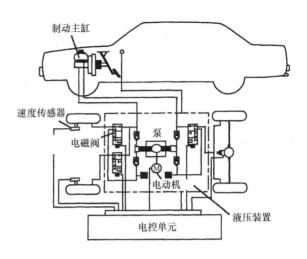

图 3.10　ABS 回路图（博世，1979 年）

管如此，车轮的抱死倾向未消除，按计算机的指令，使出油阀"开"，轮缸内的制动液流回储液器，降低制动压力。流回的制动液经泵加压又流入主缸。这种方式在自保护结构上并不完善，但博世主张"即使是常规制动系统，若产生漏油，也将失去制动作用，是等同的效果"。最后，这种主张获得了成功，成为四轮 ABS 普及的契机。

3.2.4　日本的 ABS

如上所述，1971 年日本的后两轮控制系统达到实用程度，但基本上与 1968 年凯尔西·黑斯公司的系统一样，同美国的情况相同，说不上获得成功，真正的普及有待于四轮控制系统的完成。四轮控制系统参考了博世的系统，属于日本自己的系统是由本田和丰田开发的，分别于 1982 年和 1983 年装在"序曲"和"皇冠"车上。使博世的系统成功的原因之一是液压系统自保护结构的小型化，而日本的早期系统的特点也是在液压系统的自保护结构上下功夫。本田和丰田系统的液压回路构成分别如图 3.11 和图 3.12 所示。

本田系统将普通制动系统的液压回路和控制系统的液压回路分开，即使没有控制系

统的油压，也能保证普通制动功能。而丰田系统则是只要控制液压系统不多处漏油，就能保证普通制动功能。

这些系统从自保护的观点看确实不错，而且设计得很紧凑，但液压回路稍有些复杂，成本也较高，现在这样的系统已经不多见了。

本田早期的 ABS 是唯一的前轮采用"高速选择方式"的系统。一般的系统都是后轮采用"低速选择方式"，前轮采用"独立方式"，为三通道方式。而本田前轮也采用"高速选择方式"，其目的是削减控制通道，降低成本。在高速选择方式下，其中一个前轮有抱死的可能，但抱死的车轮总是对操纵性影响小的车轮，在实用性上，确保了与三通道方式的 ABS 同等的性能，但因与

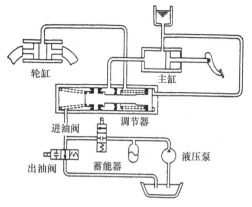

图 3.11 调制器（本田，1982 年）

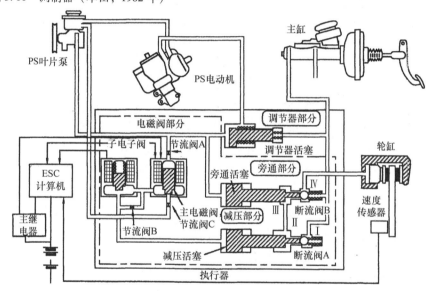

图 3.12 四轮 ESC 执行元件原理结构（丰田，1983 年）

"防抱死"名称不完全相符，从 1985 年改为普通的三通道方式。

3.2.5 ABS 的现状

现在的 ABS 在实用方面可以算是完善的系统。但是，随着车辆技术和交通环境的发展，还需要在以下方面继续改进。

a. 提高车体速度的推测精度

（i）第一种方法 ABS 工作时的车体速度（目标轮速）是决定控制目标值的重要因素，但其推测依赖于用大致成梯度（$10m/s^2$）的直线来连接 ABS 控制周期的车轮速度的最大值的方法。这种方法的缺点是，实际的减速度比直线的梯度越小（即路面越滑），控制循环的周期越长，误差越大。因此，四轮的轮速全部重合，利用其所有的最大值，最大值的出现频率增加，（在直线路）以此来提高推测精度。但是，在

转弯中，推测车体速度接近前外轮的对地行进速度，一定比其他车轮高。这样，必然导致对那些车轮的目标轮速，即目标滑移率设定得低，恐怕会增加制动距离。于是又开发了车体侧向加速度传感器，根据侧向加速度和推测的车体速度推算转弯半径，基于其结果，计算对各车轮的内轮差，修正对各车轮的目标轮速。

（ii）第二种方法　连接车轮速度最大值的直线梯度如果比实际减速度小，则在达到下一个最大值时，直线的梯度可能比车轮速度的最大值大。如果产生这种情况，推测车体速度不能用车轮速度的最大值较正，推测车体速度比实际车体速度大。这也是目标滑移率设定得比较低的原因，因此可能会导致制动距离增加。为避免这种现象，上述直线梯度的设定应与在良好路面所期待的最大减速度相同，或比其稍高，但在光滑路面则成为最大值范围内推测精度下降的原因。于是，附加车体减速度传感器，应用直线梯度设定与实际减速度相同（或稍高）的调整方式，提高推测精度。这种方法主要用于四轮驱动车辆。

（iii）第三种方法　应用遥感技术（如雷达）尝试直接推测车体速度，但由于成本、精度及处理时间等问题，达到实用化的困难很多，现在仍不能应用。

b. 推测路面状态

如图3.7所示，车轮的最佳滑移率未必是不变的，路面不同则变化很大。因此，如果能按路面状态改变滑移率（即目标轮速），可以进行更好的控制。ABS工作时的车体减速度大致与轮胎和行驶路面间的最大摩擦系数成正比，因而最近也在研究利用这一特性调整目标滑移率的方法。摩擦系数也与轮胎和路面间的作用力及滑移状态相关，但难以直接测量，因此根据驾驶人的操作力和车轮、车体的状态以及轮胎受到的干扰进行间接推测，针对这些方法正在进行广泛的研究。

c. 四轮驱动用ABS

采用ABS，前后车轮是分别独立受控的，ABS导致车轮速度的脉动周期和相位一般不一致。ABS用于四轮驱动车辆，四轮驱动车辆的前后车轮转动相互制约，前后车轮相互干扰，引发强烈振动（产生循环转矩）。这种振动不仅降低产品性能，而且诱发ABS的过度控制，增加制动距离。因此，在驱动轴上附加单向离合器（VW）或ON-OFF型离合器（本田），以在制动或ABS工作中自动解除或缓解前后轮间的约束。此外，由前后独立的三通道控制方式（前轮左右独立、后轮同时）改为前后同时的两通道（对角前后轮的同时控制）的前后同相控制，不仅抑制了ABS工作时驱动系统的振动，而且达到了与两轮驱动车辆（三通道ABS）同等的性能（三菱）。

d. 车体振动和踏板反作用

ABS工作会产生对制动踏板的反冲（即踏板反作用）和制动压力变动导致的车体振动。时至今日已商品化的ABS几乎具有同样的特性，并且多在紧急状态下工作，但是人们对此并没有抱怨，反而不少人对此持肯定意见。例如"可以对驾驶人操作制动有警报的作用""无反冲或振动，体验不到ABS的实感，减少了驾驶人对路面状况的了解"等。在ABS商品化的初期阶段，这些肯定的意见具有一定说服力，但在对ABS的作用已有充分认识的今天，应使反冲更自然，如需要警报也不应依赖系统产生的振动和反冲，而是采取更加合适的手段。

从这个观点出发，正在研究在控制制动压力的执行机构上采用能连续控制制动压力的伺服阀的方法，不过目前尚未达到实用程度，因为生产工艺和成本还有难以解决的问题。

e. 跑偏控制ABS

以往的ABS是防止车轮抱死的，最终目的是保持紧急制动时车辆的操纵稳定性，但由于左右制动力的差异会产生跑偏力矩。基于这个原因，近年来正在研究保持车辆操纵稳定性的系统，并在部分车辆上应用。下面将简单介绍这种系统。

为在小型车上普及 ABS，在操纵稳定性上也有必须解决的问题。采用三通道控制 ABS（前轮左右独立，后轮同时）且轴距短的汽车，在摩擦系数不同的路面上紧急制动时，在高摩擦系数（μ）侧的前轮施加瞬间制动压力，车体跑偏，方向修正较难，控制性不好。于是，出现了在摩擦系数不同的路面上紧急制动时，使高摩擦系数侧的前轮的制动压力建立得慢些，以改善制动初期稳定性的示例（博世、奔驰）。但是，在高摩擦系数侧的高加速度转向中，反倒有过度转向的倾向，使用侧向加速度传感器，在超过一定侧向加速度时，中断这种控制。

采用独立控制的前轮一般以各车轮的制动力为最大时的滑移率作为目标，为缩小制动力的差异，必然会牺牲左右任意一个车轮的制动力，制动距离略有增加。减小左右车轮的制动力差值或积极利用这个差值的想法在制动器不工作时或轻微制动时也有效，而且这个效果还很大。这也涉及制动分配的技术领域，在普通制动领域通过后轮制动力的最佳分配，又开发出了保持稳定性的系统（Electronic Brake force Distribution control，EBD）。这是基于前后轮间的滑移率差异和车体减速度，控制后轮制动的系统，其优点是利用 ABS 的部件，不需要增加硬件（PCV、LSV），可得到更好的性能。

减小左右和前后的制动力差异，保持车辆操纵稳定性的技术以及防止车轮抱死技术（ABS）迅速向直接控制车辆行驶的技术发展，促使人们以更高的标准重新定位 ABS。

ABS 在功能性上已经是一个成熟的系统，但其控制方法依然是单件控制。也就是说，ABS 是间接的车辆行驶控制系统，因此在开发过程中，根据情况频繁地增加软件。结果导致软件越来越复杂，有些部分如果不是该专业的工程师很难理解。今后，为使其与其他系统协调统一，需要对软件重新评价，在逻辑上重新整合。

3.3 TCS 的现状和未来

3.3.1 TCS 的开发背景

TCS（Traction Control System）是以控制驱动轮的滑移率为主，控制车辆驱动性能的系统。

克莱斯勒公司的工程师道格拉斯和本迪克斯公司共同称之为"可靠的制动器"的四轮 ABS 首先达到了实用化，并于 1971 年在 SAE 上发表了技术论文。与此同时，通用公司的工程师莫兰等人发布了名为"麦克斯牵引"的车轮打滑控制器（第一代 TCS，图 3.13）。

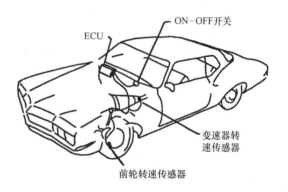

图 3.13　车轮打滑控制器（通用，1971 年）

该系统的作用是通过控制点火时间抑制发动机过度输出转矩，控制驱动轮打滑，确保最大的车体驱动力和方向稳定性。从美国运输部（DOT）发布 ESV 计划的 1970 年到发布 RSV 计划的 1973 年的这段时期正是美国探索合理制定汽车安全法规（FMVSS）的时期，也可以说 ABS 和 TCS 是在要求安全的时代诞生的"美国籍孪生兄弟"。但是，从那时起，美国汽车产业由于经济衰退和石油危机，失去了技术竞争力，这些技术漂洋过海来到欧洲和日本并得到了实现。

正如在上文有关避免事故的内容中提到的，即使陷入不能避免事故的状况，如能先确保碰撞速度下降，也可以降低伤害的程度。因此，ABS 技术的开发先于 TCS 技术的开发。在 1983 年前 ABS 的主要技术课题已基本完成，迎来了实用化阶段。1982 年在日本京都召开了第九次 ESV 国际会议，各公司相继展出了含有新技术的试验安全车。沃尔沃公司推出名为"电子牵引控制"的系统（图 3.14），这是其最新研发的安全技术。

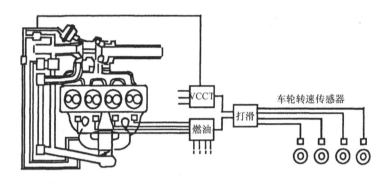

图 3.14　ETC、VCCT、燃油喷射系统的简图（沃尔沃，1982 年）

该系统的作用是控制发动机的涡轮增压和各气缸的燃油供应量，调整产生的转矩，控制驱动轮打滑。该系统很快得到了应用，主要在北欧地区使用。

以 ABS 为开端的底盘用电子技术，在 20 世纪 80 年代后期突然闯入了使用数字计算机的真正的控制技术时代。TCS 作为车辆驱动力控制系统，开始是以控制发动机为主的。1987 年由宝马公司命名的 ASC（Automatic Stability Control）系统问世，该系统采用 DBW（Drive By Wire）技术，也可防止制动时驱动轮抱死（称为 MSR）。1988 年，奔驰公司将作为 100 周年纪念的名为 ASR、ASD、4MATIC 的技术，以集成的方式用于发动机、制动系统（左右独立控制）、传动系统（差速锁控制）、两轮驱动→四轮驱动等广泛的驱动控制系统。此外，日本的丰田公司与欧洲厂家几乎在同一时期实现了发动机控制和制动（左右同时）控制相结合的驱动控制系统（称为 TRC）的实用化（图 3.15）。

20 世纪 80 年代，以日本的 4WS 研究为先导，探索车辆行驶新性能，不仅限于一定速度的线形操纵稳定领域，而且涉足极限性能领域，甚至涉及与驱动性能、制动性能相复合的领域。80 年代末期，保证操纵稳定性的驱动控制技术——TCS（本田操纵稳定性控制 TCS）、电子控制 4WD（日产的 ETS），以及控制转向特性的四轮载荷控制技术即主动悬架等问世。可以说，这个时期是谋求通过计算机控制作用在轮胎上所有方向力的时期。80 年代拉开了计算机控制车辆行驶时代的序幕，但是，涉及车辆行驶性能所有领域的各个范畴的控制还未形成一个完整的总体框架，只是完成了某一部分的控制，被忽略的效果依然存在。如果控制系统一味扩大，驾驶人和车的关系更加复杂，恐怕会导致车辆难以驾驭。于是，又提出了综合控制或协调控制，即人 - 车系统的整体车辆行驶的包络性控制理论研究，随即成为新的研究课题。

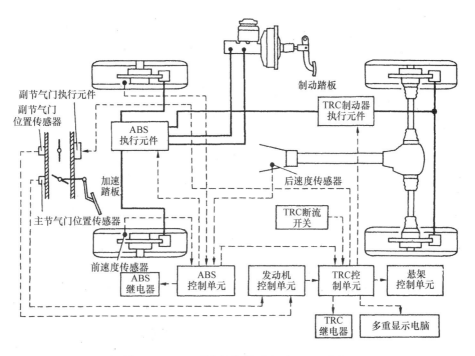

图 3.15　TRC 系统的构成（丰田，1988 年）

进入 20 世纪 90 年代，驱动控制领域出现了方向截然相反的两种独特系统。一种是以提高行驶安全性为目的的"车辆侧向加速度限制"型 TCS（称为 TCL）；另一种是能巧妙捕捉驾驶人意愿的"驾驶乐趣"型自动变速器。这两种系统为以后的驱动技术发展以及研究车辆行驶的综合控制概念提供了切入点。在研究整体车辆行驶的具体控制方法中，1994 年的 DSC Ⅱ（操纵稳定性控制 TCS + 转变制动控制）和 1995 年比 ABS 和 TCS 更高级的系统——"车辆行驶性能控制"系统（DHCS、VDC）相继在欧洲问世，之后，直接控制"车辆侧滑"的 VSC 也在日本问世。

TCS 技术的进展很快，涉及范围很广，如果这种技术仅用于防止驱动轮的纵向滑移（防滑调节器：ASR），不仅会失去作为"车辆"驱动性控制装置的意义，也将失去未来的技术方向。下面将介绍包括 4WD 在内的广义上的 TCS 技术概念的演变，并整理其在各阶段发展的意义（参照图 3.2）。

3.3.2　TCS 的实例

控制驱动轮空转的典型 TCS 早在 1971 年就在美国问世，1987 年以后，这种技术才在欧洲和日本正式应用。1989 年控制车辆行驶状态的 TCS 问世，但同时期，4WS 和 4WD 的机构上也采用了各种各样的控制方法。下面，为掌握广义上的驱动控制系统的应用范围，首先介绍有关车辆行驶的一般控制系统在现今社会能起的作用。

人 - 车/控制器 - 环境 - 社会系统的各要素正如图 3.16 所示，存在某种依存关系。

例如，图中最小的车用控制系统，即控制器，几乎都从属于车辆，从人那里获得的信息以及反馈的信息微且少。此外，车内部产生的人为的、环境的、机械上的错误，即使进行补偿工作，一旦控制性能超过车辆自身的极限，也不能提升系统整体。

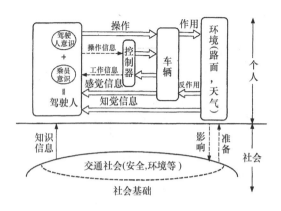

图 3.16 交通社会中的车辆控制系统概念图

人作为系统的核心，无论是驾驶人的意识还是乘员的意识一般没有区别。人几乎注意不到来自控制器的信号，只感觉到一点来自车辆的转向反作用和加/减速度，人根本观察不到车辆的状态变化而是关注道路及景色。同时，对道路和天气的状态感觉不确切，与以经验积累起来的交通社会的知识信息相比较，以乘员意识进行程序性操作，当出现失误时，匆忙地用驾驶人的意识进行补偿性操作。

下面，基于这种情况来明确现代驱动控制系统的目的和作用。图 3.17 所示为以硬件的形态整理分类已经实现应用的各种驱动控制系统。系统 1～系统 5 是按出现顺序排列的 TCS，系统 A～系统 E 是本次引用的 1989 年以后的驱动控制系统（广义上的 TCS）。

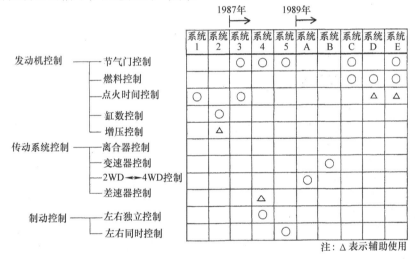

图 3.17 驱动控制系统的形态

a. 系统 A（日产 E - TS）

本系统是控制前后车轮之间转矩分配的 4WD。

系统的特点大致如下：

① 基于后轮驱动的 4WD 机构的采用。

② 基于前后轮转速差的驱动力分配控制。

③ 检测侧向加速度适合各种条件的分配控制。

④ 与四轮 ABS 的综合控制。

其中，与本节相关的①～③用图 3.18 说明。

首先，根据侧向加速度和车体速度信号计算预存于本体滑移角的前后轮转速差（ΔV_H）。接着，求出按驱动转矩产生的前后轮转速差，并计算总的转速差 ΔV_W（$= V_{WR} - V_{WF} - \Delta V_H$）。最后，加上侧向加速度函数的系数 K_1 或 K_2（K_1 是后轮转速高时的增益，K_2 是后轮转速低时的增益），计算基本控制指令值（T_V：给前轮的转矩分配信号）。如图 3.18 所示，K_1 和 K_2 具有随侧向加速度增大而减小的特性。因此，在摩擦系数高的路面上转弯时，通过减小前轮分配转矩，不仅可以确保前轮的侧向力，而且根据发动机的转矩增减后轮转矩，从而使后轮的侧向力变化。结果是驾驶人操作加速踏板便可主动地控制车辆状态。

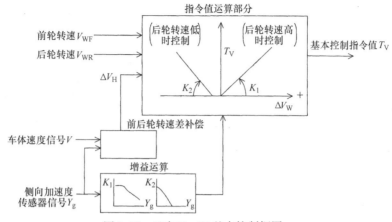

图 3.18　日产 E-TS 基本控制框图

b. 系统 B（博世）

该系统与 AT 变速器相同，在换档操作方面除有七个档位外，还具备驾驶人可直接换档操作的机械换档方式。

本节主要讨论的是 AT 换档控制的逻辑，对此用图形表示控制单元的信息处理过程，具体顺序如图 3.19 所示。

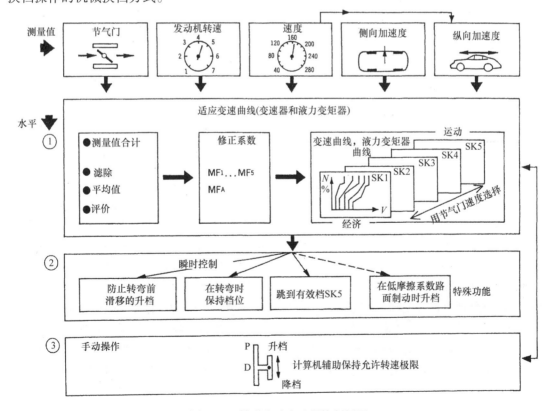

图 3.19　博世自动变速器控制框图

首先，是换档齿轮特性，普通的 AT 开关转换有两个换档规范，而该系统通过节气门开关速度和位置控制可从 SK1（经济）到 SK5（运动）自动选择换档规范。这样，当节气门的开关速度高时，可选换档规范 SK5（运动），在进入转弯时，不能提高档位。并且，在转弯中，按侧向加速度的大小，在一定时间内禁止换档。因而实现了在换档时间上反映驾驶人技术水平的控制。

在摩擦系数低的路面上减速时，当后轮转速低于前轮转速时，为防止后轮抱死导致后轮侧向力下降，提高档位，使转矩减小。

c. 系统 C（三菱 TCL）

如图 3.20 所示，该系统由以下两个主要控制部分构成。

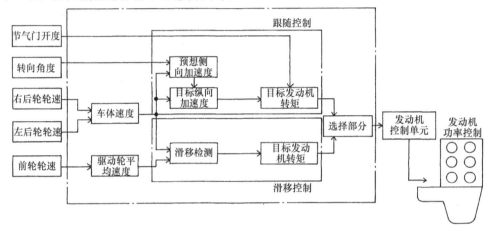

图 3.20 三菱 TCL 控制框图

第一个是将滑移率控制在一定范围的普通牵引控制（滑移控制）。第二个是按转弯时产生的侧向加速度的大小，适当控制因加速踏板踩踏过度产生的驱动力，提高在转弯路线上的跟随性能（跟随控制）。

跟随控制的内容如下：

① 根据转向盘转角和车体速度预测侧向加速度。

② 以车体速度可安全行驶的侧向加速度水平（轮胎抓地范围内）作为基准侧向加速度预先设定 MAP。并且，根据预想侧向加速度和基准加速度的关系，变换为目标加速度，以此计算目标发动机转矩。

③ 根据节气门开度和发动机转速获得驾驶人的加速意图，对目标发动机转矩修正，作为跟随控制的目标发动机转矩。

通过上述控制，在转弯加速时，依然可以保持安全行驶的侧向加速度水平，实现稳定的转弯跟随。

d. 系统 D（本田 TCS）

该系统由三个控制部分构成（图 3.21），即加速控制部分、操纵稳定性控制部分和抓地控制部分。加速控制部分是具有普通滑移控制功能的主控制部分。

属于辅助控制的操纵稳定性控制部分是计算车辆瞬时不足转向/过度转向量的部分，并将计算结果传给加速控制部分。加速控制部分根据这个量和预存的 MAP，改变滑移控制目标值和控制力度，按照车辆转向特性控制车轮滑移。

另一个辅助控制部分是抓地控制部分。该部分通过监视后轮轮胎摩擦圆，不断推算车辆的纵向加速度和侧向加速度，侧向加速度乘以后轮负载系数后，计算与纵向加速度的累乘之和的平方根，推测摩擦圆的大小，以及轮胎与路面间的滑移摩擦系数。利用这类信息,对应于驾驶人-车-道路的特性变化,减小在冰雪等易滑路面上的目标滑移率,加大在干燥路面上的目标滑移率,减小控制力度。

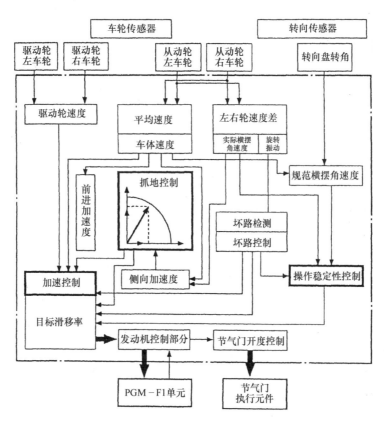

图 3.21 本田 TCS 控制框图

3.3.3 驱动控制的基本形式

上述四种驱动控制系统其内部均有多个关键控制部分,这些关键控制部分属于主从或对等的关系。这些关键控制部分按目的可分为不同基本形式。控制的基本形式如图 3.22 所示。

图 3.22 中的纵坐标是控制量,越往上选择控制量,车辆行驶越稳定。但是,车辆行驶稳定,驾驶人所期望的行驶状态的选择余地就变小了。如果将激活驾驶行为的状态看作有意义的驾驶信息,则可以认为车辆行驶的稳定化等价于降低驾驶信息的价值。因此,纵坐标与人-车的驾驶信息量(的倒数)相对应。横坐标是行驶状态量,往右

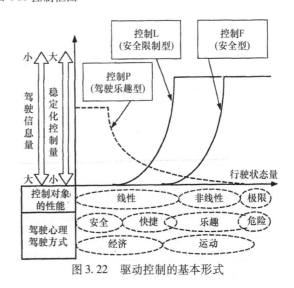

图 3.22 驱动控制的基本形式

选择,车辆特性由线性变为非线性甚至达到极限。此坐标表示从左向右,在驾驶心理上

由安全、快捷、乐趣转向危险，在驾驶方式上由经济转向运动（油耗）。图 3.22 所示的三种曲线，分别命名为 P（乐趣）、F（安全）及 L（限制）。

① 控制 P（驾驶乐趣型）；
② 控制 F（安全型）；
③ 控制 L（安全限制性）。

控制 P 与一般的控制 F 相反，随着车辆特性靠近非线性向极限过渡，为使行驶稳定化的控制量减少，驾驶信息量增多。由于驾驶信息量增多，在驾驶人能预感到作用在车上的侧向加速度为非线性时，状态量达到极限。因此，控制器进入控制 F，即进入安全控制，在这之前，如果是熟练的驾驶人也可进行防卫驾驶。也就是说，所谓的控制 P，也可以认为是让驾驶人主动参加控制器的一部分工作，在车辆的行驶极限范围内，与车一起进行的防卫操纵，这类任务（运动）可以称为人机型控制。

控制 L 在图 3.22 中与控制 P 是对称的。也就是说，如果是在侧向加速度等超越线性区的阶段，为实现不依赖驾驶人的安全行驶，使车辆行驶尽早稳定，即所谓的交通社会比个人优先的安全限制型控制。

可是，从驾驶人意识的观点出发，控制 L 信息不足，从乘员的观点出发，控制 P 稳定不足，因此根据情况，上述三个控制可以组合使用。

3.3.4 驱动控制系统的分类

下面，根据上文提过的车辆控制的三种基本形式，理解系统 A ~ 系统 D 的控制结构，并阐述各种系统的特点。

图 3.23 所示为基本控制形式纳入各系统的主控制和辅助控制后得到的分类结果。主控制可以单独成立，辅助控制是主控制不工作、不成立时的控制。在基本控制形式之间用联结符号规定各系统的分类形式。符号 ⊗ 表示左边主控制与右边辅助控制"相乘"

的一种"积"。符号 ⊕ 表示控制量的量纲和水平相同的控制要素"相加"的一种"和"。按这种分类方法，系统 A 的合成类型与系统 D 相似。系统 B 的主控制和辅助控制的类型与系统 A 相反。系统 C 的主控制与系统 A 相同，并具有独立于主控制工作的控制 L。因此，上述四个具有代表性的驱动控制系统可进一步归纳为系统 A、B、C 三个。

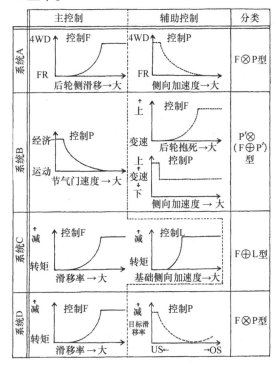

图 3.23　驱动控制系统的形式分类

3.3.5 驱动控制系统的现状和未来

具有代表性的现代驱动控制系统 A、B、C 各有特点。

如图 3.24 所示，系统 A 一般不进行车辆行驶稳定的控制，经由底盘的行驶信息可充分地传递给驾驶人。

行驶状态一进入非线性区域，系统就开始工作，执行驾驶人继续轻松驾驶状态（驾驶乐趣）的控制，紧急情况下作为安全系统工作。即在人－车系统的车辆行驶控制方面，在安全和乐趣之间寻求平衡。此外，还需要解决的问题是，在 FR→4WD 的变换上是否最大限度地保证安全，或在各种路面上如何选择最佳平衡点等。

系统 B 的控制类型与系统 A 相反，因为系统 B 不属于车辆行驶控制，而是操作系统的控制系统。系统 B 的控制工作如图 3.25 所示。

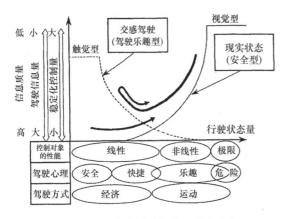

图 3.24　驱动控制系统的现状和未来

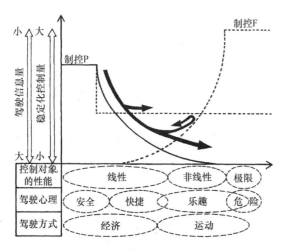

图 3.25　以人－车系统为前提的操作系统控制的安全和乐趣的平衡原理

该系统将驾驶人的意图直接传给车辆，从一般状态开始持续进行开环控制，使驾驶人总处于轻松驾驶的状态（驾驶乐趣）。车辆行驶状态进入某一区域，该系统为使其自身的作用不干扰人－车系统，中止控制；又

或是如果达到某区域以上，虽然仅靠系统的工作并不完善，但尝试进行安全性工作。也就是尝试操作系统的控制且不失安全性和驾驶乐趣。

如上所述，系统 C 的安全控制与系统 A 相同，但有另一个主控制，这就成为独立的交通社会优先型的行驶安全限制。设想的未来车辆控制系统的作用如图 3.26 所示。该图与图 3.16 相比，加大了控制器的作用。系统 C 的 L 控制只有在图 3.26 所示的计算机监控的道路环境和可利用自动驾驶的成熟社会，其有效性才能提高。

期待系统 A、B、C 在高层次的融合，以在未来的社会中发挥更大的控制作用。

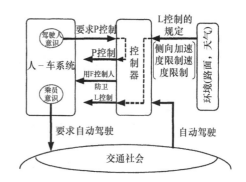

图 3.26　未来车辆控制系统的作用

3.4　未来技术和车辆行驶控制

以上节为基础，下面将在理念上重新解读关于车辆行驶的控制技术，探讨未来的技术。

3.4.1　控制基本形式的理解

控制装置的意义不在于其本身而在于我们，即使用者。因此，为探索其本质和意义，需要考虑是否为对我们有意义的框架，以及能否适用于具体环境。

近年来的驱动控制系统，如果控制逻辑按是否失去对驾驶人的意义进行区分，这些关键部分可分为驾驶乐趣型和安全型，实际的控制在各种行驶环境中，有必要使这些类型巧妙地交替。并且还指出在"各种行驶环境"这类框架中还有未被理解的交通社会，即外部优先的安全限制型的控制要素。与行驶节奏相吻合的"灵活的控制交替"是，在各种行驶环境中使车轮的旋转、转向等微观的轮胎打滑运动纳入宏观车辆行驶环境中的控制形态，并开始扩展到驱动控制以外的车辆行驶控制装置上。

这种控制逻辑的基本形态被认为是我们的汽车社会发展的目标。下面，在整理这些概念的同时，从几种不同观点出发，解读有关车辆行驶的控制逻辑。

a. 驾驶交感型控制和现实适应型控制

驾驶乐趣型控制是在各种行驶环境下，提高驾驶人与汽车和汽车所处环境之间的交感控制，通过零或正反馈，接近极限状态。这时采用的状态变量和增益等的选择是基于现场的经验技能。与驾驶交感型控制相对应，更客观且有逻辑性的控制是有负反馈的"安全"型控制，这种控制是 ABS 和 TCS 的基本自律部分，也可以说是为解决由天气导致路面状态变化以及人的下意识习惯动作导致简单操作失误的控制，即适应不可避免的现实的控制。这样，除从驾驶人行动判断控制的意图外，其行动在因果上是驾驶人依据对所处环境的认识，以及基于此认识进行判断后的行为。因此，可以根据这种认识和判断的观点设定控制的核心内容。

b. 视觉型控制和触觉型控制

驾驶人通过汽车认识周围的道路、交通环境、天气和自然环境。这种认识大致可分为：①能相对客观定量掌握对象的以视觉为中心的感觉圈；②没有与对象的相互作用（力和运动）就不成立的以触觉为中心的主观定性因素强的感觉圈（图 3.27）。与前者有关的包括听觉、嗅觉、味觉、热感、方向感等，与后者有关的包括运动感觉、体力感觉及平衡感觉等。即使意识不集中，这些感觉在驾驶中也能体会到。如果分为视觉型控制和触觉型控制，对 TCS 应用的控制部分也就容易领会了。在图 3.21 中有称为操纵稳定性控制和抓地性控制的关键控制部分，这些分别与视觉型和触觉型相对应。操纵稳定性控制的逻辑不仅应用于 TCS，在 4WS 和主动悬架上也有应用的示例，它可以使车辆对转向的横摆角速度响应跟踪规范响应。如果在轮胎的滑移率控制这个微观水平上，辅助性地使用该逻辑（即按上一级水平设定目标值），轮胎的侧向力也能充分利用，可以发挥上述驾驶交感型控制的作用。但是，如果将车辆的侧向行驶响应直接用于宏

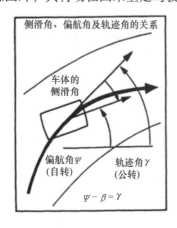
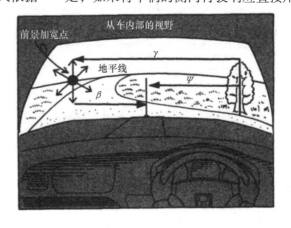

图 3.27　用视觉控制车辆的方法

观场合，就防止外部干扰维持稳定的意义而言，能起到现实适应型控制的作用。因为这种逻辑应用驾驶人视觉感知横摆角的时域变化，所以称为视觉型。

此外，抓地控制是按驾驶人的腰部压力，以及腿、腕、脖子的肌肉或手掌感觉到的车辆侧向加速度运动进行适度控制的。如果能提高侧向加速度，可判断轮胎的抓地状态良好，就允许发动机动力传递，允许转弯速度和转弯侧向加速度上升的意义而言，是具有零和正反馈的驾驶交感型控制。它应用驾驶人的触觉、行驶感觉及肌肉感觉，因此称为触觉型控制。

c. 个人型控制和社会型控制

在行驶中，驾驶操作判断受限于感觉和行动的意图，尽管如此，单个车辆的行驶和群体性车辆的行驶有很大不同。驾驶人按照其居住地、时代、人文环境，对道路、车及社会各有判断基准，这些复杂情况的组合成为现场实际驾驶判断的依据。特别是个人对社会的判断准则和基准，因取决于人在社会理念下形成的文化常识，是很难具体描述的。

对于 TCS 控制逻辑，如上节所述，在个人型控制要素与确保交通社会安全的控制要素上已经可以看到一定效果。

3.4.2 控制理论的层次和关联

上述控制部分，根据其工作领域和隶属关系，可以分为多个层次。这些因素经过整理，依据不同种类的逻辑层次可以把两个因素归纳为一组，同时，不仅层次内的动态及从中分离出的机构，就连层次间的关系也变得清楚，各种控制形式之间的差异也更便于理解。下面将进行说明。

首先，逻辑层次是按驾驶人所感知的世界之大的程度，即手足、身体、外界的放大，依次分为以下三种：

① 驾驶人依赖的轮胎滑移运动；

② 驾驶人驾驶的车辆，即整车的动态；

③ 驾驶人遇到的自然环境和交通社会。

接下来，进行控制因素的整理（图3.28）。作为基本控制，首先在第一层中有（1－A）滑移率超过极限的抑制控制，也称为操纵稳定性的控制，已经得到了应用，但这是以轮胎滑移率为目标值的控制，其功能如下。

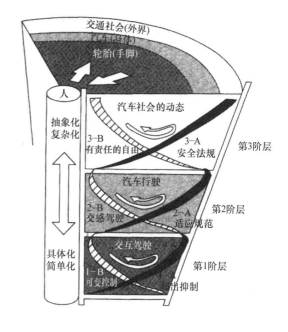

图 3.28 控制逻辑的层次、关系和互动

（1－B）目标滑移率的可变控制在第一层中。（2－A）车辆的响应跟踪控制在第二层中。

称为"抓地控制"的控制因素也被实用化。这种因素按车辆的综合加速度（特别是侧向加速度）检测轮胎与路面间的抓地状态，并按此优化目标滑移率。换言之，就是根据车辆的侧向加速度情况，使车辆标准响应可变的控制。因此，这种控制可以改称为第二层中的（2－B）即车辆规范响应的可变控制。

以上所述为车辆内部的控制，在技术上可控制的范围，越过这个阶层，仅在技术上讨论，不过可能会产生不切实际的课题。

在第三层中，从限制车辆的行驶状态的角度看待交通社会中的行驶安全性，（3-A）车辆行驶状态超过抑制控制的情况是存在的，但这需要与（3-B）车辆行驶状态的可变控制（驾驶人责任范围内的自由）平衡发展，这些原本需要在习惯、政治、宗教、文化等的水平上进行判断、管理，在技术水平上仅仅能够提示具体的方法和手段。

3.4.3 工程师的课题和未来技术

在了解了上述控制逻辑的纵向层次和横向关联之后，工程师已经找到了目前需要解决的课题和以后应解决的问题。

图3.28所示的第一、第二、第三逻辑层次，每一层都有A、B形成的一组控制因素。B类型的控制如前所述可以称为在所属阶层的适应控制。A类型的控制不仅是从上一个阶层的观点出发，使适应控制B导致的适应状态产生变化的可变控制，而且在所属阶层关闭，即使是任意选择方式。通过人对控制可变这一自由度的习惯使用，基于上一阶层逻辑，人是可以协调的。每提高一个阶层，领域更广，但增加了复杂度，可应用的控制信息的抽象度变高，控制变量、代表值、阈值等的设定更加困难。因此，跳过层次的控制，忽略抽象度高的束缚过程中的层次脉络，强制跳入本阶层，容易导致产生双重约束性的矛盾。这些层次在现实世界重叠地包围着驾驶人，只能从内部把握，甚至在层的种类和数量的识别上也非常困难。但是，从事这方面工作的工程师，应该在观念上，站在层次的断面、外部去看待这些技术问题，才能认清这套体系结构。

3.5 结束语

第3章不仅从技术的角度，而且从其他角度，探讨了行驶安全中的控制技术，并通过各种各样的素材，努力从全局把握控制技术。

最后，简单阐述了有关未来车辆技术的探寻方法。ABS、TCS并不是出于简单的需求而出现的，这在前面的阐述中已经很清楚了。因为它们是随着必要的基础理论而产生的，并且形成了产品，必然成为出现下一种技术的基础或"种子"。在革命性的技术出现之前，需要几个先驱技术，其戏剧性的效果将评价水准提高一个档次。车辆行驶处于与驾驶的相同阶层的话，如果不与驾驶机理进行整合，不能得到高水平驾驶人的高度评价。在车辆行驶控制装置的开发中，只有单纯试验物理结果的高或低是不够的，还需要驾驶人更具有技术含量的评价。正如发现了轮胎的特性而开发的ABS一样，通过车辆行驶控制装置的开发才能弄清内部的结构与原理。其控制方法，即使没有数理分析，至少也可以描述出来。

最近，又出现了新的车辆行驶控制装置DSC和ESP（DHCS），但为达到非线性、复杂的人-车-环境系统高层次的性能，期望能进行人文领域与驾驶机理和意义关系的深入探索。

参 考 文 献

1) Bernard, et al.: Tire Shear Force Generation During Combined Steering and Braking Maneuvers, SAE Paper 770852
2) 安部正人：自動車の運動と制御，山海堂（1992）
3) Madison, et al.: Evolution of Sure-Track Brake System, SAE Paper 690213
4) Harned, et al.: Measurement of Tire Brake Force Characteristics as Related to Wheel Slip (Antilock) Control System Design, SAE Paper 690214
5) Douglas, et al.: The Chrysler "Sure-Brake"—The First Production Four-Wheel Anti-Skid-System, SAE Paper 710248
6) D. シャイナー（野口，山下訳）：交通心理学，サイエンス社
7) Leiber, et al.: Antiskid System for Passenger Cars with a Digital Electronic Control Unit, SAE Paper 790458
8) Schafer, et al.: Design and Performance Considerations for a

Passenger Car Adaptive Braking System, SAE Paper 680458
9) 佐藤ほか：前輪同時制御式四輪アンチロックブレーキの性能，自動車技術論文集，No.26（1983）（SAE Paper 830484）
10) 岡ほか：アンチロック装置の現状と将来，JSAE, Vol.38, No.3（1984）
11) 船越ほか：4WD車用4輪アンティロックブレーキシステム，自動車技術会学術講演会前刷集 881, p.41（1988）
12) Jonner, et al.：Upgrade Levels of the Bosch ABS, SAE Paper 860508
13) Buschmann, et al.：Electronic Brake Force Distribution Control—A Sophisticated Addition to ABS, SAE Paper 920646
14) Moran, et al.：Max Trac-Wheel Spin Control by Computer, SAE Paper 710612
15) Lind：The Volvo Electronic Traction Control—A Concept for Safe Driving, 9th International Technical Conference on ESV, Kyoto（1982）
16) Lichnofsky, et al.：Automatic Stability Control ASC—A Contribution to Active Driving Safty, 1st International Conference in Powertrain and Chassis Engineering, Strasbourg（1987）
17) Gaus, et al.：ASD, ASR und 4MATIC：Drei Systeme im, Konzept Aktive Sicherheit von Daimler-Benz-Teil 1, ATZ, 88（1986.5）
18) Gerstenmeler：Traction Control（ASR）—An Extension of the Anti-lock Braking System（ABS），SAE Paper 861033
19) Zomotor, et al.：Mercedes-Benz 4MATIC, an Electronically Controlled Four-Wheel Drive System for Improved Active Safety, SAE Paper 861371
20) 峯岸ほか：トラクションコントロールシステムの開発，自動車技術，Vol.42, No.8（1988）
21) 白石ほか：トラクションコントロールシステムについて—その制御概念と性能—，自動車技術会シンポジウム，車両運動性能向上のための基礎技術'89, No.01（1989.7）
22) 松田ほか：電子制御4WDシステム「日産E-TS」の開発，自動車技術会学術講演会前刷集 891（1989.5）
23) 磯田：駆動力制御による走行安全性の向上，自動車技術会シンポジウム，Vehicle Dynamics and Control 技術動向と今後の展望'90, No.03（1990.7）
24) Maier, et al.：Porsche Tiptronic, ATZ, 92（1990.6）
25) 新AT・ポルシェ・ティプトロニックのすべて，自動車工学（1990.10）
26) Dynamic stability control DSC—A wheel slip control system with extended function, ESV, No.94-S9-0-09
27) Zanten, et al.：VDC, The Vehicle Dynamics Control System of Bosch, SAE Paper 950759
28) 山本ほか：横滑り制御のための車両安定性制御システム（VSC），日本機械学会第4回交通・物流部門大会講演論文集，12.5-7，川崎（1995）
29) 白石ほか：駆動制御による望ましい車両運動制御について，自動車技術，Vol.45, No.3（1991）
30) Honda NSX Press Information（1990.9）
31) 白石：トラクション・コントロール—人と車のあいだの調整装置—，自動車技術会セミナー，車両運動の国際会議に出席するための基礎講習会'92, No.9202（1992.9）

第4章 舒适行驶和底盘控制技术

如今，汽车搭载的电子控制系统越来越多，可以说是汽车工程师们为追求汽车高性能、方便性、安全性所付出的努力与汽车用户价值观、社会环境的改变共同作用的结果。在汽车底盘领域中，传统汽车的机械技术已经不能满足用户新的需求。为了解决这个矛盾，各种控制系统与新机构组合，以提高机械系统的性能与功率。现在的各类控制系统都是单独开发的，因此系统的价格、性能尚未达到理想状态。此外，使用者也有对控制系统理解不充分的情况，这些被看成是底盘控制系统发展过程中的不足。另一方面，随着汽车社会的成熟化，对底盘控制系统的性能和质量的要求多样化，有必要总结底盘控制并预测其发展趋势。在本章中，以舒适行驶为主题，回顾底盘控制系统的技术发展历程，介绍当前的课题与未来的远景。

4.1 行驶舒适性

如果只将汽车看作移动的工具，人就是汽车运载的物体，与火车及飞机上的乘客的情况相同。如果不是自己驾驶，则可以从驾驶的紧张状态中解脱出来，达到比较安全的行驶状态，此时的舒适性对应于噪声小、振动小并且温度、湿度适中的相对宽敞空间状态。但是，除了空间的舒适性外，驾驶人对行驶条件的识别、判断、操作和汽车自身状态也与舒适性密切相关。

汽车是靠驾驶人操作，但远远超出人类运动能力的行驶工具。一般来说，工具按使用目的的不同，制成易于人们使用的形状、结构，并经过多次改进，能使人降低疲劳程度并安全高效地完成工作，这样，使用者才会有满足感。同样，如果令汽车驾驶人的疲劳度减轻，并能安全、高性能、随心所欲地驾驶汽车，同样会产生舒适感和满足感。

4.1.1 解决矛盾和舒适性

若明确了底盘所需要的特性，就可以确定来自路面激励输入和转向输入的车辆响应状态。但是，考虑到使用汽车时的行驶环境和行驶条件，固定的底盘特性往往不能满足人们的需求。例如：为改善在高速公路行驶时的舒适性，可以提高悬架的减振器的阻尼，但对于一般道路行驶情况却感觉有些"硬"；希望转向机构的原地转向轻便，但在高速弯曲道路行驶时希望转向适当"发沉"等。因此需求特性会因行驶环境、行驶条件而改变。

解决因底盘固有特性导致的矛盾问题的方法，应考虑根据实际情况控制车辆响应特性。靠手动能转换减振器特性的悬架是其中一类。但这种情况的控制要靠驾驶人的判断进行，这对于一部分汽车爱好者是极具吸引力的，但由于驾驶技能和经验不同，一般驾驶人未必能享受这种舒适行驶。因此，为了让每个驾驶人都能体会舒适行驶，开始采用电控单元解决上述矛盾问题，这样可以让汽车代替驾驶人判断控制底盘特性。特性可变控制也有机械式的，但其状况判断复杂且特性可变的自由度小，因此电子控制式成为目前的主流控制方式。

4.1.2 提高行驶性能和舒适性

运动性和舒适性是不能明确定量分析的，以不使驾驶人紧张且符合驾驶操纵意图的车辆响应可作为舒适性的表现。与车辆运动特性和驾驶人舒适性相关的方法是根据多数车辆感觉评价结果和车辆响应特性的客观测量结果的对比,着眼于车身的横摆角速度及侧向加速度响应性,用表示快速响应性的横摆角速度的固有振动频率、表示跟随性的侧向加速度的相位滞后、表示转向自动回正的横摆角速度增益以及表示衰减性的横摆角速度的衰减比这四个代表性的响应特性,评价操纵性和安全性。快速响应性和跟随性与灵敏度、抓地感和线性感等感觉有关,转向自动回正与抓地感、衰减性与稳定感和转向盘力馈感关系密切,这些车辆响应特性可通过计算和试验求出。图4.1所示的四边形可以用于表示这些车辆响应特性,一般来说,转向不足倾向严重,会形成扩大到第一象限的形状;转向不足倾向减弱,会形成扩大到第三象限的形状。图4.2所示为后轮等价抗偏能力对车辆响应性的影响。

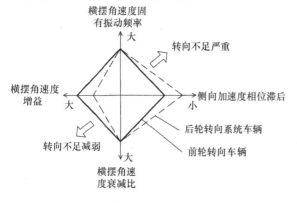

图4.1 表示车辆响应的四角形

如果想提高运动性能和舒适性,在设定车辆特性时,最好使表示车辆响应性的四边形以合适的大小呈现平衡的形状。但是,车辆响应特性依赖于前后轮悬架特性、转向系统特性以及基本的车辆参数等,因为悬架特性的每个构成要素的适应性和几何形状分布等都非常复杂且相互影响,所以四边形并不是容易设定的。因此,为提高运动性能,可以考虑控制悬架特性以使车辆具有适合行驶环境和行驶条件的响应特性。例如,根据前轮转向角附加按前轮相同方向操纵后轮的转

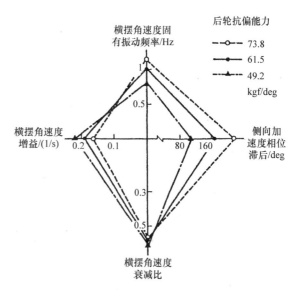

图4.2 后轮等价抗偏能力对车辆响应性的影响
计算条件:前轮等价抗偏能力:470N/deg
前轮重量分配比:0.6
偏航惯性力矩:2000Nms²
后轮抗偏能力:620N/deg
轴距:2.6m

向系统,表示车辆响应特性的四边形便能形成如图4.1中虚线所示的特性形状,由于这种车辆特性的行驶条件限定于中高速区域,可实现以往车辆不能达到的行驶性能。这样,通过驾驶人操纵和行驶条件控制车辆响应性,既能获得良好的运动性能,也可以实现舒适性。

4.2 控制系统的发展

本节将围绕控制车辆垂向动态的电子控制悬架、控制侧向力的后轮转向系统,以及控制前后轴力矩的四轮驱动(以下简称4WD)系统,回顾控制的发展过程,并预测未来的技术手段。

4.2.1 电子控制悬架

下面介绍用弹簧力和阻尼力或外部能量作用于悬架的垂向力,提高乘车舒适性、操纵性和稳定性的系统。图4.3所示为悬架控制系统的历史。

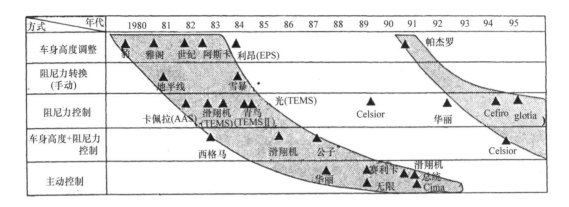

图 4.3 悬架控制系统的历史（日本）

a. 车身高度调整系统

20世纪80年代初出现了控制车身高度的系统。因为该系统可减小由载重量引起的车身状态的变化，并可防止由悬架行程引起的车轮定位的变化，所以能提高操纵性、稳定性，同时还可提高坏路通过性。起初是只靠气压调整车身高度的系统，但因该系统比较庞大，所以常与阻尼控制并用，附加主动控制功能，提高了性价比。进入90年代，出现了在越野四轮驱动车上使用独立液压式高度调整系统的示例。

b. 阻尼控制

阻尼控制方法包括：①通过监测驾驶操作和车辆外部环境等转换减振器节流阀的前馈方式；②监测车辆性能实时控制阻尼的反馈方式。后者进一步分为变换减振器阻尼的半主动控制和附加相当于阻尼力的外部控制力的主动控制。

（i）前馈控制　20世纪80年代初期出现了用各种传感器检测车辆行驶状况，通过微型电子计算机判断自动转换减振器阻尼的系统。一般的阻尼设定得较低，使之有乘车舒适的感觉。但若判断为转向、制动或加速状态时，阻尼设定得较高，可控制由车身惯性力所产生的摇摆、俯冲及后仰。同时可采用转向角传感器、停车灯开关传感器及节气门位置传感器等。阻尼通过装在减振器上部的直流电动机转动减振器内部的转换阀，改变通过节流孔的流量进行转换。系统的响应性与由车身质量和悬架弹性系数所决定的车身频率相对应，响应速度即使为几十毫秒也足够了。但是，为了快速检测出驾驶人的操作意图并防止控制滞后，用转向时的转角变化率预测转向引起的横摆等问题需要在传感技术上进行深入研究。

后来，前馈方式的阻尼控制增加了新的传感器并提高了基于信号处理的状态判断能力，实现了非常精确的切换。例如，利用超声波声呐（图4.4）检测路面和车身的相对位移，以判断坏路、凸起及垂向振动量，从而调整阻尼的方法；利用预测传感器（如雷达、摄像头）检测车身前方路面的接缝和台阶，在路面激励作用于悬架之前调整阻尼以提高乘车舒适性的方法（图4.5）；周期性分析悬架位移传感器信号，把在车身弹簧共振频率附近的振动成分和人易感觉到的 4~8Hz 的振动成分规则化，用模糊推理决定阻尼的控制等方法得到了实际应用。此外，为提高控制响应性，用压电元件直接检测作用于车身和悬架之间的阻尼变化率，在执行机构上也使用压力元件的系统（图4.6），也得到了实际应用。该系统为提高控制响应性，一般的阻尼特性设定得较高，不仅确保了操作性、稳定性，而且采用根据路面状态阻尼减小的方式，有柔和的乘车舒适感，可以达到采用与原来相反的转换方式。

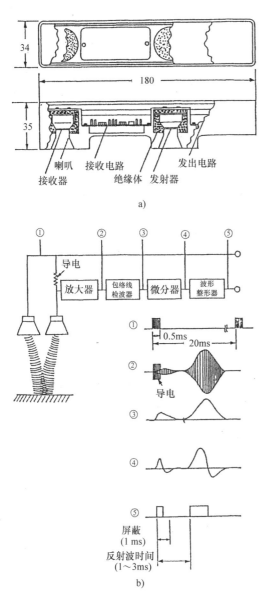

图 4.4 超声波声呐结构和信号处理
（蓝鸟，1984 年）

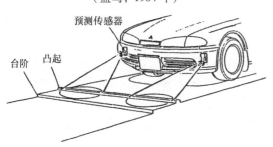

图 4.5 通过预测的阻尼力转换
（华丽轿车，1992 年）

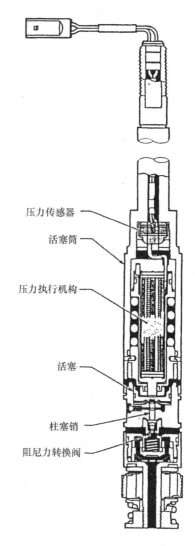

图 4.6 用压力元件的衰减力控制执行机构
（Celsior，1989 年）

前馈方式的阻尼控制系统通过提高预测精度和控制响应性提升性能。但是，只有自动控制方式的系统，一般的驾驶人比较控制效果的机会较少，因此系统的优点很难体会到。多数系统留有驾驶人可选阻尼特性的功能，可见对乘车舒适控制还是花了不少工夫的。

（ii）反馈控制　采用前馈方式，即使阻尼特性选择精确，但与瞬态的乘车舒适性也会产生矛盾。即减振器阻尼在车身振动时本来是起减振作用的，但对于路面激励的阻尼，由于传到车身必然会破坏乘车舒适性。

因此，抑制车身振动和路面激励提高乘车舒适性的方法是类似用天钩阻尼限制车身振动的方式，这种控制理论已开始被人们关注。

天钩阻尼控制是由 Karnopp 提出的适用于减振器阻尼力控制的方法，被称为狭义的半主动控制（图4.7）。对于理想的天钩阻尼下的阻尼力和实际悬架阻尼力，悬架行程速度和车身速度符号相同时，可以利用天钩阻尼控制；符号不同时，减振器不能产生负的阻尼，阻尼用 0 代替。因为阻尼为 0 也不可能实现，所以 Karnopp 的方法设阻尼为较小值。但是，如果想实现 Karnopp 的控制效果，需要采用车身垂向绝对速度传感器，还要解决降低阻尼转换时的冲击、确保频繁转换时的稳定性以及提高控制响应性等诸多课题。

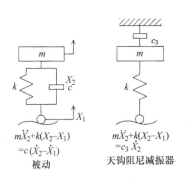
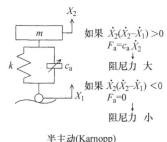

图 4.7　半主动阻尼力控制方案

计算车身绝对速度的方法包括：车身与路面之间的相对位移微分、车轮与车身之间的相对位移经低通滤波器处理后微分的方法、检测车身垂向位移和加速度的方法（图4.8）以及车身垂向加速度积分的方法等。采用微分的方法存在易受噪声影响不适于控制的情况。此外，观测器有使频率特性中的增益、相位变小的优点，但需要很多传感器。采用积分的方法虽然有对增益和相位变化大、漂移等问题，但若能用带通滤波器排除 DC 偏移和极低频率及高频率成分，则变得简单且成本低。

半主动控制要求快速响应，但不能检测出真正的车身垂向速度，因此考虑用积分法推测弹簧回弹速度时的滤波器频率特性，即使是 40ms 程度的转换时间也能确保控制效果，目前已经公开发表过此类试验的结果。

阻尼转换成半主动时，为减少伴随阻尼变化的冲击，可采用加长转换时间、增加转换档数和使阻尼连续变化等方法。

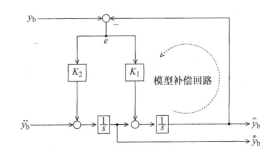

图 4.8　车身垂向速度推测方法

y_b—车身垂向位移　$\ddot{y}_b$—车身垂向加速度
$\hat{y}_b$—推测车身垂向位移　$\hat{\dot{y}}_b$—推测车身垂向速度

执行机构方面，正在研究采用电动机驱动减振器的阻尼阀，将流量节流孔改为用电磁阀和比例阀开闭的可变式，以及用电气控制 ER（Electro Rheological）流体黏度的方法等。

在控制逻辑方面也有很多尝试，包括应用最优控制理论和 VSS（Variable Structure System）理论的滑模变结构控制、预测控制及阻尼连续控制等。图4.9中所示为控制方法和执行机构响应性及效果的研究示例。

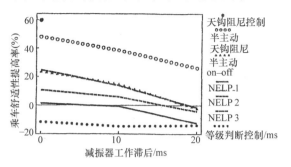

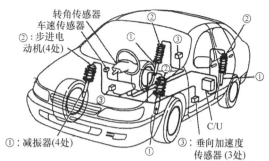

图 4.9 半主动控制方法和效果
NELP1：悬架的位移和位移速度的相位平面分成 6 份
NELP2：分成 4 份 转换控制
NELP3：观察控制

半主动悬架实用系统因受控制难度和主动悬架的显著效果的影响，直到 20 世纪 90 年代中期才出现，晚于主动悬架的天钩阻尼控制。在图 4.10 所示的系统中，在车身的③处设置了垂向加速度传感器，通过积分估算车身弹簧的垂向速度。此外，减振器的阻尼设定了三种组合：伸长侧阻尼大、受压侧阻尼小的组合；伸长侧阻尼小、受压侧阻尼大的组合；伸长侧、受压侧阻尼均小的组合。有了这些组合，根据伸长状态或压缩状态悬架行程判断悬架的速度符号，只在弹簧（拉伸/压缩）符号发生变化时，转换阻尼的组合状态，这样就可应用 Karnopp 的方法。再者就是考虑用步进电动机进行多级转换，减小阻尼变化产生的冲击问题。来自路面的高频率激励所产生的不适乘车感和弹簧下的抑制振动，是传感技术和执行机构的控制响应滞后的问题，导致无法确保控制性能，因此，采用前馈控制进行切换，判断路面状态，减小伸长侧、受压侧的阻尼。

半主动控制对由路面激励引起的车身悬架偏软，像被风吹拂一样的状态有抑制效果，即使道路条件有所改善，但与高速公路行驶相比，还是能够提供更加平稳的驾乘舒适感。因为通过减振器的阻尼控制无法产生天钩阻尼控制理论所要求的负阻尼，所以与

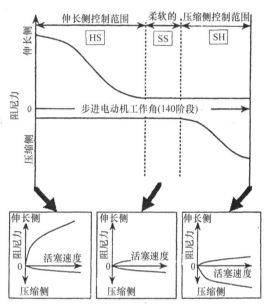

图 4.10 半主动控制系统（Cefiro，1994 年）

主动悬架相比，其减振效果并不理想，但在现实的系统成本和能耗方面还是具有一定优势。与空气悬架并用的系统也得到了实际应用，目前被作为舒适性控制的主流。

c. 主动悬架

用减振器控制阻尼力，需要悬架以某一速度垂向冲击，阻尼力发生的机理可以说是被动的。因此，有从外部施加相当于悬架阻尼力和弹簧力的力，以主动控制车身状态的方法，这种垂向力控制系统一般称为主动悬架。a 项的车身高度调整系统属于主动悬架的范畴。下面对配备动态乘车舒适性控制和姿态控制功能的系统进行说明。

20 世纪 80 年代中期用伺服阀控制液压

系统，在研究中实现了面向30Hz以下路面激励的乘车舒适性控制，及靠惯性力产生的状态变化为0等显著的控制性能。这种实验室水平的系统如果在汽车上使用，由于价格高、能耗大，应用前景有限，但作为研究的开端，期望达到实用为目标进行多方面的研究。主动悬架的控制方法有上述的天钩阻尼控制、最优控制理论的应用及非线性阻尼控制等。天钩阻尼控制如图4.11所示，若适当设定阻尼比，车身振动共振点的振动传动比可以达到1以下。最优控制理论以弹簧上、弹簧下振动的评价函数为最小，附加了控制力。此外，在非线性阻尼控制方面，是将执行机构内的压力变化设为最小，减小向车身传递的力，同时还有设弹簧上共振的阻尼控制比弹簧下共振的大，给两者适当的阻尼力的方法。图4.12所示为各控制方法的弹簧上振幅传递率和接地载荷变化的分析示例。

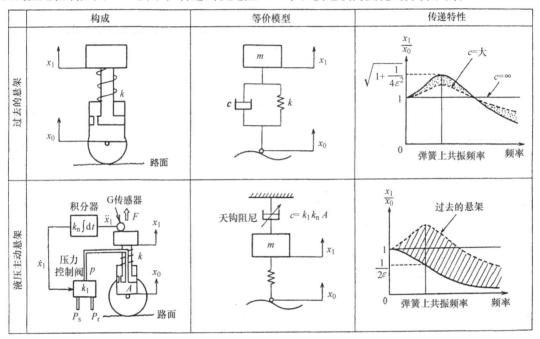

图4.11 天钩阻尼控制下支撑减振器构成和特性

m—车辆质量　　　　$\dot{x}_1$—车身速度　　　　p—控制液压
k—弹簧常数　　　　$\ddot{x}_1$—车体加速度　　　F—车身来的力
c—减振器阻尼　　　k_1—阀增益　　　　　　ε—阻尼比
x_0—路面位移　　　　k_n—振动控制增益
x_1—车身位移　　　　A—受压面积

另外，还有其他舒适性主动控制的方法，如将前轮输入的前轮控制结果反映到后轮控制上，提高后轮控制性的后轮预测控制。此类方法也得到了实际应用，并且有研究表明预测控制可以预先识别车前方的路面情况，不仅节约能耗而且能进一步提高乘车舒适性。

侧倾等的车身姿态变化，通过执行机构所产生的力矩抑制车辆加/减速度和侧向加速度所产生的惯性力矩。因此，防止转弯时侧倾导致的外倾角变化，可以改善转向稳定性并提高转弯极限，减小制动时的点头，从而达到平稳减速的效果。

此外，还可采用根据行驶状况控制前轮

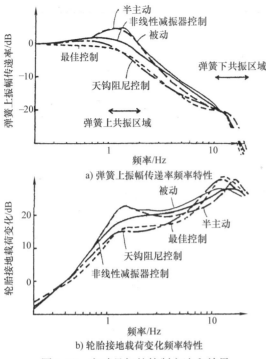

图4.12 主动悬架的控制方法和效果

和后轮的侧倾刚度比,实现操控自如的转向响应控制。这是利用前后轮侧倾控制量比率控制转向时的轮胎载荷,从而间接控制轮胎的侧向力,以控制车辆的转向特性。图4.13所示为前、后轮的侧倾刚性及车辆状态的计算示例。

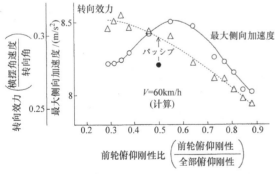

图4.13 纵向俯仰刚性比率和车辆响应性能

车身姿态控制除了提高行驶性能外,还有对车身姿态的主观感觉问题。驾驶人在正向侧倾0.5°/0.5g的程度感觉不到侧倾,对于相反方向的侧倾则非常敏感,且容易感到不舒适。此外,有试验报告指出制动时抑制纵向俯仰,使车辆整体处于下沉状态可以带来良好的感觉。

若设动力源的输出流量为 Q,输出的压力为 P,控制力为 F,控制速度作为 V,则主动悬架的能耗 W 可用下式表示:

$$W = PQ \text{(供给)}$$
$$= FV \text{(输出)}$$

式中,输出压力 P 源于动力源的特性,与控制压力无关,一般为定值。因此,消耗功率受系统和执行机构消耗流量的影响。图4.14所示为行驶状态和消耗流量的关系示例。此外,当主动控制因路面凸凹不平而引起高频率输入时,控制速度变大且能耗增大。一般来说,控制性能和能耗为折中关系。在控制方面,降低输出功率的方法是采用预估方式,预测路面激励速度或检测前轮的运动,提前附加控制力,使控制速度和控制力降低。液压系统最好是通过预测控制等将输出功率的降低反映到供给功率的降低上,这种输出流量可变的动力源是最让人满意的。图4.15所示为一种可变容量型轴向柱塞液压泵。

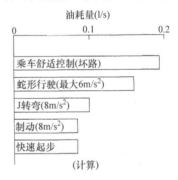

图4.14 液压悬架消耗流量

(i)气压主动悬架 20世纪80年代后期出现了使用气压的主动悬架系统。图4.16所示的气压系统可储存约1MPa的压缩空气,预测由于车辆惯性力导致的车辆姿态变化,对各车轮悬架的执行机构进行气压的调整,以达到主动控制侧倾、俯仰、振动的效果。主动控制所需要的传感器信息包括悬架行程、侧向加速度、转向角及车速等。气

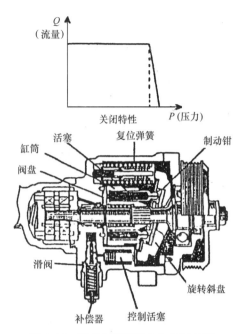

图 4.15 可变容量型轴向柱塞液压泵
（滑翔机牌轿车，1991 年）

压由开关阀的开闭时间控制。一般来说，气压系统与液压系统相比，其控制响应性低且控制力小，但在该系统中，加入了减振器的阻尼控制，可以确保 2Hz 程度的响应性和控制力。在后来经过改进的系统中，还增加

了根据天钩阻尼理论主动控制由路面激励导致的弹簧上低频振动的功能。气压系统具有成本较低、能耗小的特点，早已达到实用化水平。

（ⅱ）液压主动悬架　20 世纪 80 年代末，液压主动悬架得到了实际应用。图 4.17 所示的系统示例由液压泵、蓄能器、电磁比例控制阀、空气弹簧、执行机构和机油冷却器等构成，使用的压力约为 10MPa，流量为大于 10L/min。产生动力的液压泵使用柱塞型。蓄能器用来补充瞬间需要大流量情况的动力不足部分。控制阀为电磁比例型的滑阀，使控制压力与电流成正比。当指示电流一定时，可以反馈控制执行机构压力的变化，降低路面给车身的输入传递。图 4.18 所示为电磁比例阀的结构形式。执行机构的压力室为单动式，普通车身高度时的控制压力设为中心压力，通过增减压力控制伸长、压缩。为了控制乘车舒适性，采用垂向加速度传感器；为了调整车身高度和控制车辆姿态，采用悬架行程、转向角、车速、纵向加速度和侧向加速度等传感器。

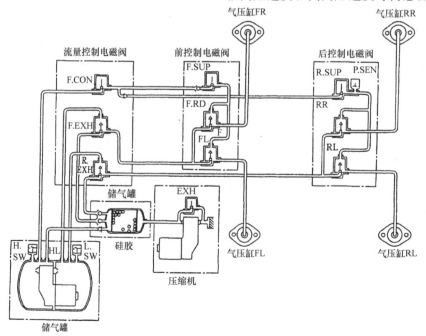

图 4.16　气压主动悬架的气压系统（华丽，1987 年）

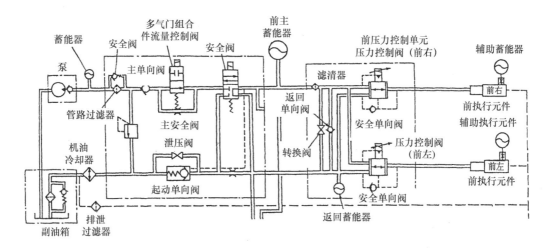

图4.17 液压主动悬架的液压系统（英菲尼迪，1989年）

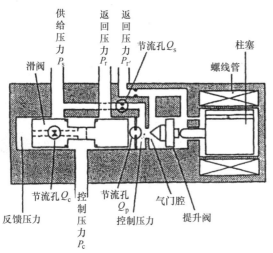

图4.18 电磁比例阀（英菲尼迪，1989年）

控制压力根据螺线管增加的电流进行调节，该压力将滑阀向左压，因为以滑阀相反侧的控制液压起作用，所以滑阀靠两端的压力平衡移动，并且可以通过使控制油路与供给油路、返回油路连通控制压力，使滑阀两端的压力相等。

采用滑阀式电磁比例阀的系统，为了补偿阀门内部的泄漏流量，需要经常以高压驱动的液压泵作为动力源，能耗增大。因此，需根据流量控制液压泵的输出流量，降低能耗损失。此外，系统的响应频率只有几个赫兹，不能把来自路面的大范围频率激励都作为控制对象。对于超出响应频率的，由包括气体弹簧和衰减阀在内的液压系统产生的阻尼力，控制悬架的行程，以确保舒适性。

液压主动悬架具有提高乘车舒适性、操纵性和稳定性的可能，在系统成本和能耗方面也有改进余地。因此，舒适性由阻尼控制负责，车身姿态控制需要主动控制功能范围的重新定位，今后还将关注利用压电元件的低能耗系统。

悬架控制系统的发展如图4.3所示，随着时间的推移，性能也在不断提高，并发展到了主动控制。通过调整性价比和新技术的采用，以半主动控制达到实用化为契机，悬架控制已进入技术成熟期。但是，主动控制在性能方面的优越性是显而易见的，从现在的情况看，到21世纪依然期待低成本、节能的主动悬架出现。

4.2.2 后轮转向系统

操纵后轮直接产生横向力并控制行驶性能的系统一般称为四轮转向系统（4WS），但在本节中将只控制后轮的系统称为后轮转向系统，以区别于控制前轮或前后轮的系统。图4.19所示为装在量产车上的后轮转向系统的发展历史。后轮转向系统起初是以提高急转向时的稳定性为目的，出现了后轮与前轮转向方向相同的同相转向（以下称为同相转向），紧接着为缩小转弯半径或提高低中速时的转向性能，出现了后轮与前轮转向方向相反的反相转向（以下称为反相转向）。此外，后轮转向机构当时主要是液压式和连杆轴转向的机械式，不使用电子控制，但随着控制复杂化出现了电子控制式，最近又增加了用电动机作为执行机构的方式。

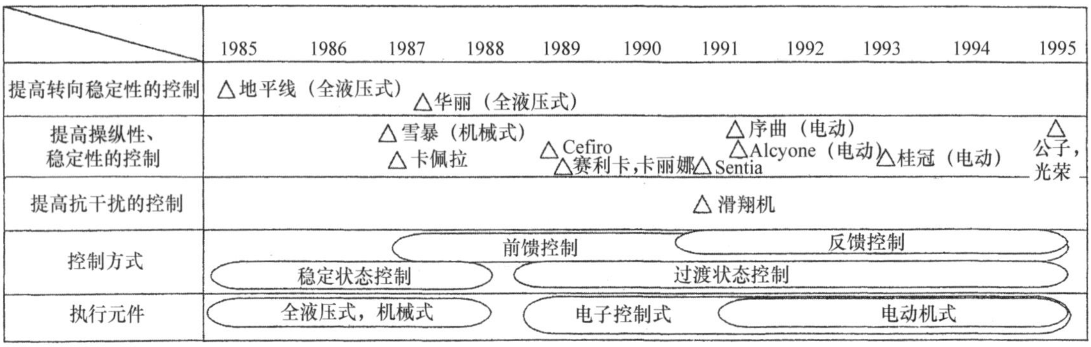

	1985	1986	1987	1988	1989	1990	1991	1992	1993	1994	1995
提高转向稳定性的控制	△地平线（全液压式）			△华丽（全液压式）							
提高操纵性、稳定性的控制			△雪暴（机械式）△卡佩拉		△Cefiro △赛利卡,卡丽娜 Sentia		△序曲（电动）△Alcyone（电动）		△桂冠（电动）		公子,光荣
提高抗干扰的控制						△滑翔机					
控制方式		稳定状态控制		前馈控制			过渡状态控制		反馈控制		
执行元件		全液压式,机械式			电子控制式			电动机式			

图 4.19 后轮转向系统的发展历史

后轮转向控制的意义是能独立控制车辆横摆角速度和侧向加速度的关系，在车辆运动控制方面可以说是划时代的。一般前轮转向车辆（以下简称 2WS）的转向过程是操纵转向盘导致前轮侧偏角进而产生前轮轮胎侧向力，使横摆响应开始，由此产生的车身侧偏角导致后轮也产生侧偏角，随后产生后轮轮胎侧向力，进而车身侧向加速度响应开始。因而，2WS 的横摆角速度和侧向加速度的关系基本由悬架特性、转向系统特性、重量分配、质心高度、轴距、轮胎接地面，以及平摆、转动、倾斜度各惯性力矩、轮胎特性等车辆特性决定。在增加了后轮转向控制以后，可自由设置产生后轮侧向力，达到同时控制横摆角速度和侧向加速度的效果。

后轮转向控制根据可获得的信息，对运动性能产生不同的影响。后轮转向方式主要有以下几种，在表 4.1 中对其转向响应特性进行了理论性的解析。

a. 前轮转向角比例方式

该方式是按前轮转向角设定后轮转向角的方式。稳定系数、阻尼比、固有角频率与 2WS 一样，车辆固有的稳定性不变。如果同相转向后轮比前轮小，侧向加速度响应滞后越来越小，横摆角速度正常增益下降。转向不足的车辆，横摆角速度的响应滞后增大。如果后轮是反相转向，横摆角速度的常数增益增大，车辆运动特性与同相转向时相反。

b. 转向力反馈方式

该方式是按前轮转向力设定后轮转向角的方式。稳定系数增大，从而引起固有角频率增大，车辆固有稳定性提高和横摆快速反应性提高，侧向加速度响应滞后减小。转向不足的车辆，横摆角速度响应滞后增大。因侧风、路面凸凹不平等干扰车辆正常行驶时，横摆角速度反映到后轮转向量上，为使车辆稳定须按需要操纵后轮。

同相控制的理论目标是，为使转向时的车身质心侧偏角为 0，按前轮转向角设定后轮转向角（2WS 随着车速增加，质心侧偏角增益减小，高速时为负值，所以侧向加速度响应滞后增大）。后轮转向角的设定是通过车速相对后轮转向角/前轮转向角的关系，如图 4.20 所示。这种控制用在装有所谓的转向力反馈方式、前轮转向角比例方式的系统的量产车上。但是，把质心侧偏角的值设定为 0 会产生难于转弯或横摆角速度响应滞后的现象，因此感觉不舒适。为了消除同相控制的不适感，考虑包括瞬态在内把质心

第4章 舒适行驶和底盘控制技术

表 4.1 后轮转向方式与转向响应特性

	前轮转向 2WS 车	前轮转向角比例方式 4WS ($\delta_r = k\delta_f$)	转向反馈式 4WS 车 ($\delta_r = kF_{yf}$)	横摆角速度反馈方式 4WS 车 ($\delta_r = k\dot{\phi}$)
稳定性	$\dfrac{m(l_f K_r - l_r K_f)}{2l^2 K_f K_r} = K$	K	$K' = K + \dfrac{kl_r m}{l^2}$	$K'' = K + \dfrac{k}{lV^2}$
横摆角速度常数增益	$\dfrac{1}{1+KV^2}\dfrac{V}{l}$	$\dfrac{1-k}{1+KV^2}\dfrac{V}{l}$	$\dfrac{1}{1+\left(K+\dfrac{kl_r m}{l^2}\right)V^2}\dfrac{V}{l}$	$\dfrac{1}{(1+KV^2)+\dfrac{k}{l}V}\dfrac{V}{l}$
阻尼比	$\dfrac{1}{2}\dfrac{(K_f+K_r)I_z+(K_f l_f^2+K_r l_r^2)m}{\sqrt{mlzK_fK_r l^2(1+KV^2)}}=\zeta$	ζ	$\dfrac{1}{2}\dfrac{(K_f+K_r)I_z+(K_f l_f^2+K_r l_r^2)m+2kK_f K_r(I_z-ml_f l_r)}{\sqrt{mI_z K_f K_r l^2\left[1+\left(K+\dfrac{kl_r m}{l^2}\right)V^2\right]}}=\zeta'$	$\dfrac{1}{2}\dfrac{(K_f+K_r)I_z+(K_f l_f^2+K_r l_r^2)m+kml_f K_r V}{\sqrt{mI_z K_f K_r l^2(1+KV^2)+kmI_z K_f lV}}$
固有角频率	$\dfrac{2l}{V}\sqrt{\dfrac{K_f K_r}{m}\left(\dfrac{K_f+K_r}{I_z}+\dfrac{K_f l_f^2+K_r l_r^2}{l_z m}\right)(1+KV^2)}=\zeta\omega_n$	ω_n	$\dfrac{2l}{V}\sqrt{\dfrac{K_f K_r}{I_z m}\left[1+\left(K+\dfrac{kl_r m}{l^2}\right)V^2\right]}=\zeta'\omega_n'$	$\sqrt{\omega_n^2+\dfrac{4kK_f K_r}{l_z V}}$
操控稳定性裕度	$\zeta \cdot \omega_n$	$\zeta \cdot \omega_n$	$\xi \cdot \omega_n = \dfrac{2kK_f K_r(I_z-ml_f l_r)}{I_z mV} = \zeta' \cdot \omega_n'$	$\zeta' \omega_n' + \dfrac{kkl_f^2 K_r^2}{I_z V}$
$\dfrac{\dot{\psi}}{\delta_H}$	$\dfrac{1}{i_s}\cdot G_{\dot{\psi}}(0)\dfrac{1+T_r s}{1+\dfrac{2\zeta}{\omega_n}s+\dfrac{1}{\omega_n^2}s^2}$ $G_{\dot{\psi}}(0)=\dfrac{1}{1+KV^2}\dfrac{V}{l}$ $T_r=\dfrac{l_f mV}{2K_r l}$	$\dfrac{1-k}{i_s}\cdot G_{\dot{\psi}}(0)\dfrac{1+(1+\lambda\dot{\psi})T_r s}{1+\dfrac{2\zeta}{\omega_n}s+\dfrac{1}{\omega_n^2}s^2}$ $G_{\dot{\psi}}(0)=\dfrac{1}{1+KV^2}\dfrac{V}{l}$ $\lambda_{\dot{\psi}}=\dfrac{k}{1-k}\dfrac{T_f-T_r}{T_r}$ $T_r=\dfrac{l_f mV}{2K_r l}$	$\dfrac{1}{i_s}\cdot G'_{\dot{\psi}}(0)\dfrac{1+\left(1-\dfrac{2kl f_f}{l_f}\right)+T_r s}{1+\dfrac{2\zeta'}{\omega_n'}s+\dfrac{1}{\omega_n'^2}s^2}$ $G'_{\dot{\psi}}(0)=\dfrac{1}{1+\left(K+\dfrac{kl_r m}{l^2}\right)V^2}\dfrac{V}{l}$	$\dfrac{1}{i_s}\cdot G_{\dot{\psi}}(0)\dfrac{1+T_r s}{1+kG_{\dot{\psi}}(0)+\left(\dfrac{2\zeta}{\omega_n}+kG_{\dot{\psi}}(0)\cdot T_r\right)s+\dfrac{1}{\omega_n^2}s^2}$ $G_{\dot{\psi}}(0)=\dfrac{1}{1+KV^2}\dfrac{V}{l}$
$\dfrac{a_y}{\delta_H}$	$\dfrac{1}{i_s}\cdot G_{ay}(0)\dfrac{1+T_{ay1}s+T_{ay2}s^2}{1+\dfrac{2\zeta}{\omega_n}s+\dfrac{1}{\omega_n^2}s^2}$ $G_{ay}(0)=\dfrac{1}{1+KV^2}\dfrac{V^2}{l}$ $T_{ay1}=\dfrac{l_r}{V},\ T_{ay2}=\dfrac{l_z}{2K_f l}$	$\dfrac{1-k}{i_s}G_{ay}(0)\dfrac{1+(1+\lambda_{ay1})T_{ay1}s+(1+\lambda_{ay2})T_{ay2}s^2}{1+\dfrac{2\zeta}{\omega_n}s+\dfrac{1}{\omega_n^2}s^2}$ $G_{ay}(0)=\dfrac{1}{1+KV^2}\dfrac{V^2}{l}$ $\lambda_{ay1}=\dfrac{k}{1-k}\dfrac{T_{ay1}+T'_{ay1}}{T_{ay1}}$ $\lambda_{ay2}=\dfrac{k}{1-k}\dfrac{T_{ay2}+T'_{ay2}}{T_{ay2}}$ $T_{ay1}=\dfrac{l_r}{V},\ T_{ay2}=\dfrac{l_z}{2K_f l}$ $T'_{ay1}=\dfrac{l_f}{V},\ T'_{ay2}=\dfrac{l_z}{2K_r l}$	$\dfrac{1}{i_s}\cdot G'_{ay}(0)\dfrac{1+T_{ay1}s+T_{ay2}s^2}{1+\dfrac{2\zeta'}{\omega_n'}s+\dfrac{1}{\omega_n'^2}s^2}$ $G'_{ay}(0)=\dfrac{1}{1+\left(K+\dfrac{kl_r m}{l^2}\right)V^2}\dfrac{V^2}{l}$ $T_{ay1}=\dfrac{l_r}{V},\ T_{ay2}=\dfrac{l_z}{2K_f l}$	$\dfrac{1}{i_s}G_{ay}(0)\dfrac{1+(T_{ay1}+k)s+T_{ay2}s^2}{1+kG_{\dot{\psi}}(0)+\left(\dfrac{2\zeta}{\omega_n}+kG_{\dot{\psi}}(0)\cdot T_r\right)s+\dfrac{1}{\omega_n^2}s^2}$ $G_{ay}(0)=\dfrac{1}{1+KV^2}\dfrac{V^2}{l}$ $T_{ay1}=\dfrac{l_r}{V},\ T_{ay2}=\dfrac{l_z}{2K_f l}$

侧偏角设定为 0，使相对转向的横摆角速度和侧向加速度的相位差为 0 的控制。通过横摆响应性的改进，装在量产车上的系统有实现 1 阶滞后特性、1 阶提前特性的相位反转特性（也称为瞬间反相控制），图 4.21 所示为通过前轮转向角比例控制和相位反转控制的转向响应特性计算示例。

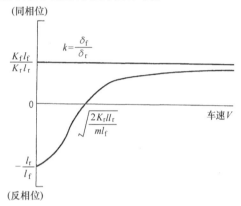

图 4.20　按前轮的质心侧滑角设定为 0 的后轮转向角
δ_f、δ_r—前、后轮转向角　K_f、K_r—前、后轮转向力
l_f、l_r—前、后车轴和质心点之间的距离
l—轴距　m—车辆总质量

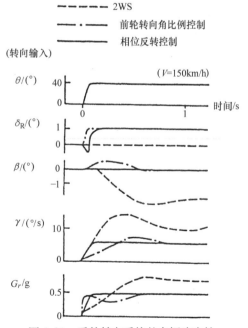

图 4.21　后轮转向系统的车辆响应性

c. 横摆角速度反馈方式

为了更好地抗侧风和路面等干扰，提高行驶稳定性，提高车辆横摆响应性的横摆角速度，反馈控制得到了实际应用。为使车辆横摆角速度达到目标值，采用设定后轮转向角的方式，既增大稳定系数和固有角频率，也改善车辆的固有稳定性和横摆快速响应性。此外，在转向初期，反相转向的横摆角速度正常增益且横摆角速度响应性与 2WS 一样，但侧向加速度的响应滞后变小。因侧风、路面凸凹不平等的干扰而扰乱车辆正常行驶时，为使车辆保持稳定采用后轮转向。

图 4.22 所示为遇到侧风时前轮转向角比例＋横摆速率反馈控制的响应性计算示例，图 4.23 所示为具体的系统示例。反馈控制减小了因外部干扰而产生的横摆速率和侧向加速度，并提升了收敛性。对转向输入来说与相位反转控制一样，在转向初期为反相转向，滑移角设为 0（包括瞬态），横摆角速度和侧向加速度同为 1 阶滞后系统，因此振动成分消失了。

d. 模型跟踪方式

为了能得到所希望的转向响应特性，目前正在研究模型跟踪方式。该方法的应用实例是在横摆角速度的基础上预先设定侧向加速度转向响应特性的虚拟模型（目标模型），使实际车辆跟随虚拟模型得到任意转向、一致的转向响应特性，以及使实际车辆运动特性跟随任意假想车辆（virtual car）模型的运动特性。

在很多理论分析中，可以忽略系统响应性，但在现实系统的执行机构中，响应滞后和传感器的检测时间、计算机的运算时间以及信号处理时间等都不可忽视。这些绝对时间延迟可能导致高速行驶时车辆的状态不稳。尤其值得注意的是反馈控制会出现大问题。因此，提出了用两种二次方均值（①控制效果作为任务完成度的目标路线得到的偏差二次方均值，②作为驾驶人负担程度的修正转向角的二次方均值）评价，并考虑实际系统的时间常数和绝对时间延迟的实用性控制。

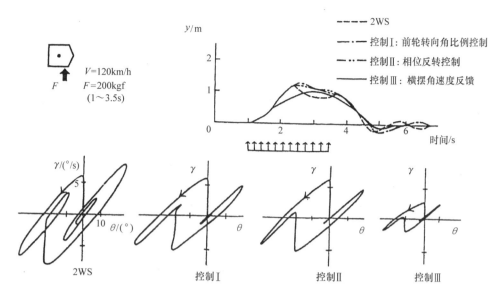

图 4.22 遇到侧风时的响应（计算）
1kgf = 9.8N

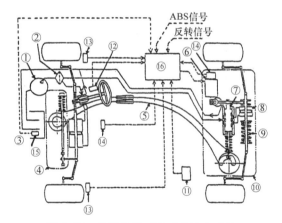

图 4.23 横摆角度反馈后轮转向系统
（soara，1991 年）

1—液压泵 2—分流阀 3—储液罐 4—前轮组合件
5—电缆 6—脉冲电动机 7—控制阀 8—活塞
9—中立弹簧 10—后轮转向角组合件 11—横摆角速度
传感器 12—转向角传感器 13—车轮速度传感器
14—车速传感器 15—油温传感器 16—控制器

e. 非线性控制

以前的控制理论是针对线性领域的，当涉及侧向加速度较大的领域和加减速的极限领域，以及低摩擦系数的路面和4WD、ABS等综合控制时，需要按非线性领域的理论加以处理，可使用以下控制理论。

（i）H_∞ 控制 非线性车辆模型通过非线性的变量变换近似线性化，忽略高次非线性要素而利用线性模型。这样得到的控制系统因为受到忽略高次非线性要素的不良影响，而变得不稳定，考虑到这一点应用 H_∞ 控制理论设计鲁棒控制系统。但是，因为不能保证达到参数变化下的鲁棒稳定性，所以偏离设计名义状态时的控制效果和快速转向输入时的控制效果均较差。

（ii）模糊控制 根据实践经验采用成员函数可以设计非线性的控制系统。当设计控制系统时，不需要程式化解析，可较为容易地根据行驶速度、路面条件及道路坡度等解决轮胎非线性区域的控制问题。

（iii）神经元网络 将具有非线性学习功能的网络特性，应用到车辆系统辨识（采用实际车辆行驶试验结果）和控制器的设计中，可解决对应行驶速度、路面条件下的轮胎非线性问题。此外，通过变换评价函数学习，可以设计出具有各种控制特性的控制器。

（iv）μ 综合 它是进一步发展了 H_∞ 控制性能的鲁棒控制的一种，相对参数变化后依然确保鲁棒性，可以适当采用。

f. 失效保护

最后介绍失效保护。最初装在车上的系统只能靠悬架套筒的柔性实现后轮转向或连杆轴连接前、后轮的转向系统等机械方式限制后轮转向角。电子控制系统为了保证故障时的安全性，存有自动保险装置逻辑。此外，为在出现任何故障时，使后轮处于中立状态，确保2WS的性能，也有在后轮转向机构内设置中心弹簧，以在硬件上达到失效保护效果的应用示例。

有的系统是电子式和机械式兼用的系统，在低速时所使用的大转向角系统为机械式，根据各种行驶条件，尤其是在中高速时，后轮转向还具有电子式小转向角控制功能，这样可以同时实现失效保护和性能。

包括执行机构在内全用电子控制的后轮转向角系统，在出现故障时，为保持后轮转向角，通过使用不可逆齿轮或将计算机和传感器设计成双套系统等，使其保持充分的稳定裕度。还有为抗干扰确保稳定性，采用鲁棒控制的电动式后轮转向执行机构的研究实例。

4.2.3 4WD 控制

因为4WD将发动机的输出功率分给四个车轮，可有效传递2WD中未使用的驱动力，所以能够提高加速极限性能和坏路通过性。此外，对于同一加速度，它降低了每个车轮的驱动力，因此具有增大侧向力载荷并稳定转弯的特点。但是，最佳驱动力分配率因行驶状况而异。如图4.24所示，在直线加速状态下，实现与动载荷分配同等的前后驱动力分配比率的直接连接4WD可发挥最大加速度，但在转弯加速状态下，因为随着侧向加速度的载荷转移，前后轮侧向力变化，所以在干燥路面多靠后轮的驱动力分配获得高的加速度，在低附着路面直接连接4WD可获得高的加速度（图4.25）。此外，如果要消除紧急转弯时的制动现象，需要减小前后轮之间的约束力。这样，如果要实现

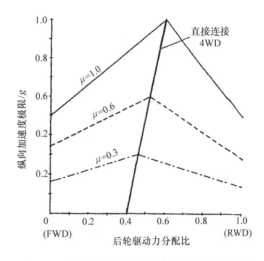

图4.24 直线行驶时的驱动力分配和加速性能

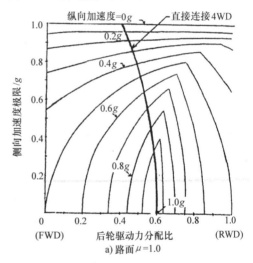

a) 路面 $\mu=1.0$

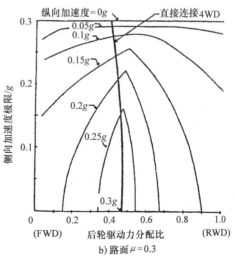

b) 路面 $\mu=0.3$

图4.25 转弯时的驱动力分配和加速性能

加速时的乘车舒适性，需要研究根据行驶条件和路面状况控制驱动力分配比和车轮间约束力的技术，4WD 控制技术因而得以发展。

初期的 4WD 系统是手动进行 4WD 和 2WD 转换的分时系统。随后出现了通过前后轮之间的差动旋转速度决定约束特性的全时 4WD 系统，它具有类似直接连接 4WD 的加速性能和低速时消除紧急转弯制动的功能。产生约束力的机理是利用机油剪切阻力、节流孔阻力、速度动能和离心式制动等。另外，还有为了获得对应上述行驶状况的最佳驱动力分配的控制。主动分配驱动力的方法包括：①与中央差速器并列设置离合器，间断或连续控制中央差速器；②直接连接前后任一轴，在轴上设置多片离合器，连续控制驱动转矩的耦合方式。

图 4.26 所示的后轮驱动系统，通过控制多片离合器的压紧力，可使驱动力分配由后轮 100% 转换到直接连接 4WD。前后轮的转速差越大，分配给前轮的驱动转矩越大；侧向加速度越大分配给前轮的驱动转矩越小。在高摩擦系数路面上侧向加速度增大时，驱动力分配偏向后轮。在低摩擦系数路面上侧向加速度变小时，驱动力分配偏向直接连接 4WD。

通过 4WD 控制可获得加速性能和稳定

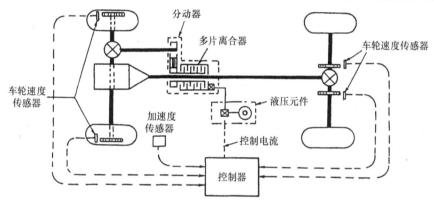

图 4.26 电子控制转矩分开式 4WD（地平线，1989 年）

的转弯性能，并能提高乘车舒适性和主动安全性。过去 4WD 是为了能在雪路等易滑路面上发挥作用，但现在已经发展成为支持发动机高输出功率的技术并实现了与其他底盘控制技术相协调的控制。

4.2.4 系统的集成化

目的不同的多个底盘控制系统被装在车上的情况越来越多。系统的集成化是指，各控制系统的功能加在一起不仅实现系统的高性能化，若共用一个传感器还可降低成本。但是，因为作用于轮胎的垂向、侧向、纵向的力相互影响比较复杂，所以即使底盘控制系统集成也不能实现所有功能。图 4.27 所示为控制垂向力、侧向力及纵向力的关系。图中用粗实线表示直接控制力，对用细实线表示其他功能的影响，通过虚线表示其制约条件，因此提高各系统的控制增益，越期望实现某些效果，越不可忽视对粗实线（即直接控制力）以外的影响。这样，在组合系统时先明确各独立系统对车身的影响，然后选择几个系统，并需要考虑综合控制效果能相加或成倍地发挥作用。

用轮胎的侧滑角和滑移率、接地载荷的非线性特性的等价转向力（放大等价转向力）、放大稳定系数预测转向、驱动、制动复合输入时的车辆响应特性，可以用来研究系统的最佳集成化。图 4.28 所示为后轮驱动小型轿车放大稳定系数的计算结果，在大侧向加速度转弯状态下缓慢减速时存在过度转向区域，这类车辆特性的变化，可以用于研究系统的集成化。

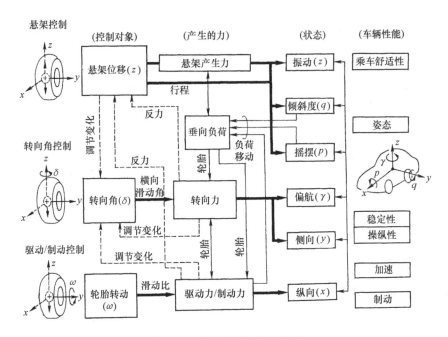

图 4.27 底盘控制与力的关系

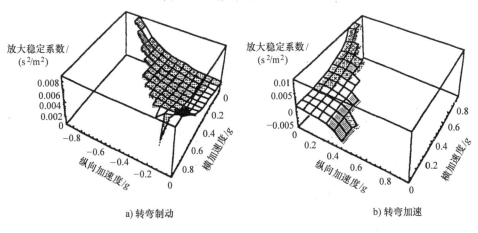

a) 转弯制动   b) 转弯加速

图 4.28 系统集成化的讨论方法（放大稳定系数）

系统集成化产生的性能效果示例如图 4.29 和图 4.30 所示。图 4.29 是系统的组合与紧急避让时车辆变线时的速度方面的评价方法。通过合适的系统组合，横摆、侧向加速度的响应性、收敛性及非线性区域的控制性能得以提升，大幅度提高了避让性能。图 4.30 给出了 ABS 与横摆加速度反馈式后轮转向系统协调控制的效果。在摩擦系数不同的路面上制动时，ABS 专门控制缩短制动距离，通过提高后轮转向系统反馈增益，保证方向稳定性使制动距离和稳定性均有所改善。

近年来很多控制系统都相互协调控制，在性能方面、结构方面追求各系统的优势，已达到实用化水平。图 4.31 和表 4.2 给出了以电子控制 4WD 为中心综合控制 ABS、主动后轮转向、空气悬架、发动机控制及自动变速器（以下简称 AT）的系统和传感器共用的情况。各控制系统根据行驶状况、行驶环境与其他系统协调控制平衡行驶、转弯和停止等高层次性能。在该系统中，主要进行各控制器多重通信的统一、用于失效保护的传感器信号的接收/传递及故障时的信息　　传递/接收/判断等。

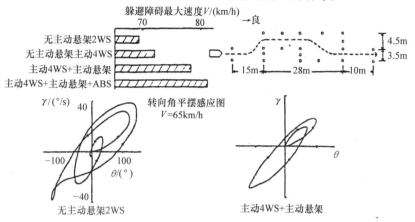

图 4.29　系统的集成化和运动性能

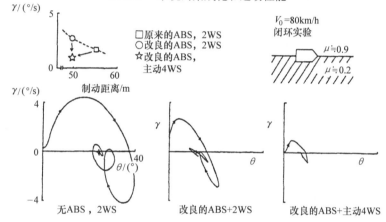

图 4.30　通过 ABS 和 4WS 协调的交叉制动

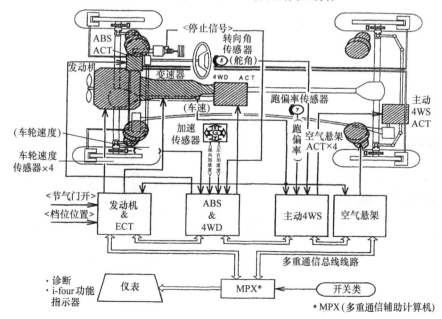

图 4.31　综合性能系统（皇冠，1992 年）

表 4.2 传感器共用情况（皇冠，1992 年）

输入信息	空气悬架	4WS	ABS	4WD	EFI	ECT
车高信号	○					
转向角信号	○	○		○		
侧向加速度			○	○		
纵向加速度			○			
横摆角速度		○	○	○		
轮速		○	○	○		○
节气门开度	○		○	○	○	○
档位		○		○		
空气悬架控制				○		
4WS 控制		○	○	○		
ABS 控制	○	○	○	○	○	
4WD 控制	○	○		○		

底盘控制系统进行集成时，悬架性能也作为其中最基本的控制要素，最重要的是设定各控制系统能良好匹配的结构与特性。图 4.32 所示为以四轮独立悬架为中心，4WD、ABS、后轮转向系统组成的综合系统和后轮悬架。在后轮悬架上安装自动回正机构，对驱动、制动、转弯时产生的力和来自路面的干扰，设定车轮始终保持在车辆前进方向，在此条件下，带有 VCU 的中央差速 4WD，4WD 用 ABS 与转向力反馈式同相组合后，将充分发挥车轮的作用。

系统的集成化不是单纯的系统组合，而是以整个系统地统一降低成本和提高可靠性、扩大制动效果等为目标展开的。今后对于组合的系统和控制方法还会有进一步深入的研究。

4.2.5 控制信息

在控制系统的发展过程中，主要解决二律背反和提高运动性能的控制，控制的主体信息包括车速、转向角及加速度等。对此，根据道路曲率、上坡、下坡、打滑程度的车辆外部环境，以及通过转向盘、加速踏板、制动踏板等操作识别出的与驾驶人意图相关

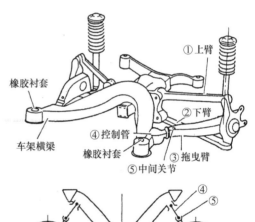

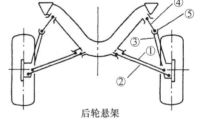

图 4.32 4WD、4WS、4IS 综合控制效果
（华丽，1987 年）

的信息进行修正,由外部环境变化所产生的车辆运动性能变化,或汽车专业驾驶人的驾驶知识,控制汽车的部分操作,以减少因驾驶人疲劳和紧张而导致的驾驶失误。这类系统于20世纪90年代初已达到实用化水平。用于判断车辆外部环境和驾驶人意图的方法有以下几种。

a. 车辆外部环境的判断

直接利用传感器测量外部环境信息的方法有超声波和电磁波的使用,但系统成本和传感器发出的信息有效性是否实用还有待证实。因此,为了简单推断外部环境,采用将现有控制系统所具有的传感器信息进行处理提取潜在信息,或将多数传感器信息组合得出新的信息,或将传感器数值与根据车辆规范模型计算得到的表示动力学性能的状态量相比较等方法。

(i) 道路坡度 如果考虑行驶中力的平衡,发动机驱动力可以视为加速阻力、弯道阻力、空气阻力、行驶阻力和爬坡阻力之和。发动机驱动力可通过发动机的进气量和转速进行判断,各种阻力可通过加速度、车速等行驶状况进行判断,因此根据多数传感器信息分析发动机输出功率消耗,可判断行驶路面的坡度。

(ii) 道路的曲率 利用转向角和车辆侧向加速度在一定时间内的有效值可量化道路曲率。从驾驶人立场出发,驾驶方法,即干净利落的运动性驾驶可以在曲率获取中受益。

(iii) 打滑程度 作用于转向系统的单位转向角的力随着路面摩擦系数而变化,利用这一点根据前轮转向角和动力转向的液压关系可判断路面的摩擦系数。

(iv) 路面软硬程度 按频率分析悬架行程传感器的信息,并将车身轻软的1~2Hz的振动成分和人易察觉到的4~6Hz发硬的振动成分进行量化,可以判断路面的软硬程度。

(v) 路面台阶及连接处 利用前视雷达检测车辆前方的凹凸路面及台阶和连接处。将频率200kHz的超声波发射到车辆前方约1m处,通过其反射的强度判断路面状况。

根据上述传感器获取的外部环境信息精确地进行自动变速器档位控制、牵引力控制、4WD驱动力控制、主动悬架的前后轮侧倾刚性分配控制及后轮转向特性的控制。这些方法几乎都可以用软件实现,有增加成本较少的优点,把多数控制系统组合在一起进行控制时最为有利。另外,还有通过比较实际车辆和车辆规范模型的状态量,使底盘特性达到适应环境的特性,使用抗外部干扰稳定性控制和车辆运动极限领域、路面状况等预测的方法。今后将进一步探索提高预测精度的新方法。

b. 驾驶人意图的判断

根据驾驶人的操作和动作判断驾驶人期待的车辆特性和响应性不是一件容易的事,再考虑到驾驶人的习惯、情绪等,正确判断驾驶人的意图目前是困难的。但是以专业驾驶人的丰富经验和驾驶技术为基准判断操作状况和驾驶人的意图,或应用将很多数据联系起来等新方法,在某种程度上可以了解驾驶人的意图。

(i) 模糊控制自动变速器 以基于行驶状况和专业驾驶人经验的节气门开度及转向角、道路坡度等变速时的数据为基础,使车辆状态规则化,用模糊理论综合评价实际行驶时对规则的适合度,决定最终的换档位置。因此,驾驶人的操作意图可用专业驾驶人的操作代替,虽不能直接判断驾驶人的意图,但可以算是反映经验丰富的驾驶人驾驶技能的一种专家系统。

(ii) 神经元网络控制自动变速器 图4.33所示为采用神经元网络的自动变速器换档位置控制过程,该控制预先以多数驾驶人进行的多次行驶状况和换档数据为基础,用神经元网络制定各种传感器信息之间的关联性，比较准确地判断大多数驾驶人的换档意图，可控制变速档位置。另外，这种换档位置控制系统将驾驶人的好恶反映到控制中，用加速操作和制动频率的自学习结果修正通过神经元网络的换档位置输出。

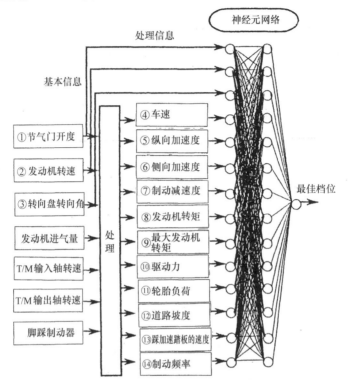

图 4.33　神经元网络换档位置控制

通过有效利用多种信息，将出现车－环境系统、人－车－环境系统相互作用控制的趋势。为满足复杂的控制要求，将进一步深入研究。

4.3　底盘控制系统课题

回顾了底盘控制系统的发展历程，主要是以各控制系统的功能单独得到提升为目的。因此，由于规划、制造方面的原因及失效保护方面的制约等，还存在得不到充分的控制效果及性价比不合理等问题。另外，在将系统进行组合，追求功能上的优点时，靠简单的组合，需要大量的传感器和 ECU、线路、复杂信号处理及失效保护等，反而导致成本提高。而且控制多数系统所获得的高性能，对驾驶人来说，也未必能全面改善舒适性、安全性和操作性。下面将就这些课题进行说明。

4.3.1　控制系统综合化

系统综合化包括功能综合化、软件和信息综合化以及硬件通用化，要求综合系统达到高性能并降低成本。

a. 功能综合化

实现汽车的基本性能，几乎都是依靠作用于轮胎和路面之间的力。如果路面条件和轮胎一定，该力取决于轮胎的垂向载荷、转向角产生的侧滑角、驱动力和因制动力产生的滑移率。因此，集成多种系统来控制各车轮轮胎所产生的力的总和，是今后实现高性能化的不能缺少的。此时，随意集成所有控制系统恐难得到预期的效果，在性能方面应注意折中控制垂向力、侧向力、纵向力的代表性系统，经整理使综合系统简单化。为此，需要根据对象车辆的实际状态和参数明确各个控制系统的性能目标和非线性带来的力干涉问题等。

b. 信息综合化

综合各个系统的信息会产生新的信息。有机地综合多种系统是可能的，却难以得到高度信息，因此期望开发以综合系统为前提，能够判断车辆状态和人的状态等的新式传感器。另外，由于信息共享，也会担心出现故障时影响的范围较大。因此在检查信息可靠性功能的同时，作为故障时的对应措施，进行适应状况的信息流程控制和通过备用信息进行辅助控制等，可以确保系统的可靠性。为此，进行信息处理层次化、分散化及信息加权等控制信息的软件开发也将是研究课题。

c. 硬件通用化

减少传感器、ECU及线路的重复性，有望降低总成本。另外，通过组合，可提高在车辆上布置的自由度，但要注意系统的维护性和可靠性。作为实现上述信息综合化的硬件，构建车辆LAN是有效的方式。

4.3.2 控制目标的研究

操纵汽车的人的特性多种多样，目前的难题是无法让所有人都感到舒适。控制不协调、认为控制功能多余、对控制效果难于理解等，这些问题原因有些在于系统特性本身。但由于人的特性和驾驶人的知识、情感、意图和感到舒适的区域，对系统特性不理解而导致控制目标不明确的情况也不少。如果能了解驾驶人的知识、情感、意图，就能做到与感性和紧张感等相对应的控制，从而提高控制质量，因此有必要研究与此有关的新方法。采用生理测量和神经网络、模糊、遗传算法等判断方法提高精度是值得期待的。

另外，底盘控制的高性能化对提高主动安全性和易操作性具有重要的贡献，但一般用户难以体会，有必要让用户将其与人操作下的特性进行对比验证、理解。为此，对于驾驶带来的精神负担，通过心率的正态分布值进行定性分析的尝试等，这种针对人的感受进行的深入研究是必要的。

实际上，因人的认知、判断、操纵失误所引起的交通事故经常发生。因此，希望底盘控制在提高性能的同时，出现一部分相当于人的认知、判断、操作的辅助功能，成为辅助驾驶人系统，如超越驾驶人能力的危险预测、躲避障碍物、防止车辆进入物理运动限界区域等。在进行这种自律型控制时，关于以何种控制达到何种程度这一点，需要讨论人与汽车的关系，同时要明确控制目标，也期待着驾驶人模型方面的新成果。

4.3.3 其他课题

如果开发底盘控制系统的工程师不能给用户满意的解答和满足用户的需求，而往往追求理论上的高性能，直接投放市场，有时会造成用户使用混乱。例如，ABS因大大提高主动安全性而得到认可，但有报道说装有ABS的汽车翻车事故增加，其原因是厂家的说明不够和用户一方的误解。

要使一种新产品在市场扎根、普及，需要时时给予关注。为此，应满足用户的价值观，说明社会性的影响，有必要构筑人与车成熟的社会关系。

控制系统一旦发生故障，是否需要确保汽车基本功能的失效保护功能的判断，需要依据常见故障形态、故障发生概率、对车辆状态的影响进行综合定量评价的方法，即用实际车辆在行驶过程中强制地使其发生故障，评价操纵稳定性的方法等，但形成评价基准的普遍性是困难的。有关控制系统的可靠性试验方法和评价基准最好是作为社会的共同事项来制定准则，当然也需要考虑人的属性等。有关 PL 法的责任问题和系统综合化的推进过程中力求开发效率方面，是必须考虑的。

4.4 驾驶舒适性的未来

多种底盘控制系统已被实用化，加上人与汽车及外部环境的控制也有了头绪，从而增加了进一步改善乘车舒适性的可能。作为未来汽车所提出的概念车，其控制概念是，包括底盘控制在内的多个系统协调，以求得高性能、安全、易操纵，表现出有益于人类、社会、环境的性能。下面，将以上节控制课题的一个答案作为未来概念示例，对今后所期待的底盘控制进行说明。

4.4.1 综合控制概念

目前发布了很多综合控制的概念车。如图 4.34 所示，要求车辆所具备的功能应像蜂鸟具有的高运动功能一样，可以实现更快、更安全、更舒适的行驶。主要控制功能由辅助行驶、转弯和停车的主动控制功能、驾驶人和车及车外环境信息交流功能、行驶中的辅助安全运行监视功能，以及判断驾驶人的状态和行驶环境控制主动辅助功能等构成。这种综合控制概念将与人－车－环境有关的信息综合起来，实现人车一体的高性能。另外，为实现高性能，有必要使具体技术课题形象化，并引出未来的技术动向。

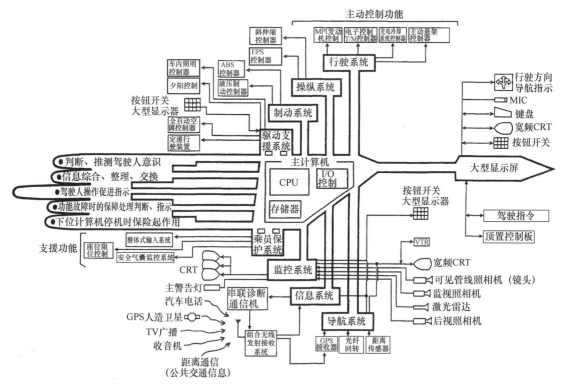

图 4.34 概念车控制（三菱，HSR）

4.4.2 高性能化

如果充分控制轮胎力，可以进一步提高性能。例如，有人提出了根据行驶状况主动控制前轮转向角的方案。像躲避障碍物的情况，先于驾驶人实现转向角，横摆与后轮的侧向力控制也提前实施，可提高避让性能。另外，在预测进入转向极限的状况下，通过补偿控制转向角可防止进入转弯极限。此外，如果与后轮转向系统协调控制，可各自设定侧向加速度和横摆发生时间，提高操纵性和稳定性。期望这种方法成为提高主动安全性的方法之一。如图 4.35 所示，利用包含前轮转向角相位提前补偿（转向角微分项得出的控制量）的前后轮控制策略，解析车辆特性。

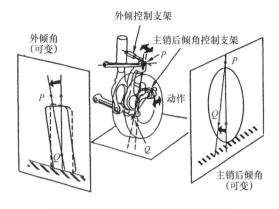

调整	范围
外倾角 （束角）	0.6°（正） 1.8°（负） (0.8（外）~2.4（内）)
后倾角 （后倾拖距）	1.1°~8.0° (1.0~44.0mm)

图 4.36 车轮定位控制系统

4.4.3 车辆稳定性控制

对于驾驶舒适性，也需要考虑驾驶人与汽车为一体的适度紧张感，但过度紧张也会令人不安。例如，在易滑路面上的行车和紧急躲避危险时，驾驶人对于操纵稳定性会有不安。在易滑路面上既要求慎重，又要对因紧急操作等引起的车辆失稳进行合理处理，这往往是困难的。因此，若能从这些不安中解脱出来，驾驶人便可享受既安全又舒适的行驶。从这种观点出发，可以采用预测车辆特性并事先让驾驶人获知极限，或车辆直接控制驾驶人的操作或先于驾驶人的操作，车辆主动控制实际转向角和车速的方法。然而，也有人提出违背驾驶人的操作意图，对汽车的控制是不合理的，这有待于以后的讨论。但在驾驶人操作技能不能处理的运动极限范围，利用所有的控制可能性积极地确保车辆状态稳定性的想法，未来有可能确立。在硬件方面，将研究不与驾驶人操作发生冲突且控制自由度大的线控技术方式。关于驾驶辅助系统，详见下章。

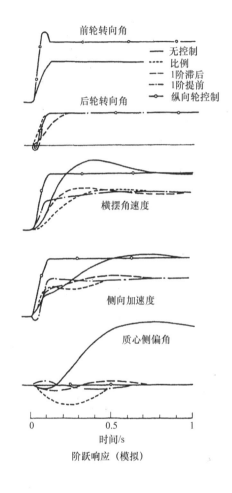

图 4.35 前后轮转向的车辆响应性

轮胎与路面的接触状态随车辆行驶经常发生变化，可以采用根据行驶状况控制轮胎姿势，有效发挥轮胎能力的悬架车轮定位控制。如图 4.36 所示，根据行驶状况控制前轮主销后倾角及后倾拖距、外侧角，以获得直线稳定性、转向响应性并提升转弯极限。

另外，若胎压和轮胎接地面可控，则可进一步扩大底盘控制范围。

4.5 结束语

本章以底盘控制为例，回顾了 20 世纪

80 年代初出现的底盘控制的发展历程，并对底盘控制的课题及未来发展状况进行了介绍。底盘控制是关系汽车基本功能的重要题目，随着汽车技术的不断完善，人们已经理所当然地接受其基本功能。另外，由于驾驶人的主观意识，对汽车作为交通工具的价值也持有不同的看法。因此，急速发展起来的底盘控制技术不能发挥原定的目标性能，将出现驾驶人难以接受或对效果难以理解等不满，这些问题有待于今后通过更深入地研究人的特质而得到改善，进而，只有通过底盘控制达到人－车－环境和谐，才能实现更舒适的行驶。

参 考 文 献

1) T. Mimuro, et al.：Four Parameter Evaluation Method of Lateral Transient Response, SAE Paper 901734
2) 谷ほか：乗用車の操舵応答性とサスペンション特性の関係，三菱重工技報，Vol. 25, No. 1, p.72-77 (1988.1)
3) Y. Yokoya, et al.：Toyota Electronic Modulated Suspension (TEMS) System for the 1983 Soarer, SAE Paper 840341
4) 黒木ほか：スーパソニックサスペンションの開発，日産技報，第 20 号，p.93-104 (1984.12)
5) 岸本ほか：道路環境対応電子制御サスペンション，自動車技術，Vo. 46, No. 12, p.6-12 (1992)
6) 佐藤ほか：ピエゾ素子を応用した高速減衰力制御システム，自動車技術，Vol. 45, No. 3, p.105-110 (1981)
7) D. C. Karnopp, et al.：Vibration Control Using a Semi-Active Force Generator, Trans. ASME, J. of Engineering for Industry, Vol. 96, Ser. B. (1974)
8) C. Charalambous, et al.：The design and advanced development of a semi-active suspension, I. Mech E, C382/058, p.539-546
9) 小川ほか：エアサスペンション用減衰力制御システムの開発，自動車技術会学術講演会前刷集，No. 953, p.65-68 (1995. 5)
10) 藤岡ほか：可変ダンパの制御方式に関する研究（VSS 理論から見た車両振動制御），自動車技術会学術講演会前刷集，No. 892, p.197-200 (1989. 10)
11) 平井ほか：アクティブダンパサスペンションの開発，自動車技術会学術講演会前刷集，No. 953, p.73-76 (1995. 5)
12) P. G. Wright, et al.：The Aplication of active suspension to high performance road vehicles, I. Mech E, C239, 123 (1984)
13) 赤津：アクティブサスペンションによる車両振動制御，自動車技術，Vol. 46, No. 12, p.13-19 (1992)
14) 米川ほか：アクティブコントロールサスペンションの車両運動性能，自動車技術会学術講演会前刷集，No. 901, p.153-156 (1990. 5)
15) 藤岡ほか：予見制御によるアクティブサスペンションの性能向上に関する理論的研究，自動車技術会学術講演会前刷集，No. 901, p.161-164 (1990. 5)
16) 山本：予防安全のための車両運動性について，自動車技術，Vol. 47, No. 12, p.18-25 (1993)
17) 川上ほか：ソアラアクティブコントロールサスペンションの開発，トヨタテクニカルレビュー，Vol. 41, No. 1, p.75-87 (May, 1991)
18) 森田：空圧アクティブサスペンションの高機能化，自動車技術会シンポジウム AVEC 93, p.50-56 (1993. 9)
19) 川原崎ほか：日産油圧アクティブサスペンションの開発，自動車技術会学術講演会前刷集，No. 892, p.193-196 (1989.10)
20) 自動車技術会：自動車技術ハンドブック，1. 基礎・理論編，第 6 章，p.222-224 (1990)
21) 山本：シャシのアクティブ制御による操安性の向上，自動車技術，Vol. 45, No. 3, p.43-51 (1991)
22) 原田：人間―自動車系の操舵安定限界と操舵安定性評価―車線変更走行における後輪の効果―，自動車技術会論文集，Vol. 23, No. 3, p.81-86 (July, 1992)
23) 磯田ほか：駆動力制御の技術動向，自動車技術，Vol. 45, No. 1, p.35-41 (1991)
24) 川上ほか：人と車の関係を考慮した操安性向上，自動車技術，Vol. 44, No. 3, p.88-93 (1990)
25) 原田：シャシ総合制御による車両運動性能の向上，自動車技術会シンポジウム，車両運動性能向上の基礎技術，No. 1, p.13-22 (1989)
26) 井上ほか：シャシアクティブ制御システムの開発と車両運動性能の向上，自動車技術会学術講演会前刷集，No. 911, p.243-246 (1991. 5)
27) 藤田ほか：車両総合制御システムの開発，トヨタテクニカルレビュー，Vol. 43, No. 1, p.96-105 (May, 1993)
28) 三田村ほか：三菱新 4WD・4WS・4IS 総合システム，三菱重工技報，Vol. 24, No. 5, p.535-540 (1987.9)
29) 馬越ほか：環境認識技術とシャシ制御への応用，三菱自動車テクニカルレビュー，No. 5, p.48-57 (1993)
30) 森田：自動車のインテリジェント化とイージドライブ，日本機械学会第 3 回交通・物流部門大会講演前刷集，No. 904-57, p.244-249 (1994. 10)
31) 藤田ほか：INVECS-Ⅱスポーツモード A/T の開発，三菱自動車テクニカルレビュー，No. 7, p.66-72 (1995)
32) 毛利ほか：車両操安特性の違いがドライバの運転ストレスにおよぼす影響の検討，自動車技術，Vol. 48, No. 12, p.30-35 (1994)
33) L. Evans：ABS and Relative Crash Risk under Different Roadway, Weather, and Other Conditions, SAE Paper 950353
34) 平尾ほか：自動車の車線変更特性とステップ横力特性に対するハンドル系の微分項の影響，自動車技術会論文集，No. 5, p.77-83 (1973)
35) 菅沢ほか：前後輪のステア制御による操縦安定性向上の考察，自動車技術会学術講演会前刷集，No. 871, p.91-96 (1987)
36) 原良ほか：サスペンションアライメント制御による運動性能向上について，三菱自動車テクニカルレビュー，No. 7, p.50-58 (1995)

第5章 汽车的智能化辅助驾驶系统

前述的控制系统,其驾驶控制的目标是由驾驶人制定的。控制系统按驾驶人的指令控制各执行机构使汽车正常行驶。所谓辅助驾驶系统,也是由驾驶人发出基本的(全局的)驾驶指令,但系统有辅助驾驶人修正,即自动修正控制指令。辅助驾驶系统具有识别道路及车辆等交通环境、制定控制目标的功能。本章中的控制系统是指"包括驾驶人在内的汽车驾驶操作控制系统"。按控制目标,控制执行机构可分为以下三种方式:①由驾驶人控制;②由驾驶人和控制系统协调控制;③由控制系统代替驾驶人控制。

总体来讲,从出发地到目的地,汽车是最便利的交通工具,为丰富人们的生活做出了很大的贡献。但随着汽车数量的增加,也带来了一些社会问题,如交通事故、交通堵塞、燃料消耗和排放污染等。但使汽车具有较高的智能,辅助驾驶人的驾驶,实现安全的、顺畅的、与环境相协调的汽车交通的可能性还是存在的。从这个观点出发,目前,很多工程师积极地投入智能辅助驾驶系统的研发中。下面,将就其研究的背景、研发事例、课题及今后的动向等进行介绍。

5.1 驾驶人与辅助驾驶系统

5.1.1 汽车与驾驶人的关系

现在的汽车,主要由驾驶人通过与驾驶有关的外界信息检测、工况识别、工况判断及驾驶控制目标的制定等信息处理,进行驾驶控制操作。驾驶人虽然具有出色的信息处理能力和操作能力,但其能力及注意力是有限的。

例如:在交通安全方面,如图5.1所示,事故多为驾驶人发现晚或判断失误所致。

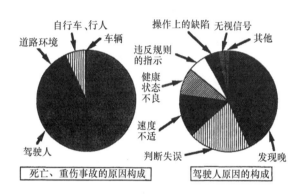

图5.1 交通事故的原因

另外,反应慢也是事故的原因之一。在汽车行驶中不允许驾驶人有丝毫的精力不集中。因此,需要更加完善汽车本身,使其不给驾驶人增加过重的负担,才能做到安全、舒适的驾驶。

交通堵塞的原因也多与驾驶人的行为有关,如事故堵塞、围观堵塞和隧道堵塞等。交通堵塞导致大量的时间损失。同时,由交通堵塞引起的行驶速度降低,还会引起油耗及排放的不良后果。因此,我们期待汽车具有辅助驾驶功能,以改善由于驾驶人的原因所引起的交通堵塞。

5.1.2 辅助驾驶的分类

驾驶人在驾驶汽车时,是按道路交通状况完成各种操作实现汽车行驶的。与汽车驾驶相关的驾驶人的功能由"行驶环境的检测""工况的识别""工况的判断""行动计划的制订""控制目标的设定""执行机构的操作"等功能构成，这些功能均基于驾驶人的知识、经验和个性。

辅助驾驶是指系统辅助驾驶人进行检测、识别、判断、计划、目标设定及操作的功能。从广义上来讲，有各种各样的辅助驾驶系统。这里所说的辅助驾驶系统是指进行环境的检测、识别、情况判断，设定与驾驶控制相关的目标的系统。我们把具有这些功能称为汽车的智能化。由智能化所形成的一般辅助驾驶形式如图 5.2 所示，包括汽车或基础设施辅助的形式。本书涵盖了汽车本身智能化的辅助驾驶、基础设施进行环境识别、利用通信给汽车传递信息辅助驾驶人驾驶等内容。

辅助方法包括向驾驶人提供信息的辅助方法（信息辅助）和进行直接操作的辅助方法（操作辅助）。信息辅助的辅助级别分为提供未经过处理的识别信息（监控），判断危险情况并发出警报、警告（报警），建议指示躲避方法（提示）。操作辅助是按辅助级别（控制范围）、辅助时间及辅助对象（气门、制动、转向等的执行机构）进行分类的。其中，辅助级别分为辅助驾驶人操作范围中一部分的部分辅助（部分操作）和辅助操作范围整体的整体辅助（整体操作）。辅助时间分为辅助瞬间或应急情况下操作的紧急短时间辅助（短时操作）和长时间或整个驾驶过程的辅助、代理的全时间辅助（全时操作）。辅助对象分为部分执行机构和全部执行机构。辅助驾驶系统在理论上可以将多个辅助级别、辅助时间、辅助对象组合起来。但在本书中，如表 5.1 所示，按①~⑤的系统分类处理。

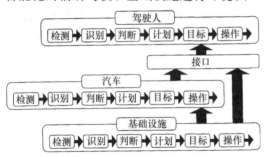

图 5.2　辅助驾驶的形式

表 5.1　辅助驾驶系统的分类

辅助方法	辅助级别	辅助时间	辅助对象	系统分类
信息辅助	监控 报警 提示			① 控制信息辅助系统
操作辅助	部分操作	短时操作	部分执行机构	② 控制操作辅助系统
				③ 紧急时的操作自动化系统
	整体操作	全时操作		④ 正常行驶时的部分自动化系统
			全部执行机构	⑤ 自动驾驶系统

辅助驾驶系统示例见表 5.2。系统名称前的①~⑤标记代表表 5.1 中的分类。

本章所涉及的辅助驾驶系统为①~④，在驾驶行为中的大部分操作为自动化的。⑤自动驾驶系统不包含在内。

表 5.2 辅助驾驶系统示例

① 前方障碍物报警系统（车间距离报警）
   侧方障碍物报警系统（变换车道报警）
   近距离障碍物报警系统（倒车报警）
   车道偏离报警系统
   前方道路危险报警系统（前方事故报警等）
   疲劳驾驶报警系统
② 速度控制辅助系统（弯道降速）
   转向盘操作辅助系统（车道循迹）
③ 躲避碰撞自动制动系统
   车道保持系统
   躲避碰撞自动转向系统
④ 自适应巡航控制系统
   车道保持系统
   自动超车系统
⑤ 自动驻车系统
   前车自动跟随系统
   高速公路自动驾驶系统

5.2 汽车的社会课题与智能化改善

汽车最大的社会性课题是安全、交通堵塞、油耗、排放及方便性，汽车的智能化有望能够解决这些问题。下面，介绍以汽车的智能化解决上述社会问题的基本想法及辅助驾驶系统研究开发的背景。

5.2.1 安全性的提升

驾驶人发现是否及时、反应是否滞后会影响安全性。智能化方式提升安全性的目标包括以下几点。

a. 防止发现滞后

根据奔驰公司的调查研究，在碰撞事故发生 0.5s 之前，发现危险情况并采取切实的措施，可减少 50% 的事故。1s 之前则可减少 90% 的事故。汽车的智能化可大大改善发现滞后，使安全性得到较大提升。

发现滞后有两个原因：①没看见或难以看见，如夜间亮度不足，雨天、雾天的能见度低，逆光炫目、死角检测困难及年长视力降低等；②驾驶人的注意力不集中，如瞌睡、旁视、注意力不专注和疲劳驾驶等。

针对第一个原因研究开发了视觉辅助系统；针对第二个原因研究开发了诊断判定驾驶人的清醒度及注意力，提醒驾驶人注意的系统。

b. 防止反应滞后

反应滞后对安全性的影响也较大。集中精力对信号等变化从产生反应到开始制动操作，反应敏捷的人大概需要 0.2~0.4s，包括从加速踏板转到制动踏板的时间，大概需要 0.7~1.0s。这些反应时间可通过汽车的智能化缩短，也可大幅度降低事故的概率。

对安全性有较大影响的操作系统有制动及转向系统。为防止其操作滞后，在判断为危险状况时，在驾驶人操作之前由辅助系统直接操作。为此，正在研究防止操作滞后的辅助系统和进行避让的系统。

5.2.2 交通堵塞的缓解

交通堵塞分为两类，一类是由驾驶人行为引起的，另一类是由交叉路口等的交通容量不足引起的。汽车智能化能够缓解交通堵塞的控制目标包括以下几点。

a. 由驾驶人行为引起的堵塞

由驾驶人行为引起堵塞的代表性实例如下：

① 因为驾驶人导致的交通事故而引起的堵塞（事故堵塞）。

② 在隧道中行驶，因心理紧张而减速对后续车辆产生连锁反应而导致的堵塞（隧道堵塞）。

③ 在缓上坡入口处无意识地减速对后续车辆产生影响而导致的堵塞（上坡入口堵塞）。

④ 围观交通事故等导致的堵塞（围观堵塞）。

防止由于驾驶人行为导致交通堵塞的方法是提高安全性及速度控制的自动化。若安全性得到提高则可减少事故堵塞及围观堵塞。速度控制的自动化可防止速度下降，减少隧道堵塞及上坡入口堵塞。

b. 交通容量的增大

高速公路的交通观测结果显示，虽然存在着某种程度的车流量较大的情况，但大体上处于自由行驶的交通状态。车辆的行驶时间间隔约为 2~3s。智能化可使安全性得到提高，辅助驾驶使响应性得到提高，这样可缩短车间距离，实现高密度行驶。

在十字路口，提高起动、停车的效率是重要的课题。起动迟缓会使交通容量显著下降。汽车的智能化可改善这种状况，可使车辆之间安全、高效地避让通过。因此，可使车流量大幅度提高。

5.2.3 油耗与排放的改善

在改善排放的质与量方面，应改善发动机燃烧，减轻车体重量，同时，还应实现优化行驶。作为改善行驶中的油耗及排放的智能化系统，对下述各方面进行了研究。

a. 停车次数的减少

为尽量能赶上绿灯通过路口，减少停车次数，降低由停车、起动产生的无效油耗，正在研究基于参考速度信息及交通信号的同步速度控制。其中包括：由基础设施向车辆传递信号变化的时间信息，车辆计算出确切的通过速度进行控制的方法；基础设施检测车辆位置并计算出确切的通过速度传递给车辆进行控制的方法。

b. 行驶速度的稳定化

车辆行驶速度稳定，可降低由速度变化和急剧的加速、减速所产生的油耗。为此正在研究定速行驶和加减速平顺性控制。同时，考虑以高速公路为对象的定速巡航控制扩大应用在市区道路的行驶控制上。

c. 行驶速度的优化

如图 5.3 所示，油耗随着行驶速度有很大变化，效率最佳的行驶速度是 50~80km/h。以节能为目的，将车速控制在经济车速范围，系统有外部速度限制方法和汽车本身的

速度自动控制的方法。

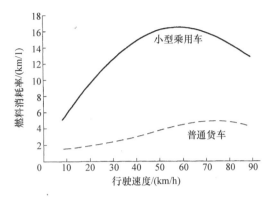

图 5.3 行驶速度与油耗

d. 跟踪车群行驶、降低空气阻力

车辆相互接近、跟踪行驶时，跟踪车辆及先导车辆的行驶空气阻力均可降低。根据美国的 PATH（Partners for Advanced Transit and Highways）项目的研究结果，由多数车辆以车身长度 1/2 左右的车间距离构成车群时，车群整体的空气阻力将降低 50%，油耗可降低 10% 左右。

5.2.4 方便性、舒适性的提升

对于高龄驾驶人来说，能够容易地驾驶是极为重要的。为此，辅助驾驶系统在检测、识别、操作等相关功能上辅助驾驶人，实现安全的驾驶，同时，可以替代驾驶人完成棘手的驾驶操作。最具代表性的棘手的驾驶操作是在狭窄场所泊车。目前，正在研究开发辅助这种棘手操作或实现自动泊车的技术。另外，交通堵塞时的起动、停车等反复操作也同样令人烦恼。因此，人们在研究低速跟踪行驶的自动化。高速长距离行驶，驾驶人的工作负荷大。若实现速度控制及转向控制的自动化，则可进一步减轻驾驶人的负荷，汽车也就变得更加方便、舒适。

5.3 研发实例

在上述背景之下，研究开发了多种辅助驾驶系统。下面，将按前述的分类顺序介绍

到目前为止的研究功能、构成、技术内容及存在的问题。

5.3.1 控制信息辅助系统

控制信息辅助系统是从信息方面辅助驾驶人的检测、识别、判断、计划及目标设定。

a. 前方障碍物报警系统

(i) 系统概要 前方障碍物报警系统可监测静止或低速行驶的前车等前方障碍物的存在。另外，还可以检测与前方障碍物的距离及相对速度，判断碰撞（追尾）等的危险，并以声或光的形式进行报警。前方障碍物报警系统由前方障碍物识别传感器、危险判断信息处理及报警显示等装置构成。

车间距离报警系统已有几种达到了实用化水平。这些系统可检测出前方100m左右的车辆。进行报警的方式分为两级，分别是启动接近障碍物提醒装置、唤起驾驶人注意的一级报警和警告有碰撞危险的二级报警。此外，也有由驾驶人分三个级别设定车间距离发出警报的系统。

障碍物识别及危险判断功能是车间距离控制及碰撞防止控制等控制系统共有的功能，这种功能是汽车智能化的基本技术。障碍物识别分为雷达识别和图像处理识别两种方式。雷达识别方式以光学雷达及电波雷达为主。障碍物识别技术的内容将在后面介绍。图5.4所示为利用光学雷达的前方障碍物报警系统。

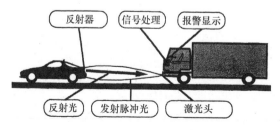

图 5.4 利用光学雷达的前方障碍物报警系统

(ii) 报警判断与报警显示 假设有两辆车分别以一定速度行驶，当前车开始减速，后车注意到其减速后降低车速并停止时，后车与前车间无碰撞的距离（安全车间距离）可由下式求得：

$$D_S = V_F T + \frac{V_F^2}{2a_F} - \frac{V_P^2}{2a_P} \quad (5.1)$$

式中，D_S 为安全车间距离；V_F 为后车行驶速度；V_P 为前车行驶速度；T 为空驶时间（反应时间 = 判断时间 + 驾驶人动作时间）；a_F 为后车减速度；a_P 为前车减速度。

向定速行驶的前车接近的后车的驾驶人发现危险情况急减速时的无追尾安全车间距离可根据空驶时间的接近距离通过下式计算：

$$D_S = (V_F - V_P) T \quad (5.2)$$

追尾（碰撞）报警系统的报警判断基准可参照上述两式确定。防止与静止障碍物碰撞，可使用式（5.1），此时，$V_P = 0$。式（5.2）适用于由于驾驶人粗心而逐渐接近前车时的报警。在按式（5.1）进行报警的情况下，难以测定各车的减速度和驾驶人的反应时间等。因此，可假定各种情况（如前车与后车的减速度大致相同等），确定报警的车间距离。同时，在设定基准时，必须通过试验考虑使乘员感觉的不安的因素。

报警显示多采用声或光的形式。同时，也有向加速踏板施加反作用力或振动的半控制报警方式。

(iii) 系统中的课题 系统中待解决的主要课题包括以下几点：

① 所需要的报警级别及时间根据驾驶人的状态会有差异。必要时发出确切的报警是很重要的。以车间距离的报警为例，由于驾驶人粗心而未注意到逐渐接近前车时，应及早发出警报，但在超车时，驾驶人已意识到，不必报警。为适时地报警，应对驾驶人的清醒度、视线及对象物体的注目程度进行生物特征监测。生物特征监测尝试使用了各种技术。其中，非接触式方法最为理想，但目前这种方法尚未在实际应用中推广。因此，驾驶人

状态监测依然是今后的重要课题。

② 在障碍物识别方面，现在的雷达识别和图像处理识别并不令人满意，误报警时有发生。作为报警系统应能判断是否安全。误报多，会使驾驶人产生像"狼来了"般被欺骗的感觉，从而放松警惕，一旦真正报警时，驾驶人可能又反应滞后。

③ 报警系统的存在会导致驾驶人对此过分依赖并认为危险时定会报警。若报警系统发生故障或性能低下，在危险情况下不发出驾驶人所期待的报警便会带来新的危险。因此，应对系统的状态进行诊断，检测出系统的故障及性能低下并通知驾驶人。

b. 侧方障碍物报警系统

（i）系统概要　侧方障碍物报警系统是在车道变更或并线等驶入路线发生变化时，确认侧方的车辆，判断接触及碰撞等危险状况进行报警的系统。侧方障碍物即接近于并行状态的侧方车辆，以及从斜后方接近的车辆。侧方障碍物报警系统基本上是对存在于驾驶人盲区的车辆进行报警。同时也具有对由漏看或误判引起的碰撞进行报警的功能。

报警判断是通过对本车的车道变更等侧向变化的预测进行的。伴随侧向操作，驾驶人的视线会自然地移向后视镜，报警显示多以后视镜反映障碍物的存在。

系统主要技术包括车辆识别、报警判断及人机接口。车辆识别与前方障碍物报警系统的前车识别相同，是由雷达、图像处理等装置实现的，但由于识别范围及方向的不同，需要各自独立的技术。图5.5所示为识别范围。由于识别角度大，利用雷达进行扇形检测。采用图像处理方式进行的侧方车辆识别，利用光学等的图像空间特性及时间特性进行判断的方法是有效的。此外，护栏等路边设施也是侧方障碍物的一种，也有将其作为检测对象的系统。

（ii）警报判断与报警显示　侧方障碍物报警系统的警报判断与前方障碍物报警系统的相同，是根据车辆的相对位置和相对速度进行的，侧方障碍物报警系统的固有问题是必须预测与接近车辆间的相对位置关系。对于本车与邻近车道车辆并行的状态，即使两车间距较近，在没有变更车道的驾驶行为时，此状态也是安全的。然而，当车辆出现变更车道的驾驶行为时，侧方碰撞的危险便急剧增高。在这种情况下，检测出侧向相对距离突然变化后再进行报警多半已经来不及。因此，应对侧向的变化趋势进行预测。

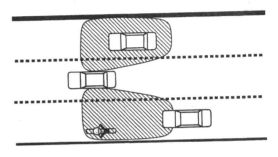

图5.5　侧方障碍物报警的识别范围

最简单的预测方法是根据转向信号进行预测。但在变更车道时，有时驾驶人会忘记发出转向信号或在紧急情况下没有发出转向信号的时间。对于这些情况，可以考虑采用检测车辆侧向变化趋势的初期状态进行预测的方法，即根据转向角侧向变化确定初期状态的方法。但是这种方法的弊病在于车辆行驶在弯道上时，有判断失误的可能性。此外，还有一种方法，即由图像处理装置识别行车道标识，根据行车道标识与车辆的位置关系检测侧向车辆变化初期的状态。这些方法对正确识别车道内的车辆状态是极为有利的。但仍存在后述的由图像处理进行行车道标识识别的课题。转向角检测法及行车道标识检测法实际上均是在车辆向侧向移动之后进行判断，因此，存在报警过迟的问题。

目前所开发的侧方障碍物报警系统多在车门后视镜的位置进行报警显示，如图5.6所示。其原因在于：在车道变更时，驾驶人的视线及注意力易转向侧向；便于通过后视镜确认侧后方安全状态的同时确认有无报警显示。如图5.6所示，可通过发光二极管的点亮数判断离侧方障碍物的大致距离。

图5.6 侧方障碍物报警系统的报警显示部分

在紧急避让等情况下，注意力完全集中在前方，有时不看后视镜便变更车道。在这种情况下，声音报警是极为有效的方法，但这种方法也存在难以识别距离及方向的问题。在前方及侧后方均有障碍物的复杂情况下进行准确报警显示的技术是今后的重要课题。

c. 近距离障碍物报警系统

该系统在驻车、靠边行车、通过狭窄道路及交叉点转弯等低速行驶时，识别有可能引起碰撞、接触、刮蹭、车轮脱落等事故的障碍物，并显示、报警。其识别范围是前进及后退时的车辆的轨迹及其延长范围。前后方向的识别范围距离由行驶速度及包括驾驶人的反应在内的系统响应时间决定。

由于障碍物检测角度范围较大，距离较近且行驶速度较低，多采用成本较低的超声波传感器。识别报警范围随转向角及行驶速度的变化而变化。因识别范围是可变的，故识别报警需要较高的技术。目前已投入实际使用的倒车报警系统及车辆四角的角落报警系统均以固定的识别范围进行报警。以数值显示至障碍物的距离，或利用尾灯，接近危险距离时以声音进行报警的系统也较多。目前，尚有许多待研究的课题，如障碍物识别方面的——钢丝及网状物等较细的障碍物、位置较高的障碍物及沟或台阶等路面凸凹的识别。在报警判断方面，则有按速度及转向角设定可变识别范围，大型汽车左转弯时刮蹭可能性的判断，以及狭窄道路通过可能性的预测等。另外，简单明了地显示障碍物的位置及距离也是以后的研究课题。

d. 车道偏离报警系统

（i）系统概要 由疏忽、注意力下降及瞌睡等原因脱离行车道，与路边护栏相撞或与对面车辆发生碰撞的重大事故时有发生。车道偏离报警系统是指为预防这种事故的发生，识别白线等行车道标识及车辆的位置关系，预测、判断脱离车道并进行报警的系统。

系统的主要技术是行车道标识识别技术。正在开发的行车道标识识别方法包括以图像处理装置识别现有的道路白线和以专用传感器识别设置在路面上作为车道基准的行车道标识。行车道标识识别技术是适用于侧向辅助控制，保持车道行驶控制等车辆侧向控制的智能化基本技术。行车道标识识别技术的内容将在后文中叙述。

（ii）报警判断与报警显示 用下述方法判断脱离车道的可能性：

① 据车辆所在位置与行车道标识的位置关系，预测、判断脱离车道。

② 车辆行驶轨迹半径变大并向外插，预测脱离车道。

③ 利用车辆模型，根据转向角等转向信息，预测、判断行驶轨迹。

④ 根据车辆的弯道行驶速度与车辆的转向特性判断通过弯道时的安全性。

转向系统的车辆模型多采用简单的两轮模型，判断时间的表征是重要的问题。与前方障碍物报警一样，根据驾驶人的状态及路面状况，判断时间有较大的不同。

车道偏离报警系统多以声和光的方式进

行报警显示。此外，向转向盘施加反作用力及振动的半控制式报警方式也正在研究之中。

e. 前方道路危险报警系统

前方道路危险报警系统是在识别行驶道路前方发生的各种危险情况后，向驾驶人发出预防报警的系统。目前所研究的前方道路危险状况的种类如下：

① 在驾驶人的直接视线范围内看不到的事故车辆或掉落的物体等障碍物。

② 交通堵塞车列的尾端或工程车辆等低速行驶的车辆。

③ 急转弯。

④ 易滑路面。

⑤ 由局部的雾所引起的能见度下降。

前方道路危险报警系统如图 5.7 所示。该系统多以图形或文字进行报警显示。如何确切报警显示事态的状况，期望驾驶人采取何种行动及紧急程度，尚需研究。

前方道路危险报警系统的技术要点在于危险状态的识别与信息传递。它包括由本车进行识别并报警的系统，由它车进行识别后以车间通信进行信息传递并报警的系统，以及由道路基础设施进行识别后以路-车间通信传递给车辆并报警的系统。

f. 疲劳驾驶报警系统

（i）系统概要 在疲劳状态下，人对环境的检测、识别、判断以及驾驶操作等所有功能均显著下降，驾车行驶变得非常危险。发生的重大交通事故多与疲劳驾驶有关。疲劳驾驶报警系统是为预防疲劳驾驶，对初期的疲劳状态进行识别并报警的系统。

疲劳识别是驾驶人状态识别的基本技术。前方障碍物报警系统等各种报警系统根据驾驶人的不同状态，其作用与判断基准也有所不同。此外，后文所述的驾驶操作辅助系统也是根据驾驶人的状态调整辅助内容。在汽车的智能化技术中，驾驶人状态的识别是一项极为重要的技术。

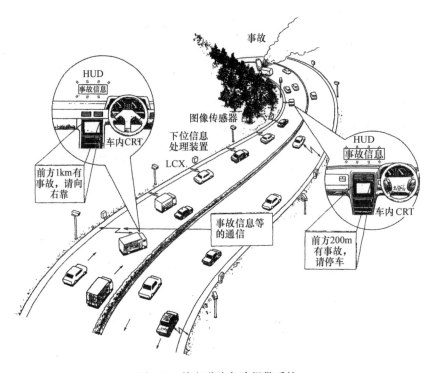

图 5.7 前方道路危险报警系统

（ii）疲劳状态识别技术　疲劳的识别方法包括识别判断驾驶人的生理状态，根据驾驶人的驾驶操作状态进行判断，以及根据汽车的行驶状态进行判断等。其识别方法的分类见表5.3。

汽车用疲劳识别手段，需要很高的识别可靠性，但因监测装置的拆装较为麻烦，且对驾驶操作会产生一定的障碍等难以推广应用。

通过分析驾驶人转向等的操作，识别疲劳的系统已经实现了实用化。该系统被称为"安全驾驶顾问"。系统的构成如图5.8所示。在清醒状态下驾车，驾驶人会适当进行转向的微小修正，清醒度下降，转向的微小修正会中断，出现时常进行大修正的倾向。因此，该驾驶系统利用这样的特性，识别驾驶人的清醒度降低及疲劳的初期状态。然而，由于驾驶人的操作随行驶环境及行驶目的而变化，难以确保高准确性的识别。

此外，有人也曾尝试过分析长时间的蛇行驾驶等车道内的行驶轨迹，以识别疲劳驾驶的方法，但存在同样的问题。虽然通过监测生理状态进行识别的方法具有较高的可靠性，但以非接触方式检测脑电波及眼电位较为困难。目前，正在开发在转向盘上安装压力传感器检测驾驶人的心率以识别疲劳状态的系统。

表5.3　疲劳识别方法的分类

检测技术			检测方法
生理现象的感应	生理信号		根据脑电波、眼电位、心率、皮肤电位等的变化进行检测
	身体的反应	接触型	根据头部的倾斜度、姿态、握力等的变化进行检测
		被接触型	根据闭眼发生的频率的变化进行检测（利用光传感器、图像识别技术）
驾驶人的操作感应			根据转向盘、加速踏板、制动踏板及变速杆等操作状态的变化进行检测
车辆状态的感应			根据车速、横向加速度、横摆角速度、车辆状态（横向位移）等的变化进行检测
驾驶人的响应			通过定期获得驾驶人的响应进行检测
行驶条件			根据持续驾驶的时间推定容易疲劳的行驶状态进行检测

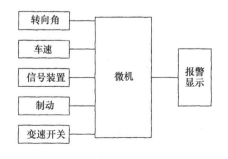

图5.8　利用转向操作分析的疲劳识别系统的构成

目前，正在研究开发以非接触方式通过面部图像检测睁眼闭眼的方法，并期待实用化。下面介绍其内容。如图5.9所示，提取以红外线照射的驾驶人面部的阴影图像，取其临界值进行二值化处理。采用红外线照射是因为它不易受到其他自然光的影响。如图5.10所示，此方法是根据面部数值化处理，利用眼睛的位置及形状的知识库识别眼睛的存在区域，检测出睁眼及闭眼的状态。打瞌睡时闭眼的发生频率增加，闭眼时间延长。因此，监测、判断闭眼的频率和时间能够识别疲劳的初期状态。

为了提高疲劳识别的精度，目前正在研究集成上述多种检测方法的适用技术。

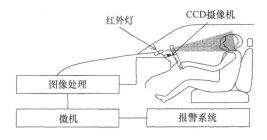

图 5.9 面部图像疲劳识别系统

图 5.10 驾驶人的二值化面部图像

（iii）系统的课题 系统的主要课题包括以下几方面：

① 对于疲劳驾驶报警系统重要的是识别驾驶人的疲劳状态，同时报警并唤醒驾驶人。前文所述的"安全驾驶顾问"以催促驾驶人尽快休息的咖啡杯图形报警。这种报警显示虽然直观易懂，但缺乏强制力，无法使驾驶人真正清醒。此外，还尝试了用香味剂催促清醒的方法。试验结果表明，与声音报警相比，清醒时间可提高两倍，但数十分钟后仍会进入瞌睡状态。因此，在极度疲劳的状态下，催促清醒较为困难，持续驾驶极为危险，在这种状态下应禁止驾车。

② 疲劳初期状态的表现方式及各种特征因个人状况的不同而有较大差异。如何对这些差异做出可靠性较高的识别及判断仍是目前需要解决的课题。

③ 用非接触式方法进行驾驶人状态的识别是较为理想的方法。图像处理观察驾驶人的面部，有视线识别的可能性，是极有发展前景的方法。然而，当驾驶人戴深色眼镜时，难以适用这种方法。各种生物体征检测技术是解决非接触化设计问题的关键。

5.3.2 控制操作辅助系统

控制操作辅助系统基本上是对驾驶人的驾驶操作进行部分的、补偿性辅助的系统。若将驾驶人进行的加速、制动、转向操作量设为 S_D，控制操作辅助系统的操作量设为 S_S，全操作量设为 S，则可用下式表示：

$$S = S_D + S_S \tag{5.3}$$

$$S_D > S_S \tag{5.4}$$

a. 速度控制辅助系统

（i）系统概要 速度控制辅助系统主要是以安全为目的，由辅助驾驶系统对驾驶人以自己的意志所进行的速度调整（加速、制动的控制）进行补偿性控制的系统。控制内容包括与以下各种障碍物及道路危险状态相对应的速度调整。目前，正在对各种速度控制辅助系统进行开发研究。

① 前方障碍物。

② 并线、超车等与其他车辆的关系。

③ 交通堵塞车列的尾端或工程车辆等低速行驶的车辆。

④ 弯道等路况。

⑤ 路面状态。

⑥ 天气及视野状态。

⑦ 驾驶人的状态。

目前，最热门的研究开发是弯道速度调整系统，如图 5.11 所示。这种系统可识别行驶前方的弯道曲率，根据即时速度推定进入弯道的速度，判断偏离车道及打滑的危险性，在速度过高时使其降低至安全速度。

图 5.12 所示的系统目前已投入实际使用。这种系统可利用导航系统所提供的本车

位置及地图的信息，对弯道入口处车速过高的车进行减速。

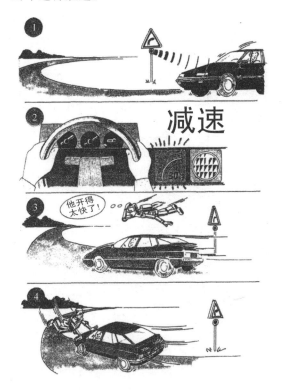

图 5.11 弯道速度调整系统

各种危险状态的识别及判断在技术上，与前文所述的车道偏离报警系统及前方道路危险报警系统有许多共同点。

图 5.12 所示的弯道速度调整系统，是由导航系统进行本车位置检测的。该系统可通过 GPS（Global Positioning System）检测本车位置并用左右车轮旋转传感器推测导航（deadrekoning）算出行驶轨迹，与对照道路地图推定现在位置的地图定位组合使用。设在弯道上的行驶速度为 V_m，横向加速度为 G_y，弯道曲率半径为 R，它们之间的关系可用下式表示：

$$V_m^2 = G_y R \qquad (5.5)$$

因车辆的最大允许横向加速度是已知的，确定弯道曲率半径，则可确定行驶极限速度。因此，选择横向加速度的允许值，进行报警减速控制，在接近此速度时发出报警并进行减速不仅应考虑安全，还应考虑驾驶人的意愿及驾驶模式。在进行速度调整时，与牵引控制同样进行节气门控制、制动控制及自动变速器的换档控制。

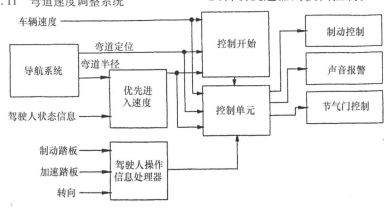

图 5.12 导航系统的弯道速度调整系统

目前，通过图像处理识别前方道路上的白线，计算出弯道的曲率进行速度控制的系统也正在积极研究之中。此外，在欧洲及日本也正在研究利用道路车辆间的通信等基础设施，将前方道路的曲率及限制速度传递给车辆进行速度调整的系统。

（ii）系统的课题　控制操作辅助系统还存在着驾驶人与辅助系统的作用分工问题。应将驾驶人纳入车辆控制系统进行状况判断（状况预测模拟）。因存在着错误解释及错误操作等人为错误的可能性，有时，尽可能地将人从控制系统中脱离开来，以辅助系统为中心采取对策，问题会变得简单些。然而，现实是辅助系统的可靠性，特别是环境识别能力达不到要求。辅助系统发生故障时,它所承担的作用越小。影响越小。从系统的失效保护观点出发,减小辅助系统的作用、加大驾驶人的作用较好,但这样存在驾驶人(操作失误)的影响较大,而辅助系统不够的可能性。

目前的问题是如何分配驾驶人的操作S_D及辅助系统的操作S_s。因驾驶人和辅助系统的能力水平、状况,以及驾驶人的清醒度和对系统的适应程度的不同,其最佳答案也有所不同。随着技术的发展,对系统的理解及驾驶人熟练程度的提高,最佳答案将会逐渐发生变化,设计开发人员应以更加广阔的视野不断追求最佳答案。另外,通过标准化等手段,尽可能地开发出简单易懂的系统,这也是非常重要的。

b. 转向操作辅助系统

转向操作辅助系统是为了按车道顺畅行驶或按因道路工事变窄的车道行驶而对转向操作进行补偿性辅助的系统。该系统通过图像处理等识别车道与车辆的位置关系及行驶轨迹,当车辆不在准确位置及正常行驶轨迹时,对转向操作进行修正。因修正量较小,若驾驶人以较大的力操作,可克服辅助系统的操作力。另外,修正力矩小,故驾驶人放开转向盘也无法进行自动修正。该系统常与偏离车道报警系统并用。

转向操作辅助系统的构成如图 5.13 所示。感应部分采用了与偏离车道报警系统相同的技术。辅助系统有驾驶模式和车辆模式,识别车道的形状,设定行驶线路的目标。为实现目标线路行驶计算出转弯目标,根据实际转向角之差计算出误差信号,实施转向的修正控制。

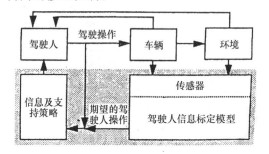

图 5.13 转向操作辅助系统的构成

驾驶人的驾驶模式有很多方案。图 5.13 中的例子,采用预测修正前方注视点的横向误差的注视点模式。除此之外,还有在道路前方设定通过目标点和通过目标角度,用三次曲线方程计算目标轨迹,使其沿轨迹行驶决定转向角的目标跟踪控制模型,以驾驶人的驾驶控制知识为基准,确定目标控制线路的知识模型,根据道路及弯道的形状设定危险度潜在场,为按危险度最小的线路行驶,确定目标的潜在模型等。车辆模型也有多种方案,图中例子为用线性两轮模型预测行驶轨迹。

修正力矩由电动机产生。在驾驶人操作优先的前提下,只限于修正控制的范围。图 5.14 所示的系统,在硬件和软件两方面实施力矩控制。

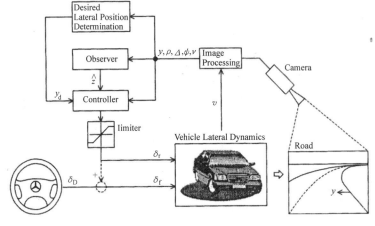

图 5.14 转向控制力矩限制

转向操作辅助系统仍然存在偏离车道报警系统及速度控制辅助系统项目中提过的同样课题。除此之外还有失效保护的问题。目前，正在研究在控制用电动机和转向机构之间安装离合器，当发生故障时，通过切断离合器转入驾驶人操作的安全对策。

期待发展成融合于第4章的底盘综合控制技术，成为在弯道等路况下安全、平稳行驶的主动行驶辅助系统。

5.3.3 紧急情况下的操作自动化系统

紧急情况下的操作自动化系统是在紧急情况下，短时间内切断驾驶人的驾驶控制操作，实行自动控制以确保安全性的系统。

a. 碰撞避让自动制动系统

碰撞避让自动制动系统是在发现前方障碍物，无法及时报警时采用紧急制动的系统。紧急制动的目的如下：

① 弥补驾驶人反应迟滞，短时间实施制动后再恢复驾驶人的控制。

② 在无法躲避碰撞时，为减轻与突然出现的障碍物碰撞时的冲击，实施紧急制动。

③ 实行自动控制，可使车辆安全停止，防止碰撞。

避让碰撞自动制动系统如图5.15所示。

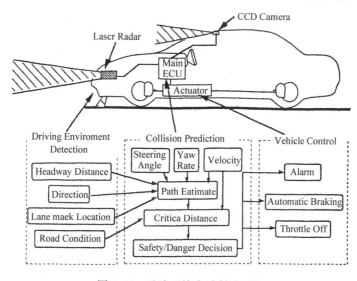

图 5.15 避让碰撞自动制动系统

障碍物的识别及碰撞判断技术与前方障碍物报警系统和速度控制辅助系统有许多共同点，紧急制动目的①和②的制动控制时间及控制方法较为简单；③的安全停止系统的制动开始时间及制动效果仍是有待研究的课题。车辆的停止距离用下式表示：

（以一定的减速度停止时）

$$D = VT + \frac{V^2}{2a} \quad (5.6)$$

（车轮抱死后停止时）

$$D = VT + \frac{V^2}{2gf} \quad (5.7)$$

式中，D 为停止距离；V 为车辆行驶速度；T 为空驶时间（系统的反应时间）；a 为车辆减速度；g 为重力加速度（9.8m/s²）；f 为路面摩擦系数。

从减速开始到停止的减速度不是一个常数。路面摩擦系数因道路状况而不同。此外，根据前方障碍物的状态，车辆应停止的位置也有所变化。因此，驾驶人应对这些信息进行识别，对制动踏板的踩踏力进行微小的调整控制。其中也存在着非线性因素，因此利用神经元网络进行控制的研究正在进行之中。

在结冰路面等易滑道路上的制动控制需要高度的环境识别及控制技术。在这方面，应借助第3章介绍的安全行驶制动控制系统的技术进行研究。

b. 防止偏离车道系统

防止偏离车道系统仅在车辆即将偏离车道时进行转向控制。图5.16所示为该系统的开发实例。从其功能上来看，该系统与后文所述的车道保持系统有相似之处，不同的是在返回安全行驶车道时转由驾驶人控制。目前系统所存在的问题是如何与驾驶人的控制衔接。此外，必须慎重考虑易滑路面上的转向控制。因此，如何既能保证安全性又能快速反应，也是一个需要权衡的问题。

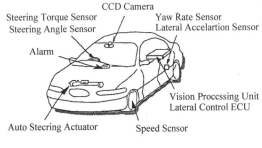

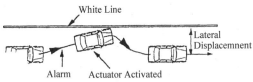

图5.16 防止偏离车道的转向控制系统的开发实例

c. 碰撞避让自动转向系统

碰撞避让自动转向系统是以转向操作躲避碰撞的系统。该系统不仅能识别前方障碍物及侧方、后方的车辆，还能瞬时判断躲避方向及躲避时间。系统应具有较高的周围状况识别能力，同时，还应具有在无高速后续车辆条件下的各种可行性分析能力。在为躲避碰撞需进行紧急转向的情况下，根据路面状况及车辆状态进行适当的转向控制。因此，系统对这些状况的识别也是重要的课题。

5.3.4 正常行驶时的部分自动化控制系统

正常行驶时的部分自动化控制系统是实现正常行驶状态时的速度控制及转向控制的部分自动化的系统。

a. 自适应巡航控制系统

(i) 系统概要 自适应巡航控制系统是在定速行驶装置即行驶控制系统中附加了车间距离控制等速度调节功能的系统。该系统可控制车辆在前方无车自由行驶的状态下，按驾驶人设定的速度行驶；当前方有低速行驶的车辆时，可控制其行驶速度与前车保持安全的距离；当前车加速或变线后可自由行驶时，再恢复定速行驶。

自适应巡航控制系统是速度控制自动化具有代表性的例子。在智能化辅助驾驶系统中，该系统将是最先实现大规模实用化的系统。除此之外，在许多研究的实例中也有实现实用化的。期待今后这方面的研究会得到更大的发展。

目前，正在研究具有按前方弯道曲率半径、路面摩擦系数及视程等变更行驶速度及车间距离功能的系统。如图5.17所示的与道路基础设施协同动作的系统也在研究之中，该系统可进行速度控制。通过路－车间的通信传递交通信号的变化时间，使车辆赶在绿灯时通过，以减少停车次数。该系统是被称为 Greenwave 的信号同步速度控制系统。

下面，用"预示距离控制"这个名称，表示已实现实用化的系统。

系统构成如图5.18所示。其中关键的技术是与前车的距离检测。方法是采用扫描式激光学雷达及道路白线图像处理装置进行检测。以图像处理装置识别前方道路的白线，由扫描式雷达检测前车的距离及方向，并判断前车与被控车辆是否在同一车道内行

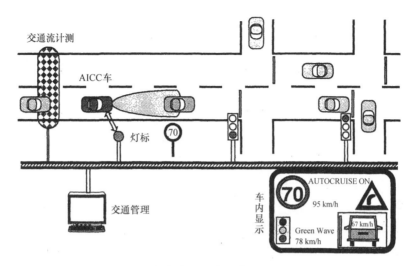

图 5.17 绿色交通系统（参考 Palmquist）

驶。以节气门控制及自动变速器的换档控制进行速度控制。车间距离换算成车间时间（车间距离÷行驶速度），控制在 2s 左右。为使驾驶人感到安心，低速设定的车间时间较长。系统显示行驶速度的设定速度和车间距离的信息。驾驶人的制动及加速踏板操作优先，与普通的行驶速度控制系统一样，当踩下制动踏板时，系统停止控制。雷达可单独作为车间距离报警系统使用。晴天时，可检测 120m 的车间距离，识别前方 80m 的白线。系统还具有雷达传感器的脏污检测及显示功能。

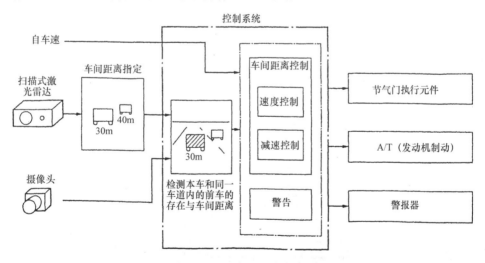

图 5.18 自适应巡航控制系统

欧洲凭借 PROMETHEUS（Programme for a European Traffic with Highest Efficiency and Unprecedented Safety）计划，已开发出了多种自适应巡航控制系统。在基本功能的基础上，又开发了以下功能：

① 用红外线识别路面状况，调整行驶速度及跟随车间距离。

② 用红外线识别视程，调整行驶速度

及跟随车间距离。

③ 用图像处理识别前方弯道曲率半径,调整行驶速度。

④ 接收光纤通信从基础设施发出的信号,限制行驶速度。

⑤ 路面基础设施接收交通信号变化时间,调整行驶速度,躲过红灯。

(ii) 系统的课题　正确的环境识别是系统的重要技术课题。为尽快得到普及,不仅在功能方面,在制造成本及装置的尺寸方面,也尚有许多工作要做。在环境识别性能还不十分理想的情况下,如何构筑方便、安全的系统是关键所在。控制节气门所实现的自适应巡航控制系统是在先前的行驶控制系统的基础上,追加了其他功能而形成的系统,该系统并未包含驾驶人注意力的问题,即使环境识别性能及减速性能不完善,也可由驾驶人操作进行弥补。然而,系统有制动力控制,在自动防止追尾功能方面,系统所承担的责任重大。因此,当因环境识别误差及减速不够导致事故发生时,能否简单地说"所有责任全在驾驶人",这也是需要考虑的问题。

b. 车道保持系统

车道保持系统是由图像处理识别车道标识,识别车道内的车辆位置,控制转向使车辆沿车道自动行驶的系统。在简单路面上可以不用驾驶人操作行驶。该系统是一种在转向操作辅助系统中提过的扩大了系统的控制范围(执行机构的输出扭矩与工作范围),不需驾驶人操作的系统。目前尚未投入实际使用,还处于研究、开发、试验阶段。

该系统的核心技术是车道的识别及转向控制。转向控制技术的核心是响应性及鲁棒性。美国的 PATH 计划利用磁性标记进行车辆现有位置的反馈控制,同时,还可从磁性标记的 N、S 极的组合数据获得前方道路形状信息,预测前方道路误差并进行补偿控制。在控制方法方面,曾尝试过 FSLQ 法及滑模控制。进行异常事态的可行性试验,如轮胎爆胎时的车道保持行驶控制,以及在撒有大量冰粒的模拟冰雪路面上的车道保持行驶控制等,以确认车辆的安全行驶性能。

美国以卡耐基梅隆大学为中心开发了称为 NAVLAB - 5(Navigation Laboratory)的自动转向控制系统,其试验车辆采用如图 5.19 所示的神经元网络图像处理系统识别车道,进行转向控制。NAVLAB -5 自动转向控制系统成功地进行了从华盛顿到圣地亚哥约 5000mile 的行驶试验。98% 的行程靠自动转向控制保持车道行驶。

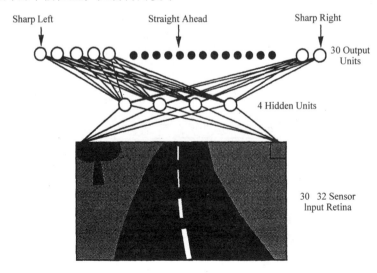

图 5.19　NAVLAB -5 神经网络转向控制系统

若能实现全自动化系统，也就没有后续问题了，但是，一旦发生紧急情况，在驾驶人负有操作责任的系统中，自动化系统与驾驶人操作之间的衔接成为关键问题。为此，正在进行用驾驶模拟器使转向控制由自动转换为手动的切换试验。辅助驾驶系统的自动化程度越高，驾驶人的操作量越少，但无论如何，驾驶人都必须对行驶安全负责。无论何种系统都必须以驾驶人的操作优先为前提。必须认清的是系统应具备准确识别驾驶人的操作及意图，安全、顺畅地转入由驾驶人实施控制的功能。

5.4 智能化的通用技术

实现汽车的智能化，环境识别是必不可少的技术。目前，为实现汽车智能化，技术开发的重点是环境识别技术，而信息显示技术、控制技术等基本技术已达到实用水平。今后，随着环境识别技术水平的提高及其成果的广泛利用，辅助驾驶系统将向更高的水平发展。若原有的底盘控制实现智能化也可能实现更高水平的控制。下面，以环境识别技术为主，对智能化辅助驾驶系统基本的通用技术进行叙述。

5.4.1 障碍物识别技术

障碍物识别技术是汽车智能化的基本技术，同时，也是目前最热门的研究技术。它包括雷达等主动传感器识别技术和图像处理等被动传感器识别技术。雷达技术以光学雷达及电波雷达为主。

a. 光学雷达

光学雷达发出光并接收目标的反射光，检测到目标的距离及相对速度。光学雷达的最基本方式是光脉冲雷达。由雷达发出脉冲光并接收反射光（接收信号），根据发射到接收的时间差检测到目标的距离。图 5.20 所示为光脉冲雷达的原理。光学雷达还有将发射光聚焦，进行二维扫描获得距离图像的

激光测距的方式。

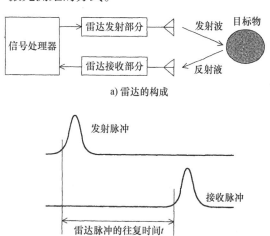

图 5.20 光脉冲雷达的原理

（i）光脉冲雷达 已投入实际应用的光脉冲雷达的发光部分及受光部分的构成如图 5.21 所示。

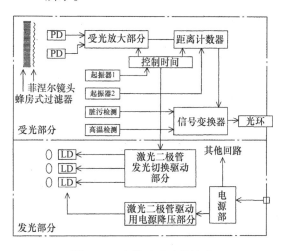

图 5.21 光脉冲雷达的构成

若将从发射到接收的时间差设为 t，发射光的速度设为 C（3×10^8 m/s），则到物标的距离 D 可由下式求得：

$$D = \frac{Ct}{2} \qquad (5.8)$$

相对速度可通过对距离进行时间微分处理测定。反射光的物体可测定，反之，难于测定光反射率低的物体。现已实用化的系统是通

过车辆后部的反射器检测反射的。光学雷达的雷达方程式如下：

$$P_r = P_t \frac{KS_t S_r L_t L_r L_a}{\pi^2 D^4 \left(\frac{\theta}{2}\right)^2 \left(\frac{\phi}{2}\right)^2} \quad (5.9)$$

式中，P_r 为接收光的功率；P_t 为发射光的功率；K 为物标的反射率；S_t 为目标物体的有效面积；S_r 为受光部分的面积；L_t 为发射系统的透光率；L_r 为接收系统的透光率；L_a 为发射接收过程中光的衰减（由大气或雨水引起的衰减）；D 为至目标物体的距离；θ 为发射光束的扩展角；ϕ 为反射散乱光的扩展角。

最大测定距离是由照射光的功率及受光部分的灵敏度决定的。一般来说，由于使用的是激光光束，考虑到对人眼的安全性，其光束的功率受到一定限制。另外，考虑到价格因素，应采用小功率的发光元件。同时提高受光部分的灵敏度是关键。提高受光部分灵敏度的方法如下：

① 提高受光元件及受光回路的灵敏度。
② 过多数受光波的信息处理提高 SN 比。

为识别弯道行驶中的前方车辆及前方插入车辆，距离信息及角度信息是极为重要的。角度信息的获取方法有以下两种：

① 发射多个光束的多光束方式。
② 发射扫描光束的光束扫描方式。

目前正在开发三光束及五光束的多光束方式。扫描方式可进行任意的角度信息检测，但检测范围与角度分辨能力、检测时间与距离分辨能力等之间是相互关联、制约的。在实际应用中，可以 0.15°左右的分辨率，检测 ±6°左右的范围。

(ii) 激光测距仪 激光测距仪是将光学雷达的光束集聚成铅笔状，边测定距离数据，边进行二维扫描，获得至前方物体的距离的二维分布数据（距离图像）。由于光束经过高密度聚焦，反射率较低的路面等也可检测。还可对多个障碍物分别检测。因其可识别物体的形状及路面的凸凹，故可应用于凸凹路面及冰雪路面的检测。但是，激光测距仪的光束为二维扫描，因此难以进行高速检测。目前，激光测距仪作为低速行驶车辆的近距离前方监视系统正处于研究之中。

b. 电波雷达

电波雷达分为脉冲照射的脉冲方式和连续波照射方式。后者具有代表性的应用示例为 FMCW（Frequency Modulation Continuous Wave）方式和波谱扩散（Spread Spectrum，SS）方式。

电波雷达的雷达方程式如下：

$$P_r = P_t \frac{\lambda^2 G_t G_r L_a \sigma}{(4\pi)^3 D^4} \quad (5.10)$$

式中，P_r 为接收功率；P_t 为发射功率；λ 为波长；G_t 为发射天线增益；G_r 为接收天线增益；L_a 为接收、发射过程中的衰减（大气衰减等）；σ 为发射截面积；D 为至目标物体的距离。

由于两轮车及行人的等效反射截面积（Radar Cross Section，RCS）小，故远距离检测较为困难，但可进行近距离检测。

(i) 脉冲方式 脉冲方式的测距原理同光脉冲雷达相同。这种雷达还包括通过测定多普勒效应反射波的频率变化（多普勒频率），进而检测相对速度的脉冲多普勒雷达。

(ii) FMCW 方式 FMCW 方式的雷达对发射波进行 FM 调制。FMCW 方式雷达的构成如图 5.22 所示。

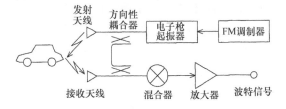

图 5.22 FWCW 方式雷达的构成

FMCW方式的雷达以三角波调制发射器的发射频率，再进行发射。前车反射回来的接收信号因距离引起时间滞后，将影响由相对速度差所引起的频率偏移。将接收信号与通过方向性耦合器获得的发射信号混合后，可获得两者的速度。车间距离 D 及相对速度 V 可由下式求得：

$$D = \frac{C}{8}\Delta f f_m (f_{b1} + f_{b2}) \quad (5.11)$$

$$V = \frac{C}{4}f_0 (f_{b1} - f_{b2}) \quad (5.12)$$

式中，C 为电波传递速度（$3 \times 10^8 /s$）；Δf 为频率调制的频率偏移幅度；f_m 为三角波的重复频率；f_{b1} 为频率增加区间的差频；f_{b2} 为频率减少区间的差频；f_0 为频率调制的中心频率。

增大测定距离，须将FM调制的频率偏移幅度及重复频率增大。增大测定范围，须将FM调制的中心频率提高。

以电波雷达获取角度信息的方法有两种：①将发射波束进行聚焦处理后再扫描；②以立体雷达进行角度检测。单脉冲立体雷达就是其中之一。这种雷达相对单一发射波设有两个单频发射波接收天线，接收从目标物体反射回来的反射波，根据两个接收天线接收波的相位差计算出目标物体的角度。在现有的研究中，在检测 ±8° 的范围内，可达到 0.5° 的分辨率。

（iii）波谱扩散雷达　波谱扩散是指将具有被限制在某带域的波谱的信息信号扩散到较宽带域并使用。这种扩散应以与信息信号无关的符号进行。波谱扩散雷达的构成如图5.23所示。它以M系列等噪声的符号，波谱扩散并发射。将接收信号与经符号变换后的信号相乘算出与发射信号的相关性。在变换量相当于反射距离时，其相关性为最大。根据变换量算出距离，根据输入输出信号的多普勒频率算出相对速度。波谱扩散方式进行了符号调制，因此，具有可减少相互干涉的优点。

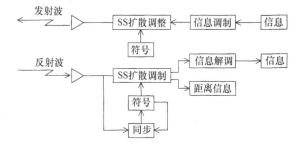

图5.23　SS（波普扩散）式雷达的构成

c. 图像处理识别障碍物

据统计，驾驶人在驾驶汽车时，由视觉获得的信息占80%以上。在汽车的智能化进程中，视觉信息是极为重要的。此外，还可由图像处理识别障碍物、道路状况及标识等。目前，正在积极研究可识别图像视野内的广泛范围信息，以等效于人眼的图像处理系统。

（i）对象的识别　识别对象的一般方法是利用对象的亮度、颜色及形状等与特征相关的图形信息，从视野画面中识别出对象。限定识别对象或简单图形处理简化识别过程，也可以采用识别白线等行车道标识、限定行驶区域、将识别对象限定在车道内等方法。此外，还有利用汽车从正后方看，大部分的车辆是被纵向和横向特征线包围的性质，将汽车后部进行箱式图形化处理的简单图形化方法。

特征线的提取采用边缘提取法。该方法是将亮度及颜色等信息进行微分处理，求出急剧变化的点（边缘），连接按线段近似处理。此外，在实际应用中还有对接近的边缘点的集合进行综合化（段分化）处理，将段组合所获得的形状与模型图形的形状相对比（相关度检查）进行形状判断的方法。检查基准图像图形模板与图像所定区域的相关度，进行物体识别的模板匹配法也适用。

目标物体的位置一旦确定后，其位置便不会发生较大的变化，因此，进行图像处理的区域便可限定在较小的范围内。由此，便可进行高速的图像处理并识别细微的特征。

（ii）距离的测定　测定距离一般采用三角测量的原理。其方法分为两种：①采用单个摄像头的单目方法；②采用多个摄像头的多目方法。多目方法的代表性例子是两眼立体法。该方法根据各摄像头获得图像的同一特征点的视差测定距离。

测定距离可用下式求得：

$$D = \frac{fS}{\Delta d} \quad (5.13)$$

式中，D 为测定距离；f 为焦点距离；S 为两摄像头镜头间的距离；Δd 为两摄像面对应点的视差距离。

这种方法的最大课题在于对应点的确定。对象简单且特征点的数量较少时，测定较为容易，但在对应点数量较多时检索处理的时间长。为解决此问题，提出了采用专用检索处理硬件的方案。对象的特征较为明显时，若提高处理速度可进行测定；但对象的特征较少且较单调并存在多个相同特征如条纹状特征时，其对应点的确定较为困难。

最简单的单目方法是根据摄像头的高度和物体垂直方向的角度位置（俯角）算出距离的方法。设摄像头的高度为 H_C，俯角为 θ，物体高度为 H_0，则可用下式求出至物体的距离 D：

$$D = \frac{(H_C - H_0)}{\tan\theta} \quad (5.14)$$

此时，摄像头与路面的角度应保持不变，物体的高度假定为已知。物体的高度多以物体与路面相接，物体的下端与路面为同一高度测量。

单目方式测定距离的其他方法有摄像头本身移动进行多次摄影获得多个图像的移动立体方式。若移动量是已知的，可像多目方法一样测距。

（iii）方向的测定　根据摄像头的方向数据与图像上的位置数据，可容易地识别障碍物的方向。

（iv）相对速度的测定　相对速度一般是在距离测定后将其作为微分值进行测定的。其他的方法还有检测显示图像中光点移动的光流，识别相对速度较大的物体。

d. 障碍物识别技术的课题

汽车智能化，环境识别是关键技术，目前尚有许多需要解决的课题。下面介绍障碍物识别技术的相关课题。

用雷达识别存在来自目标物体（行驶道路上的物体）之外的反射（杂乱回波）问题。对此，应采用在弯道行驶时，通过控制反射波束朝向行进方向的波束转向及波束切换，减少来自目标物体之外反射的技术。除此之外，目前正在积极研究根据测定数据的规律性及与路面的相对速度，判断是否为目标物体的技术。

光学雷达及图像处理在雨、雾、雪等恶劣条件下性能降低。雨天时，前车溅起的水雾会大大妨碍光的透过性，因此，应提高受光的灵敏度。

光学雷达所使用的红外线激光在近处通过肉眼直视是危险的。汽车是面向大多数用户在各种状况下使用的工具，会有许多意想不到的使用方法，因此，应充分确保这类设备的安全性。

雷达的使用数量增加，会产生雷达之间相互干扰的问题。有时会发生因为接收到其他雷达发射的光或电波而误认为是自身雷达发射波的反射从而导致误动作的情况。为避免这些问题，目前正在研究调制方式及偏波方式。

一般，图像处理系统是根据对象物体的条件（图形）进行识别的。汽车周围的物体是多种多样的。从方向及相对位置关系来看，对象物体的图像会呈现各种变化形式。简洁且具有通用性及高识别率的图形记述法是图像处理识别障碍物、识别环境技术发展的关键。

影响图像处理的环境因素包括：

① 照明光环境。
② 光的通过环境。
③ 背景环境。
④ 光的反射环境。

影响图像处理的环境是多种多样的。对这些问题的解决应采取鲁棒性强的算法。

当前的图像处理广泛采用的 CCD 摄像头像素的动态范围在 10^3 左右。人眼的动态范围约为 10^5，若包括明暗适应在内可达到 10^9 左右。与此相比，当前的图像传感器的动态范围是较窄的。因此，不适合在隧道的出入口及逆光等同一画面明亮度分布范围较广的场合使用，需要进一步扩大动态范围。

行驶中的车辆会产生上下左右的振动，雷达的照射方向及摄像头的摄影方向随之产生变化。目前，正在积极研究对这种振动的补偿技术。

现在的障碍物探测传感器各有其优缺点。因此，期望多种传感器的功能融合使用，实现单个传感器难以实现的功能。例如：目前正在研究温度与图像的信息融合能识别行人等的技术。

5.4.2 行车道标识识别技术

行车道标识识别是进行车辆与行车道相对位置的检测、预测及前方道路形状识别的基本技术，正处于积极的研究之中。

a. 图像的白线识别

（i）白线的识别 道路上的白线具有以下特征：

① 白线在某一范围内是连续的。
② 白线的宽度是一定的、已知的。
③ 白线的线段比其他物体的线段长。
④ 在较小的范围内白线近似于直线。
⑤ 白线的曲率半径无急剧变化。
⑥ 构成车道的两条白线是平行的。

利用白线的这些特征可区别于路面上的影子、文字、箭头标识及障碍物等并进行识别。同时，可像白线一样识别黄线。将白线部分延长推断下一段白线部分并进行比较，由此可像识别连续白线一样识别虚线（下文中将这些线统称为白线）。

识别的方法一般采用提取图像的边缘，与白线图形相关的条件进行比较、识别的边缘提取法。此外，也可采用样板匹配法进行识别。利用白线的连续性及单调性有效地设定图像识别窗口，可实现实时高速处理能力及高识别精度。

（ii）道路结构及车辆姿态的推断 构成车道的两条白线在车辆附近的范围内可以看成是平行的直线。假定这种条件成立，若能检测出图像内的白线位置及角度，则可检测出车辆在车道内的侧向位置及与车道对应的车辆跑偏角。这种简单的检测也适用于偏离车道报警。但为了进行精确的弯道入口处的超速报警及保持车道行驶控制，应推断道路的曲率及车辆侧倾角等。此外，道路坡度信息也可应用于各种行驶控制，若能知道车辆的俯仰角则可提高图像处理的精度。为此，正在开发道路布置及车辆姿态的推断技术。

b. 新的车道标识识别

当路面上的白线脏污或由于雨雪天气看不清路面白线时，图像处理识别白线就不适用了。因此，目前正在研究开发不受上述条件影响，在恶劣的天气时仍可被识别的新型行车道标识。

（i）感应电缆方式 感应电缆方式是在道路处埋设电缆并通以交流电，以线圈等传感器检测电缆所产生的交流磁场进行位置检测的方式。该方式除用于汽车的位置检测之外，还多用于工厂内的无人送货车的位置检测。另外，它在试车场的车辆行驶试验系统中也多有采用。目前，该方法是车辆横向位置检测最准确的方法。电缆的埋设方式有两种：①在车道的中间埋设一条电缆的单缆式；②在车道的两边埋设两条电缆的立体式。图5.24所示为立体式的构成。在车辆的前部及后部安装传感器可检测车辆的横摆角。但由于电缆的位置及线路变更较难，因此，由于道路施工导致的车道移动也是问题。此外，在停电及由地震造成的道路龟裂时，系统将有可能处于完全瘫痪的状态。

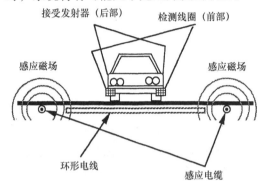

图5.24 立体式感应电缆方式

（ii）磁标方式 磁标方式是在道路处埋设永久磁铁，以磁传感器检测其产生的静磁场进而检测位置的方式。到目前为止的研究中，设定埋设磁铁的间距为1m。图5.25所示为根据磁标检测车道位置的示意图。测定水平方向的磁场及垂直方向的磁场并算出其比值，便可获得大致与水平方向位移成比例的数据。此外，即使采用高磁束密度的永久磁铁，其磁场的强度也仅是地磁的几倍，因此，应采用敏感度高的磁传感器。将磁铁的S极和N极作为1bit信号便可传递信息。道路的曲率半径可作为预备信息进行传递。另外，磁标还可当作里程碑提供车辆纵向行驶位置的信息。由于检测部分的磁场微弱，会受到铁等透磁率较高的物体及其他磁性物体的影响。车体的带磁现象等也会影响检测精度。

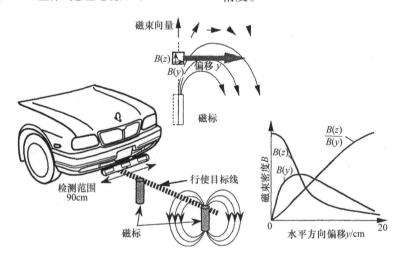

图5.25 磁标检测车辆位置的示意图

（iii）反射方式 在路边的规定位置设置反射器，检测与照射光相对应的反射光，以检测反射器的位置。若反射器的位置确定（距离及方向），则可由此检测车辆位置。这种方式具有代表性的例子是三面直角棱镜方式。

三面直角棱镜是（图5.26）三个镜片呈直角配置所组成的反光体，具有平行反射入射光的特点。经过聚焦的光束在扫描的同时进行照射，由反射光计测定检测的角度。据此可检测出三面直角棱镜的方向。若能检测出两个位置已知的三面直角棱镜的方向，根据三角测量的原理就能计算出车辆的位置。这种方法还被用于道路施工现场车辆位置的检测。

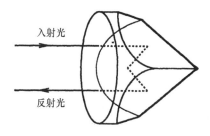

图 5.26 三面直角棱镜

c. 行车道标识识别的课题

由于图像处理识别白线系统是利用现在的道路基础设施，在普及方面制约较少，但仍存在着在前方障碍物报警系统中提到的测定环境、动态范围等较大的问题。设置新行车道标识的方法有可能解决这些问题，但达到普及尚需庞大的支出及较长的时间。

此外，尚有许多道路没有白线，需由驾驶人识别行驶区域。若由图像处理系统来完成与此同等的工作是极为困难的，在这方面已进行过多种尝试，目前正在研究由彩色图像处理，根据行驶路面的颜色信息判断可行驶区域的方法，以及激光测距仪检测行驶路面的三维形状判断可行驶区域的方法。

5.4.3 前方道路障碍物的识别

a. 车辆的识别

由车辆进行的危险事态的识别的研发内容如下：

（i）通过行车道标识识别弯道曲率半径 一般采用由图像处理系统识别前方白线并以二次曲线进行近似处理计算出曲率半径的方法。除此之外，在感应电缆及磁标的信号中加入前方道路的形态信息的方法也正在研究之中。

（ii）由导航系统预测前方道路形态 导航系统若具有正确的行驶道路的地图，在知道车辆现有位置及行驶方向的情况下，可预测前方道路的弯道曲率等道路形态。一般采用 GPS 进行本车位置检测的方法。此外，

还可用推算导航法推测行驶轨迹的技术。

（iii）路面摩擦系数的测定 在路面摩擦系数的测定中，采用了分析车轮转速的方法及观测路面状况的方法。

① 车轮的转速变化与驱动力成正比，与摩擦系数成反比。求出与驱动力相对应的车轮转速变化的传递函数，可导出计算摩擦系数的公式。在实际研究中采用卡尔曼滤波器根据节气门开度及车轮转速的变化计算路面摩擦系数。

② 将光束照在路面上，通过观测其反射光推测路面状态（摩擦系数）。有水路面与干燥路面的反射光偏波（偏光）是不同的。由于有水路面及结冰路面为镜面反射，其反射光水平方向的偏光成分几乎为 0。利用该种性质，可识别易滑路面的状况。此外，将具有多种波长的光束照在路面上并分析其反射波，可得到根据路面状态各种波长的反射率不同的图谱。利用这种性质可以对路面状况进行判断。

③ 除上述方法之外，还有分析路面与轮胎所发出的声音的方法。此方法通过分析接地面附近发出的声音，判断路面的淋湿状态及路面铺装的种类。

现在的路面分析方法还难定量测定摩擦系数，但能区别干燥路面和易滑路面。

（iv）视程的检测 视程检测是在有雾等状态下的视程（能见距离）检测。其检测方法与光学雷达相同，即将红外线光束照向前方，在有雾存在的情况下，由于雾的粒子作用，红外线光束会发生后散射。这种散射光与雾的浓度成正比。通过测量反射光的强度，可预测视程。在雨天及雪天的情况也可采用同样方式处理。

b. 基础设施的识别

由道路基础设施识别车内无法看到的转弯入口、交叉路口及隧道出口处等的危险状态并传递给接近这些地方的车辆是极为有效的方法。路面及天气状况等车载测定困难的

环境，由道路基础设施可轻易识别。因此，正在研究在道路上设置图像处理系统，识别弯道处的事故车辆、低速行驶的车辆、散落物体及视程的技术。

目前，在道路旁设置的显示板上有各种事态的显示，以提醒后续车辆注意。此外，还在进行由路-车间通信将各种事态传递给车辆的研究。道路基础设施上的智能交通检测也在积极的研究之中。其详细内容请参照参考文献。

5.4.4 车辆位置、行驶轨迹的识别

车辆位置及行驶轨迹是智能化的重要基本信息。

a. 推算定位法

推算定位法是检测车辆位置及行驶轨迹的基本技术。除导航系统外，各种报警系统及控制系统也利用此技术。前轮转向的车辆，独立检测其左右后轮的旋转（行驶距离），从该检测值可计算出车辆的行驶距离及角度。若将从检测基准点（初始地点）开始的左右后轮的行驶距离分别设定为 L_L 和 L_R，则可用下式计算出车辆的行驶距离和角度：

$$L = \frac{L_L + L_R}{2} \quad (5.15)$$

$$\theta = \frac{L_L - L_R}{R_W} \quad (5.16)$$

式中，L 为行驶距离；θ 为车辆的转向角度；R_W 为左右轮的轮距。

将上式进行积分后即可检测出从初始地点开始的行驶轨迹和现有位置。各车轮的行驶距离可通过设置在左右后轮的转速传感器检测。此外，还应对由轮胎气压下降等导致的有效直径的误差及由滑移导致的误差进行补偿修正。检测方式为积分型检测，会有累积误差，因此，应以适当的间隔进行复位。

b. GPS 卫星位置测定

GPS 卫星发送时间及自身位置信息。接收从三个卫星上发射的电波，检测从发射到接收所需的时间（相当于从卫星开始的距离），即可确定接收车辆的三维位置。GPS位置测定会有 100m 左右的误差。此方法并不适用车道侧向位置的测定。在纵向位置的测定中，发出报警时间的准确性也不是很高。在市区，可采用提高位置精度的图像匹配法，即将推算导航法测定的行驶轨迹图像与由地图数据所提供的道路形状图像相比较确定行驶位置。由图像匹配所实施的位置补偿可将测定精度提高到 10m 左右。

目前，正在研发一种被称为 D-GPS 的高精度位置测定系统。根据位置已知的道路基础设施，计算与接收信号相关的在接收位置的准确的误差信息并利用车间通信等方式将误差信息传递给车辆。车辆方面则利用其提供的误差信息对测定过的位置信息进行补偿修正并计算准确的位置。若测定误差信息的道路基础设施的精度及配置密度较高，则能以厘米计的误差进行精密的位置测定。

5.4.5 移动体通信技术

车辆之间的通信（车间通信）、车辆与道路之间的通信（路-车间通信）等移动体通信技术对于实现汽车智能化是至关重要的。

a. 车间通信

目前，正在研究将车辆所识别的信息，以车间通信的方式传递给其他车辆的联合协调系统。即识别由事故、交通堵塞所引起的低速行驶、摩擦系数和视程等自身状态，以及周围的情况并传递给其他车辆。该系统可使其他车辆在临近该地点前获得信息，以获得充足的时间，准确采取减速等预防措施。期望车间通信系统不仅是报警系统，也能在并线、超车以及跟踪行驶等情况下的车辆间的协调驾驶中得到充分应用。

在 PROMETHEUS 计划中已经实施了采用 55GHz 频带的毫米波进行车间通信系统

的开发与试验。已对前方停止车辆的表示、事故的通报、超车车辆的接近报警、车间距离报警（相对位置报警）及车间距离控制等进行了公开试验，可进行约 50 辆汽车之间的同时通信。

日本目前正在研究图 5.27 所示的光通信式车间通信及其应用系统。该系统将光进行脉冲编码调制后进行数据通信。在车辆后部设置两个发光体，以后车的摄像头及图像处理系统测定其间隔，根据三角测量的原理检测车间距离。

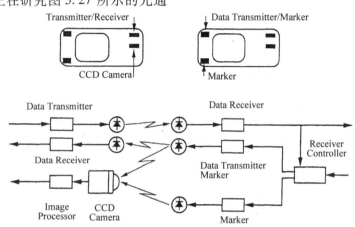

图 5.27 光通信式车间通信系统

b. 路 – 车间通信

道路基础设施识别的信息通过路 – 车间通信传递给车辆。此外，也在研究车与车之间利用路 – 车间通信，通过路 – 车、车 – 路的通信方式进行车间通信的方法。

正在研究多种方式的路 – 车间通信及其应用。正在尝试多种研究方法，如光通信、电波通信、广播型大面积通信、蜂窝电话式中面积通信、利用路侧光标的局部通信，以及利用 LCX（Leakage Coaxial cable，漏泄同轴电缆）实现沿道路的连续区域通信等。已采用 2.6GHz 频带的毫米波进行 LCX 通信实验。实现了在三条车道上 150 辆车以 512kbit/s 的数据通信速度进行路 – 车、车 – 路的双向通信。

5.4.6 执行机构

辅助驾驶系统中使用的主要执行机构包括节气门、制动及转向中的各执行机构。

a. 节气门执行机构

节气门执行机构一般是巡航控制系统中很早使用的电子控制节气门。该方式以与驾驶人操作的节气门连杆并列设置的电子控制连杆进行控制。因此，在驾驶人踩下加速踏板后，超过连杆的工作范围，也可打开节气门加速行驶。其控制方法有以电动机进行控制的和以开闭阀控制的。此外，正在研究以电动机直接驱动节气门的线控驱动方式。

b. 制动执行机构

在制动执行机构方面，已开发出可在 TCS（Traction Control System）、VDC（Vehicle Dynamics Control）及 VSC（Vehicle Stability Control）系统中采用电子控制制动液压，并以此为基础扩大了工作范围的执行机构。实现了在四个车轮上分别设置执行机构，可独立控制四轮的制动。此外，还尝试了以电动机等控制制动踏板的简便方式。控制制动器主油缸的研究也在进行中。改造后的真空式助力装置也多有采用。在这种方式中，制动液压的分配依靠已有的制动系统，一般与驾驶人操作的制动装置并列设置电子控制机构，当驾驶人的制动操作强于系统操作时，制动器将按驾驶人的操作意图工作。

c. 转向执行机构

目前，尚没有达到实用化水平的转向执行机构。在开发阶段，试验用的执行机构多为以电动机驱动转向轴的方式。在驱动转矩较大的系统中，在其驱动系统中装有电磁离合器，通过断开离合器，可转至手动操作。此外，还有适当设定离合器的接合力，在驾驶人以较大的力进行操作时离合器打滑，使驾驶人的操作优先的方式。该执行机构的构成如图 5.28 所示。在该种方式中，由于转向盘转动，使辅助操作系统与驾驶人的协调较为容易。但在车道保持系统等自动转向系统中，驾驶人必须放开转向盘。为解决这一问题，研究开发了在转向轴中间部位设置离合器的执行机构。在自动驾驶时，断开离合器转向盘与系统断开。此外，还在研究开发以液压方式控制转向的连杆机构（如齿条齿轮形式的齿条机构等）的方式和利用电动动力转向的方式等。

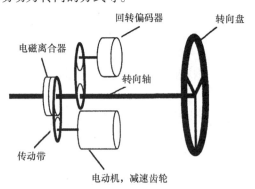

图 5.28 转向执行器的构成

5.5 系统的开发过程及前景

5.5.1 系统的研发过程

图 5.29 所示为智能化系统研究开发的历史。事实上，人们很早就开始进行雷达等辅助驾驶系统的研究。同时进行的还有自动驾驶系统的研究。自动驾驶系统的研究目标是直接实现该系统，但却是以如下间接研究为主体：

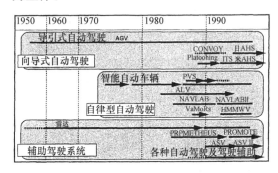

图 5.29 智能化系统的研究开发历史

① 作为技术目标，设定了较高层次的自动驾驶，以追求相关技术的整体发展。

② 提高图像处理及人工智能等特定技术在道路交通环境下的适用可能性。

③ 进行面向未来的技术可行性研究并制定研究课题。

④ 将通过开发自动驾驶所获得的技术应用于辅助驾驶等实用系统。

自动驾驶系统所必备的技术几乎全部可以应用于辅助驾驶系统。此外，民间的研究开发多以②和④为主要目的。

a. 向导式自动驾驶系统的研究开发

在研发中试验了在道路上铺设感应电缆，进行转向控制的向导自动驾驶系统，这种技术的概念是在 1940 年提出的。但作为实际技术的研究开发是在进入 20 世纪 50 年代之后。这种向导式自动驾驶技术的研究没有中断过，在汽车生产厂家的试验场中使用的无人驾驶试验系统已实用化，如图 5.30 所示。在美国及日本的 AHS（Automated Highway Systems）计划中，正在进行可自动驾驶的高速公路及汽车的系统开发。其中，采用磁标引导式自动驾驶方式是最具发展前景的方式。

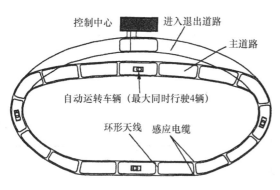

图 5.30 试验场无人驾驶试验系统

b. 自律型自动驾驶系统的研究开发

目前，不需要特殊道路基础设施的自律型自动驾驶技术也在积极的研究之中。1977 年，日本机械技术研究所开发出了世界上第一辆采用机械眼（摄像头）的智能汽车。之后，又有日本的 PVS（Personal Vehicle System）、美国的 ALV（Autonomous Land Vehicle）、NAVLAB、HMMWV、（High Mobility Multipurpose Wheeled Vehicle）及欧洲的 VaMoRs（Versuchsfahrzeug für autonomos Mobilität und Rechnersehen）等智能汽车陆续问世。

c. 辅助驾驶系统的研究开发

无论是向导式自动驾驶系统还是自律型自动驾驶系统，为实现完全的自动行驶，在技术方面及社会制度方面均有许多课题尚待解决。因此我们仍寄希望于尽快实现辅助驾驶系统的实用化，并正在进行这方面的研究。目前，在欧洲的 PROMETHEUS 及日本的 ASV（Advanced Satety Vehicle）等计划中，正在积极研究开发使汽车及道路基础设施具有高度的智能辅助功能的驾驶系统。ASV 计划中的研究项目见表 5.4。

5.5.2 智能化系统发展的前景

参照日本国内外相关项目的计划、预测及墨西哥大学的调查归纳预测法（delphi 特尔斐法）所得到的智能化系统，其发展前景如图 5.31 所示。

表 5.4　ASV 的开发项目

	项目
主动安全技术	① 疲劳驾驶等报警系统 …………… A1 ② 车辆危险状态监控系统 ………… A2 ③ 确保良好的驾驶视野系统 ……… A3 ④ 夜间障碍物检测系统 …………… A4 ⑤ 警告灯自动点亮系统 …………… A5 ⑥ 与交通堵塞、事故信息、路面状况相关的导航系统 ………………………………………… A6
事故避让技术	⑦ 车间距离报警系统 ……………… B1 ⑧ 后侧方报警系统 ………………… B2 ⑨ 车道偏离报警系统 ……………… B3 ⑩ 自动保持车间距离驾驶系统 …… B4 ⑪ 事故避让自动操作系统 ………… B5 ⑫ 进入弯道减速系统 ……………… B6 ⑬ 交叉路口自动停止系统 ………… B7
减轻碰撞时的伤害的技术	⑭ 碰撞时吸收冲击的车体构造 …… C1 ⑮ 乘员保护等技术（安全气囊）… C2 ⑯ 行人伤害减轻系统 ……………… C3
碰撞后的火灾扩大防止技术	⑰ 灭火系统 ………………………… D1 ⑱ 紧急车门开锁系统 ……………… D2 ⑲ 事故发生时的自动通报系统 …… D3 ⑳ 驾驶记录器等操作记录系统 …… D4

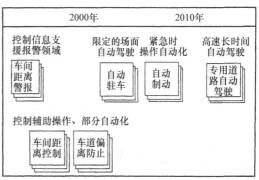

图 5.31 智能化系统的发展前景

目前，近距离障碍物报警系统（倒车传感器、弯道传感器）、前方障碍物报警系统（车间距离报警）及侧方障碍物报警系统（车道检测报警）等已部分实现了实用化,但这种控制信息辅助系统的报警范围还将继续扩大、发展。在不久的将来,车道偏离报警系统也将实现实用化。此外,由道路基础设施决定的前方道路危险报警系统也已部分实现了在弯道处的事故报警显示功能,但其适用场所及适用工况还需进一步扩大。

今后,还将出现及发展自适应巡航控制系统(控制车间距离的行驶控制)、速度控制辅助系统(弯道处的速度调整)、避让碰撞自动制动系统(辅助制动)等与纵向(速度)控制相关的控制操作辅助系统及正常行驶时的部分自动化系统。另外,驻车时提示转向驾驶操作的辅助信息系统也将有所发展。

此外,还应进一步发展防止偏离车道系统、进行侧风影响的自动补偿及辅助弯道行驶的转向操作辅助系统等操作范围窄的转向控制、侧向控制操作辅助系统。

之后,将出现限定工况的自动驾驶系统。该系统是在自动驻车及交通堵塞时的自动跟随等低速工况下使用的自动驾驶系统。此外,紧急时的自动停止及躲避碰撞时的自动制动等紧急情况下的纵向操作自动化系统也将登场。可以预见,避让碰撞自动转向系统等紧急情况下的横向操作自动化系统也将随之问世。

今后,高速公路上的自动驾驶等高速、长时间的自动驾驶,将在道路基础设施完备的专用道路上(自动驾驶专用路线、地下物流道路)得以实现,但需要相当长的时间。

5.6 今后的课题

实现驾驶辅助系统依然有许多亟待解决的课题,与实现智能化的共同课题将在下文中说明。

a. 与使用环境相关的课题

汽车使用环境的第一特征是在自然环境下使用。

天气状况及照明条件极大影响了图像识别的性能,难以进行图像处理的环境较多,如雨天、雾天、逆光及夜晚等,这会给驾驶人增加很多负担,特别需要为驾驶人提供辅助支持。光学雷达也受天气的影响,电波受天气等环境的影响不大,但波束的聚焦较难,不易获得角度等详细信息。此外,现在的电波雷达的零部件价格较高,还有需要逐步完善的地方。例如:快速扩大图像的测定动态范围、红外线图像的利用,以及高精度检测型电波雷达等。

汽车使用环境的第二特征是汽车所行驶的道路交通状况极为复杂。各种道路利用者与系统交错存在,还有繁多的交通法规及各种规则、习惯,道路种类也多,因此应识别的对象和情况也是多种多样的,这就需要有准确的判断能力。此外,智能化辅助驾驶系统应从汽车专用道路等特定环境下的应用开始,逐步提高其功能及扩大应用范围。由于汽车的行驶路面具有多样性,在结冰路面及泥泞路面上的行驶速度及转向的控制需要非常准确的路面识别技术及控制技术。

b. 与人相关的课题

与人相关的第一课题是舒适性及安全感。负责驾车的人自己不会晕车,但有许多人在乘车时会晕车或感到不安,这是因为在对行驶路线及速度变化的喜好和期待方面存在个体的差异。舒适性及安全感不好的辅助驾驶系统是难以让人接受的。因此,辅助驾驶系统应适应个人的喜好等特性(该特性会随时间及场合的变化而变化)。

与人相关的第二个课题是系统应适应不同人的驾驶技能。由于驾驶人的经验及技能不同,在危险状况的识别、判断的时间和水平,以及躲避行动方面存在较大的差异。因为不同驾驶人所适合的辅助水平及时间不同,所以应该开发研究适应不同驾驶人技能及行动模式的辅助驾驶系统。辅助驾驶系统应适应各种不同的驾驶人,这是一个较大的课题。人具有优秀的适应能力，有效利用这个能力构筑系统才能达到理想的效果。

与人相关的第三个课题是辅助驾驶系统与驾驶人的状态及意图的整合。辅助驾驶系统是对驾驶人的驾驶操作进行辅助的系统，根据驾驶人的状态及意图，其辅助内容及辅助水平有所不同。目前，正在对推测驾驶人驾驶意图的技术进行研究，今后还将加大该领域的研究力度。

c. 与可靠性、耐久性相关的课题

汽车是可长期使用的商品。日常的检修保养只是车主简单的义务。事实上，这种简单的检修保养并非尽善尽美。利用一些自动系统，让使用者受专业训练，使其能够感知系统的异常，像专家一样能够自己进行维护保养。因此，确保汽车长期的可靠性及耐久性也是一个极为重要的课题。

d. 事故责任的问题

发生事故时，需要弄清原因，对照法规及惯例明确事故责任的归属，但目前的法规及制度未对辅助驾驶系统做出相应的规定。今后，应从简单系统的采用着手，在逐渐积累实际经验的同时，形成一种社会性的共识，使相关的法规及制度日趋完善。现在的汽车发生交通事故的大多数责任在驾驶人自己。但在装有自动控制系统的情况下，制造者及使用者应对事故负较大的责任。然而，过重的责任负担会阻碍系统实现实用化。因此，系统必须确保高的可靠性，必须在考虑社会整体效应的同时，使事故费用的负担趋于公平。在各种相关的计划中，对事故责任的归属进行了研究，但尚未得出适当的结论。这也是今后的主要课题。

e. 对辅助驾驶系统过度信赖及紧张感下降

在装有辅助驾驶系统时，驾驶人只进行基本的驾驶操作。过度信赖碰撞避让装置等是极为危险的，同时还会使驾驶人失去适度的紧张感。驾驶人应在积累经验的同时逐步适应辅助驾驶系统。为大范围地适应驾驶人的特性，应进行系统的考虑及教育。辅助驾驶系统的安全性越高，驾驶人对其越发信赖，鲁莽驾驶的可能性就越大。这是与安全系统密切相关的问题。

f. 车辆与基础设施的作用分工

识别前方道路危险状态的方法有本车传感器进行识别的方法、它车传感器识别的方法及道路基础设施传感器识别的方法。因为车载传感器是在移动的同时进行识别的，所以具有较高效率覆盖必要范围的优点，但它应具有高速处理功能。此外，因监测状态的视角无自由度，故较难进行高精度的检测。道路基础设施的状态识别因固定设施设置形态且自由度大，故可进行高精度的检测，但覆盖范围有限。今后，关于车辆与道路基础设施的作用分工，应逐步形成一致意见并从全社会角度出发，开发效率高的系统。此外，在道路基础设施方面一旦进行了大规模的投资便极难变更。因此，应从长期的观点出发进行研究及判断。

g. 作为社会系统的开发

包括道路基础设施在内的社会系统，存在开发的主体及开发费用负担等问题。此外，还应进行大规模的技术开发、大规模的试验设施建设及社会实践影响评价。另外，由于相关领域较广，相关组织及团体的调整及协作也是一个课题。

h. 标准化、规格化

汽车的智能化是一个新的领域，已经有许多应用系统。车辆与道路基础设施、车辆与车辆间的协调也是必要的。从长远的观点来看，考虑到"使用者""提供者"及"管理者"之间的相互关系，标准化及规格化的实现是必要的。

从1993年起，以 ISO 的 TC204 开始了 TICS（Transport In formation and Con-trol Systems）的国际标准化工作。关于与辅助驾驶相关的系统，实施 Vehicle/Roadway Warning and Control Systems 的标准化的工作

组 WG14 也正在进行研究，应积极推进引入并发展标准化及规格化的进程。

5.7 结束语

辅助驾驶系统是在驾驶人的判断与责任之下，自由驾驶的汽车之上，利用汽车自身的判断，实施推荐、劝告、报警、警告、支援、介入及强制等功能的系统。这些均是为驾驶人及社会而进行的，但这些功能驾驶人是否愿意接受却是个大问题。因此，辅助驾驶系统应使驾驶人易于接受并感到有益处。此外，为了提高社会认知度，进行社会宣传工作，从税制方面及保险方面促进推广，完善对社会性系统的保险制度，以及修订、完善相关的法规也是非常必要的。因此，要想做好这些工作，仅靠各研究机构和企业的努力是不够的，应采取社会性的联合行动。在这方面，目前还存在着许多课题。

智能化辅助驾驶系统是今后汽车发展的关键。在系统的实现方面尚有许多技术难题，但因智能化辅助驾驶系统的效果明显，各国或地区正在进行大规模的研究与开发，并积极推进国际标准化的工作。可以想象在真正达到实用化之前，道路将是艰难曲折的。但实现系统的实用化已经是时代的潮流，该领域将在今后取得长足发展，更加期待各领域相关研究人员的相互理解及技术协作，为实现智能化辅助驾驶系统而共同努力。

参 考 文 献

1) 長山：事故解析からみたヒューマン・エラー，自動車技術会，人と車とエレクトロニクスシンポジウム資料，p.1-7 (1990)
2) K. Enke：Possibilities for Improving Safety within the Driver-Vehicle-Environment Control Loop, 7th International Technical Conference on Experimental Safety Vehicles Proc., p.789 (1979)
3) D. Shiner：交通心理学入門—道路交通安全における人間要因，サイエンス社，p.97-98 (1987)
4) G. Hoffmann, et al.：Recommended Speed Indication within the Motor Vehicle — A Contribution to Fuel Saving through the "Wolfsburg Wave" Information Systems, Proc. of Symposium of Energy Efficiency in Land Transport EUR 122284 EN, Luxembourg, p.211-222 (1989)
5) U. Palmquist：Intelligent Cruise Control a Key Component Towards Improved Traffic Flow Control, Proc. of the Intelligent Vehicles '93 Symposium, p.56-59 (1993)
6) 省エネルギーセンター：燃料消費効率化改善に関する調査報告書（自動車の省エネルギー走行技術），p. 20 (1994)
7) M. Zabat, et al.：Drag Measurements on 2, 3 & 4 Car Platoons, SAE Paper 940421
8) 安間ほか：小型化したレーザレーダを用いた追突警報の性能と機能，自動車技術会学術講演会前刷集936，p.129-132 (1993)
9) 村本ほか：レーザレーダの追突警報装置への応用，日産技報，第 27 号，p.157-164 (1990)
10) Prometheus, Information Board Member Meeting 94, Paris, October 18-20 (1995)
11) 新部ほか：自動車の車線逸脱防止システムの開発，自動車技術会学術講演会前刷集953，p.53-56 (1995)
12) 車間側方コントロールシステムワーキンググループ：ITS, AHS（自動運転道路システム）研究開発実験の概要，p. 5 (1995)
13) H. Ueno et al.：Development of Drowsiness Detection System, 1994 Vehicle Navigation & Information Systems Conference Proc., p.15-20 (1994)
14) 世古ほか：覚醒度低下時の運転操作解析，自動車技術会学術講演会前刷集 841，p.69-74 (1984)
15) 平松ほか：香りが覚醒に及ぼす効果の研究，自動車技術会学術講演会前刷集 924，p.189-192 (1992)
16) H. Saito, et al.：Applications of Driver's Line of Sight to Automobiles-What Can Driver's Eye Tell, 1994 Vehicle Navigation & Information Systems Conference Proc., p.21-26 (1994)
17) PSA For a Safer Road Ahead, PSA Avoidance (1993)
18) K. Yoshioka, et al.：Improvements in Concerning Safety through Deceleration Control and Road Preview, Preprint of ITS America 1995 Annual Meeting, Paper No. 95-183 (1995)
19) 山滋：GPS 最新情報，エレクトロニクスライフ，1993 年 1 月号，p.11-18 (1993)
20) 谷田部ほか：ビジョンシステムをもつ車両の自律走行制御，計測と制御，Vol. 30, No. 11, p.1014-1028 (1991)
21) M. Nakamura, et al.：Road-Vehicle Cooperation Driving System, 1994 Vehicle Navigation & Information Systems Conference Proc., p.425-430 (1994)
22) G. Reichart, et al.：Heading Control and Active Cruise Support Driver Assistance Systems for Lateral and Longitudinal Vehicle Guidance, Proc. of the First World Congress on Applications of Transport Telematics and Intelligent Vehicle-Highway Systems, Vol. 4, p.2126-2133 (1994)
23) S. Tsugawa：Vision-Based Vehicles in Japan：Machine Vision Systems and Driving Control Systems, IEEE Transactions on Industrial Electronics, Vol. 41, No. 4, p.398-405 (1994)
24) 服部ほか：自律走行車両の操舵制御，第 8 回日本ロボット学会学術講演会前刷集，p.141-142 (1990)
25) I. Kageyama, et al.：Control Algorithm of Autonomous Vehicle with Risk Level, Proc. of the Second World Congress on Intelligent Transport Systems, Vol. 3, p.1284-1288 (1995)
26) U. Franke, et al.：The Daimler-Benz Steering Assistant - a

Spin-off from Autonomous Driving, Proc. of the Intelligent Vehicles '94 Symposium, p.120-124 (1994)

27) T. Butsuen, et al.: Development of a Collision Avoidance System with Automatic Brake Control, Proc. of the First World Congress on Applications of Transport Telematics and Intelligent Vehicle-Highway Systems, Vol. 4, p.2079-2086 (1994)

28) 大野ほか：ニューラルネットによる自動車用自動ブレーキ制御法, 日本機械学会ロボティクス・メカトロニクス講演会'93講演論文集, p.114-115 (1993)

29) B. Ulmer: Autonomous Automated Driving in Real Traffic, Proc. of the First World Congress on Applications of Transport Telematics and Intelligent Vehicle-Highway Systems, Vol. 4, p.2118-2125 (1994)

30) T. Watanabe, et al.: Development of an Intelligent Cruise Control System, Proc. of the Second World Congress on Intelligent Transport Systems, Vol. 3, p.1229-1235 (1995)

31) M. Tomizuka: Advanced Vehicle Control Systems (AVCS) Research for Automated Highway Systems in California PATH, 1994 Vehicle Navigation & Information Systems Conference Proc., p.plenary-41-45 (1994)

32) D. A. Pomerleau: Neural Networks for Intelligent Vehicles, Proceedings of the Intelligent Vehicles '93 Symposium, p.19-24 (1993)

33) T. Jochem, et al.: PANS: A Portable Navigation Platform, Proc. of the Intelligent Vehicles '95 Symposium, p.107-112 (1995)

34) S. Hahn: Switching between Autonomous and Conventional Car Driving — A Simulator Study, Proc. of the Intelligent Vehicles '93 Symposium, p.25-30 (1993)

35) 電気通信技術審議会：小電力無線設備委員会報告（参考資料）資料 80-3, p.6 (1994)

36) 安間ほか：大型トラック用追突防止警報装置, 自動車技術, Vol. 43, No. 2, p.65-73 (1989)

37) 井口：3次元形状計測の最近の動向, 計測と制御, Vol. 34, No. 6, p.429-434 (1995)

38) 福原：車をミリ波レーダが守る, エレクトロニクス, 1993年3月号, p.33-37 (1993)

39) 実吉ほか：予防安全のための画像認識システム, 自動車技術会学術講演会前刷集 943, p.61-64 (1994)

40) 藤岡ほか：動画像処理による車両後方の監視, 第9回産業における画像センシング技術シンポジウム講演論文集, p.9-14 (1994)

41) 保坂：自動車の環境認識の課題, 電子情報通信学会 1995 年情報システムソサイエティ大会講演論文集, p.316-317 (1995)

42) 山田ほか：車載用カメラのダイナミックレンジ拡大, 自動車技術会学術講演会前刷集 943, p.65-68 (1994)

43) 農宗ほか：道路形状情報と連続道路画像からの車両位置とカメラ姿勢の同時推定, 電子情報通信学会論文誌 D-II, Vol. J77-D-II, No. 4, p.764-773 (1994)

44) 農宗：自動車における画像処理, テレビジョン学会誌, Vol. 46, No. 8, p.978-984 (1992)

45) 堺ほか：自動車無人走行実験システム, 日産技報, 第22号, p.38-47 (1989)

46) J. K. Hedrick, et al.: Automated Highway System Experiments in the PATH Program, Proc. of the IVHS AMERICA 1992 Annual Meeting, Vol. 1, p.131-145 (1992)

47) 津村ほか：レーザファンビームとコーナキューブ列を用いた移動体の位置計測, 第4回アドバンティ・シンポジウム講演論文集, p.13-16 (1991)

48) 塙ほか：レーザ利用高速移動体位置方位計測装置, 第4回アドバンティ・シンポジウム講演論文集, p.17-20 (1991)

49) C. Thorpe, et al.: Color Vision for Road Following, 1987 Year End Report for Road Following at Carnegie Mellon CMU-RI-TR-88-4, p.11-25 (1988)

50) M. Hebert, et al.: 3-D Vision for Outdoor Navigation by an Autonomous Vehicle, 1987 Year End Report for Road Following at Carnegie Mellon CMU-RI-TR-88-4, p.29-41 (1988)

51) 竹鼻：路面反射の偏光特性を利用した路面状態センサ, 光技術コンタクト, Vol. 27, No. 3, p.158-164 (1989)

52) M. Andrews, et al.: Porsche's Contribution to Safer and More Comfortable Driving in the Future, Proc. of the First World Congress on Applications of Transport Telematics and Intelligent Vehicle-Highway Systems, Vol. 4, p.1879-1886 (1994)

53) A. Tsuge, et al.: Accident Vehicle Automatic Detection System by Image Processing Technology, 1994 Vehicle Navigation & Information Systems Conference Proc., p.45-50 (1994)

54) 電気学会知的交通計測調査専門委員会：知的交通計測, 電気学会技術報告, 第512号 (1994)

55) 山滋：ディファレンシャル GPS とは, エレクトロニクスライフ, 1995年2月号, p.91-99 (1995)

56) S. Tsugawa, et al.: Recent Japanese Projects of AVCS-Related Systems, Proc. of the Intelligent Vehicles '94 Symposium, p.125-130 (1994)

57) 津川ほか：知能自動車に関する研究, 機械技術研究所報告第156号, p.17-50 (1991)

58) 保坂：自動運転の実験-II-自律走行車 PVS とその走行実験, 自動車技術会, Smart Vehicle の現状と課題シンポジウム資料, p.43-49 (1992)

59) R. Terry, et al.: Obstacle Avoidance on Roadways using Range Data, SPIE, Vol. 727 Mobile Robots (1986)

60) C. Thorpe, et al.: 1988 Year End Report for Road Following at Carnegie Mellon, Carnegie Mellon University The Robotics Institute Technical Report (1988)

61) M. Juberts, et al.: Vision-Based Vehicle Control for AVCS, Proc. of the Intelligent Vehicles '93 Symposium, p.195-200 (1993)

62) E. D. Dickmans, et al.: Autonomous High Speed Road Vehicle Guidance by Computer Vision, Preprint of 10th IFAC World Congress, p. 232-237 (1987)

63) 運輸省先進安全自動車推進検討会：ASV 21世紀へ向けて (1995)

64) S. E. Underwood: Delphi Forecast and Analysis of Intelligent Vehicle-Highway Systems through 1991 Delphi II, University of Michigan, IVHS Technical Report, #92-17 (1992)

65) A. Pentland, et al.: Toward Augmented Control Systems, Proc. of the Intelligent Vehicles '95 Symposium, p. 350-355 (1995)

第6章 控制技术的现状与未来

在欧洲的某博物馆中，陈列着一辆100多年前的汽车，它以发动机代替马提供相当于2马力的动力，由于把马拉车的能力比作发动机的力量，也就有了马力作为功率单位（1马力＝735W）。现在，从发动机所产生能量的角度来看，"信息驱动汽车"逐渐成为主流，换句话说，就是以信息和控制为中心的技术比重越来越高的一种体现。在前面的章节中，已经研究了以发动机控制系统、动力传动控制系统和底盘控制系统的汽车硬件为基础的控制系统的目的和课题，或者说探讨了以驾驶人的驾驶行为为前提，追求汽车安全性和舒适性提升的相关问题。为满足各种各样的需求，现在的汽车搭载了很多微处理器，这样控制技术得以广泛应用。本章将解读各类控制技术的基础——控制理论、控制要素以及辅助技术。

6.1 控制理论的现状与未来

6.1.1 目的与设计流程

汽车控制的目的在于提升行驶、转弯和停止这些基本性能，并使其有利于生态环境和人类发展。这也是自汽车诞生以来一直不懈追求的，但是，随着交通情况和社会对汽车需求的变化，将对汽车性能的需求推向更高层次。

随着以电子控制技术为先导的技术和控制理论的迅速发展，可以实现过去依靠纯机械改造无法实现的性能。同时，在航空领域涌现出的CCV（Control Configured Vehicle）概念和主动控制技术（Active Control Technology）的影响下，为了追求性能的最优化，需要重新考量结构设计和控制系统设计。

通常，控制系统设计的基础是根据系统输入，提高控制对象输出的响应性和抗外部干扰的稳定性，以增加鲁棒性。这类控制系统的设计方式如图6.1所示，包括把握控制对象特性、输入输出的选择、设定目标值或目标性能以及选择硬件和控制逻辑等部分。

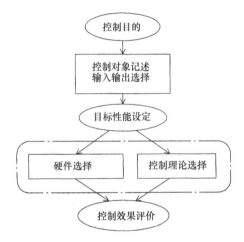

图6.1 控制系统的设计程序

a. 控制对象与输入输出

在描述控制对象时，首先要给出遵照物理法则的物理解析模型。例如：车辆行驶性能用刚体运动力学解析比较容易，如实际分析操纵稳定性时，利用两轮模型是极为有效的。另一方面，发动机和轮胎特性常依赖于环境，具有非线性和不确定性，因此有些分析必须依赖于试验模型。这时，由于难以明确表现输入输出的关系，需要用非线性规划分析，根据统计性方法导出的ARMA（Auto-Regressive Moving Average）模型和神经元网络进行标定。

关于输入输出的关系，例如，在独立控制各车轮的情况下，可以只考虑单输入单输出控制对象。然而，一般来说，为单输入多输出对象的情况，综合控制那样的情况，经常是多输入多输出的控制对象时较多。因此，对于分散控制和综合控制，系统控制设计有很大不同。这时，最重要的是按输入信息，选择相应的执行机构，仔细考量传感器的响应性和可靠性。

b. 目标值或目标性能的设定

控制系统的设计在如何设定目标值和目标性能上有很大不同。例如有将输出控制在某一正常值范围内的控制、使输出跟随随时域变化的任意输入的控制，以及使输出达到某一频率特性的控制等各种控制系统的设计。

c. 控制系统结构的选择

为了达到目标性能，用目标值的前馈补偿决定控制输入的情况、用输出的反馈决定的情况，以及两者兼用的情况都是存在的。如果是后者，能达到响应性、稳定性、鲁棒性兼顾提升的效果。

按获得操作量的方法可以分为以下几种控制；①机械性的被动要素的情况为被动控制；②可变参数机构的情况为半主动控制；③使用消耗型的执行机构的情况为主动控制。越是后者越可以获得较高的控制效果，但一定要考虑能耗的问题。

d. 控制算法的选择

在控制对象的特性、输入输出关系、目标以及控制的硬件确定之后，就可以选择实现目标的控制算法。现在，由于控制系统设计工具的应用比较容易，加上数据库控制等现代控制理论的出现，可以提高应答性、稳定性和鲁棒性。另外，还可以应用对未知干扰、非线性或不定因素的各种鲁棒控制和非线性控制。

未来，为了使汽车能装备智能化功能系统，希望可以设计出利用车辆前方行驶状况的预测控制系统、随环境变化和控制对象特性变化而变化的自适应控制系统、控制系统能适应控制对象的学习控制系统等更加智能化的控制系统。例如运动适应控制理论、模糊控制理论和神经元网络理论等方法。

e. 考虑人的特性的设计和评价

汽车是以人驾驶为前提的，考虑人的特性的设计和评价是十分重要的。过去就提出过驾驶人转向控制模型，如闭环特性的解析、向人提供信息问题等。由于驾驶模拟器的应用等，从人机工程学的观点出发，要求完成如何来设定所希望的车辆特性这类基础性任务。未来的问题包括对于人的操作，使汽车具有何种程度的自律特性等，怎样去考虑这些问题变得尤为重要。

6.1.2 各种控制系统设计方法

现在，汽车使用的大部分控制是基于经验的前馈控制，控制规则是通过采用 IF-THEN 型条件判定的控制流程实现的。这样的控制，只要是有控制对象的经验性知识，就可以比较简单地制订控制规则，但它也随着工作条件的复杂而使控制规则变得庞大，整体控制的前景并不是很好。另外，近年来开始要求提高控制本身的精度并且只靠前馈控制不能完全补偿外部干扰和参数变动的稳定性。因此，对于汽车控制，逐渐开始采用以数学模型为基础的控制（基于模型控制）。

本节中，对基于各种控制理论的控制系统的设计方法做简要说明。基于控制理论的控制系统设计已有很多论文发表，近年来也有许多应用在实车上。最近，又出现了模糊控制和神经元网络等智能化控制，还出现了逐步预估模型参数的变化，主动改变反馈系统以确保鲁棒性的适应控制。其相关情况将在6.1.3小节中进行说明。

尽管充分考虑控制目的及实装时的各种制约条件（传感器和执行元件的功能、运算装置的能力等），选择最佳的控制系统的设计方法是必需的，但是无论使用何种理论，还是要注意，最终的控制系统性能是根据设计者的设计要素调整而决定的。例如，为过于追求鲁棒性而设计的 H_∞ 控制，其性能有时比简单的 PID 控制还差。在实际设计控制系统时只是按照理论设计是不行的，往往应该将控制对象的特性（非线性和绝对延时等）考虑进去，进行补偿设计。

在下面的叙述中，为了便于理解，有些地方还是使用了一些在控制理论上不太严谨的术语，望理解。

a. PID 控制

在图 6.2 所示的反馈系统中，若使输出 y 跟随某一目标值 r，比较简单的控制系统设计方法就是 PID。这时，若将目标值和观测值偏差设为 e，将控制输入设为 u，则可出现以下情况：

$$u = K_\mathrm{P} e + K_\mathrm{D}\frac{\mathrm{d}e}{\mathrm{d}t} + K_\mathrm{I}\int_0^t e\mathrm{d}\tau \quad (6.1)$$

$$e = r - y$$

式中，K_p、K_D、K_I 分别为比例（P）、微分（D）和积分（I）的反馈增益。一般来说，加大 P 增益，可以改善对目标的跟随性。但是，在控制对象中有相位滞后和死区时间时，过于加大 P 增益，会使反馈系统振动，最后不收敛。D 增益对于改善目标跟随特性十分有效，但过大的话，就会影响对目标的收敛性。另外，因为 D 也是相位超前要素，有时对延时时间的补偿有效。I 增益是在补偿 P 解决不了的残差时使用的。

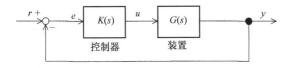

图 6.2 反馈系统

式（6.1）的控制规则，对于目标跟随性的效果不明显。那是因为，使原来反馈系统的响应放慢，再将使目标跟随性稳定的 D 乘上目标值，表面上看是加快了对目标的跟随性，却产生 D 导致的快速响应与收敛性之间的矛盾。作为目标跟随的伺服系统而使用 PID 时，是比较适当的：为了使跟随性残差为 0 使用 P；为了补偿正常偏差使用 I；为了使反馈系统稳定使用 D。也就是说，作为控制规则应为

$$u = K_\mathrm{P} e - K_\mathrm{D}\frac{\mathrm{d}y}{\mathrm{d}t} + K_\mathrm{I}\int_0^t e\mathrm{d}\tau \quad (6.2)$$

PID 控制的应用实例：在主动悬架中，将与目标车高和测定车高之差成比例的控制液压输送给液压缸，使车的高度保持在规定值的控制等。可以说，在实际汽车控制中，反馈偏差控制的大部分是 PID 控制。PID 控制在直观上容易理解，但在选定反馈增益上，往往需要反复试行。另外，除了单输入单输出系统，调整本身在现实中是不可能达到理想效果的。

在单输入单输出系统中，知道控制对象的传递函数 $G(s)$，就可以根据传统的控制理论，进行包括响应性和稳定性在内的、更加复杂的设计。

包括式（6.2）的控制规则，只是根据反馈的 1 个自由度控制系统，不可能同时改善响应性和抗外部干扰稳定性。像汽车那样要求响应快、对外部干扰较大的控制对象在配备伺服系统时，需要下文提到的由 2 个自由度控制系统构成的模型跟踪控制。

b. 逆模型的前馈控制

将控制对象模型的输入输出关系进行反向解析，就是逆模型。以后轮转向控制为例说明逆模型的前馈控制。图 6.3 所示的车辆转向运动模型的运动方程式如下：

$$\dot{x} = Ax + Bu \quad (6.3)$$

式中，

$$x = \begin{bmatrix}\beta \\ \dot{\psi}\end{bmatrix},\ u = \begin{bmatrix}\delta_\mathrm{f} \\ \delta_\mathrm{r}\end{bmatrix}$$

$$A = \begin{bmatrix} -\dfrac{2(K_\mathrm{f}+K_\mathrm{r})}{mV} & -1-\dfrac{2(l_\mathrm{f}K_\mathrm{f}-l_\mathrm{r}K_\mathrm{r})}{mV^2} \\ -\dfrac{2(l_\mathrm{f}K_\mathrm{f}-l_\mathrm{r}K_\mathrm{r})}{I_z} & -\dfrac{4(l_\mathrm{f}^2 K_\mathrm{f}+l_\mathrm{r}^2 K_\mathrm{r})}{I_z V} \end{bmatrix}$$

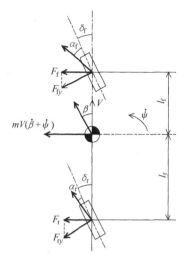

图 6.3　车辆转向运动模型

V—车速　β—车体侧偏角　ψ—横摆角速度　m—车辆重量　I_z—车辆跑偏惯性力矩　$l_f(l_r)$—重心至前（后）轮的距离　$K_f(K_r)$—前（后）轮轮胎转向能力　$\delta_f(\delta_r)$—前（后）轮转向角

$$B = \begin{bmatrix} \dfrac{2K_f}{mV} & \dfrac{2K_r}{mV} \\ \dfrac{2l_fK_f}{I_z} & -\dfrac{2l_rK_r}{I_z} \end{bmatrix}$$

传递函数时表达式（6.1）：

$$\begin{bmatrix} \beta(s) \\ \dot\psi(s) \end{bmatrix} = \dfrac{1}{D(s)} \begin{bmatrix} H_{11}(s) & H_{21}(s) \\ H_{12}(s) & H_{22}(s) \end{bmatrix} \begin{bmatrix} \delta_f \\ \delta_r \end{bmatrix} \quad (6.4)$$

但是，

$$D(s) = s^2 + \left\{\dfrac{2(K_f+K_r)}{mV} + \dfrac{2(l_f^2 K_f + l_r^2 K_r)}{I_z V}\right\} s$$
$$+ \left\{\dfrac{4K_fK_r(l_f+l_r)^2}{mI_zV^2} + \dfrac{2(l_fK_f - l_rK_r)}{I_z}\right\}$$

$$H_{11}(s) = \dfrac{2K_f}{mV} s + \left\{\dfrac{4l_r(l_f+l_r)K_fK_r}{mI_zV^2} - \dfrac{2l_fK_f}{I_z}\right\}$$

$$H_{12}(s) = \dfrac{2K_r}{mV} s + \left\{\dfrac{4l_f(l_f+l_r)K_fK_r}{mI_zV^2} + \dfrac{2l_rK_r}{I_z}\right\}$$

$$H_{21}(s) = \dfrac{2l_fK_f}{I_z} s + \dfrac{4(l_f+l_r)K_fK_r}{mI_zV}$$

$$H_{22}(s) = -\dfrac{2l_rK_r}{I_z} s - \dfrac{2(l_f+l_r)K_fK_r}{mI_zV}$$

现在，考虑使稳态与瞬态的车体侧偏角 β 为 0 的后轮转向控制，在式（6.4）中，解 $\beta(s)=0$，得出下式：

$$\delta_r = -\dfrac{H_{11}(s)}{H_{12}(s)} \delta_f \quad (6.5)$$

这时，对转向输入的横摆角速度响应为

$$\dot\psi(s) = \dfrac{4(l_f+l_r)K_fK_r}{mI_zV} \dfrac{1}{H_{12}(s)} \delta_f \quad (6.6)$$

没有控制时，二阶滞后系统就成为一阶滞后系统。式（6.5）被称为相位提前滞后控制。

c. 逆模型的反馈控制

在对系统施加外部干扰时，只靠前馈控制，不能补偿抗外部干扰的稳定性。对此，可以通过反馈输出或状态量，相对外部干扰改变系统的响应，以提高抗外部干扰的稳定性。

最简单状态的反馈，仍可以用逆模型求得。现在，考虑与 b 项相同的问题。这时，$\beta=0$，将 $\beta=0$ 代入式（6.3），就可以得出：

$$\delta_r = -\dfrac{K_f}{K_r}\delta_f + \left(\dfrac{mV}{2K_r} - \dfrac{l_r}{V} + \dfrac{l_fK_f}{K_rV}\right)\dot\psi \quad (6.7)$$

相对这时的转向输入的横摆角速度响应与式（6.6）相同。式（6.7）称为横摆角速度反馈控制，通过状态反馈，补偿抗干扰稳定性。

但是，当模型的参数与实车不同时，采用上述逆模型的方法，会产生控制的误差。因此，在实际车辆上，为了防止参数误差和响应滞后等问题带来的不稳定，并考虑人的不舒适感，多采用 Map 控制。

d. 调节器及观测器

传统控制理论是用单输入单输出系统的频率传递函数来表示控制对象模型，着重于闭环系统的频率传递特性进行设计的。现代控制理论采用由多输入多输出的时间领域的微分方程式来表示的状态方程式，控制对象模型如下：

$$\dot x = Ax + Bu \quad (6.8)$$

$$y = Cx = Du \quad (6.9)$$

状态方程式与传递函数之间存在着以下关系：

$$y = G(s)u = \{C(sI - A)^{-1}B + D\}u \quad (6.10)$$

为简化，使 $D = 0$。式（6.8）所表示的系统状态 x 为 0（就是 y 也为 0）的控制，就是调节器。作为控制输入，给予以下状态反馈：

$$u = -Fx \quad (6.11)$$

将 $A - FB$ 的特征值实部设定为任意的负值，可以使 x 收敛为 0。在此，F 为调节器的增益。$A - FB$ 的特征值称为调节器的极，相当于将 x 收敛为 0 的时间常数。

但是，一般情况下，反馈的状态量 x 不能全部观测到。这时，要用以下的监视器来估计 x。

$$\dot{\hat{x}} = (A - KC)\hat{x} + Ky + Bu \quad (6.12)$$

这时通过将 $A - KC$ 的特征值设定为任意的负值，可以使 x 和推定值 $\hat{x}$ 之差收敛为 0。K 为观测器的增益，$A - KC$ 的特征值（监视器的极）相当于使推定误差收敛为 0 的时间常数。

如上所述，直接指定调节器及监视器的极，控制收敛的时间常数就是极值配置法。

e. 最佳调节器和卡尔曼滤波器

不是直接指定响应时间常数，而是将以输入和状态的 2 次形式的性能评价函数为最小而决定控制输入的方法就是最佳调节器（LQR）。认为 LQR 是相对于式（6.8）的系统，使以下的性能评价函数为最小的控制。

$$J = \int_0^t [x(t)^T Qx(t) + u(t)^T Ru(t)] dt \quad (6.13)$$

式中，Q、R 是性能评价函数的加权矩阵。此时，最佳控制输入由下式给出：

$$u = -R^{-1}B^T Px \quad (6.14)$$

式中，P 是下述黎卡提方程的解。

$$PA + A^T P - PBR^{-1}B^T P + Q = 0$$

将各个自相关矩阵在 Q、R 上相互无关的白噪声 v、w 加入式（6.8）和式（6.9）的系统，即用

$$\dot{x} = Ax + Bu + v \quad (6.15)$$

$$y = Cx + w \quad (6.16)$$

$$E[v(t)v(t)] = Q, \quad E[w(t)w(t)] = R$$

$$E(v(t)w(t)) = 0$$

表示的系统。按这个系统考虑推定状态量 x 的问题。这时，将给予推定值 x 的观测器

$$\dot{\hat{x}} = (A - KC)\hat{x} + Ky + Bu \quad (6.17)$$

称为卡尔曼滤波器。反馈增益 K，用以下的黎卡提方程的解 P，由

$$K = PC^T R^{-1} \quad (6.18)$$

$$PA^T + AP - PC^T R^{-1} CP + Q = 0$$

给出卡尔曼滤波器的增益。就是在时刻 $t = \infty$，将状态量的推定值和真值之差 $e = \hat{x} - x$ 的平方平均（值）误差

$$J = E[e(t)e(t)^T]$$

控制为最小的最佳控制增益。

使用卡尔曼滤波器推定的状态，在 LQR 中进行控制的称为 LQG 控制。另外，提出了在 LQR 使评价函数加权依存于频率，修正频率区域中的传递特性的 H_2 控制。

LQR 和 LQG 多用于有关四轮转向控制的模型跟踪控制和主动悬架的最佳控制的研究。另外，H_2 控制有应用于考虑对人体的振动频率依存而加权后进行悬架控制的实例。卡尔曼滤波器的应用实例有根据侧向加速度的信息估计车身侧偏角和横摆角速度的研究等。

f. 模型跟随控制

调节器是以将状态量控制为 0 为目标的，一般来说，很多情况下需要使状态和输出跟随某目标值的伺服系统。一般伺服系统通过将偏差积分加到反馈中就可以构成。如果传感器有漂移就不适合使用积分，但在实际的汽车控制中，在很多情况下都使用漂移较大的传感器。这时，应用下述 2 自由度控制系统的伺服系统设计方法。

现在，为使式（6.8）状态 x 追随如下

规范模型状态的 x_1 的模型追随控制。

$$\dot{x}_r = A_r x_r + B_r u_r \quad (6.19)$$

如果将 x 和 x_r 之差设为 $e = x - x_r$，根据式 (6.8) 和式 (6.19)，则有

$$\dot{e} = Ae + Bu + (A - A_r)x_r - B_r u_r \quad (6.20)$$

如果

$$BU = Bu + (A - A_r)x_r - B_r u_r \quad (6.21)$$

式 (6.20) 就成为

$$\dot{e} = Ae + BU \quad (6.22)$$

利用调节器，设

$$U = -Fe \quad (6.23)$$

就可以使偏差 e 为 0。在这里，F 就是调节器的增益。因此，原来的系统控制输入 u，根据式 (6.21)，由下式给出：

$$u = -Fe - B^{-1}\{(A - A_r)x_r - B_r u_r\} \quad (6.24)$$

但是，式 (6.24) 的第 1 项是反馈项，第 2 项成为 $x = x_r$ 时的式 (6.8) 的逆模型。也就是说，模型跟随控制成为图 6.4 所示的 2 自由度控制系统。这时，可为逆模型的前馈项补偿目标跟随的响应性，为反馈项补偿模型与实车参数有偏差时或有外部干扰时的稳定性和收敛性。矩阵 B 不正定时，式 (6.24) 的第 2 项（前馈项）不能求出，因此，只在偏差反馈项给出控制输入。将这种情况称为模型跟踪控制，将存在前馈项的情况称为模型匹配控制。

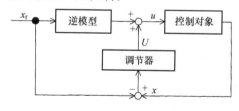

图 6.4 模型跟随控制

模型跟随控制的应用实例，曾出现在对前后轮转向控制以满足所希望的车体侧偏角和横摆响应特性的研究中。

g. 2 自由度控制系统的伺服系统设计

在 f 项中，当使状态量 x 跟随某一规范模型时，规范模型的 x_r 和 u_r 是已知的。但是，一般的辅助系统要求输出 y 跟随目标 r，可观测量也只能给出 y 和 r。现在，用

$$\dot{x} = Ax + Bu, \quad y = Cx \quad (6.25)$$

给出控制对象模型，考虑使输出 y 跟随目标值 r 的控制。考虑平衡状态 $y \equiv r$，把当时 x 和 u 的稳定值设为 x_∞ 和 u_∞。x_∞ 和 u_∞ 是根据式 (6.25) 用

$$\begin{bmatrix} x_\infty \\ u_\infty \end{bmatrix} = \begin{bmatrix} A & B \\ C & 0 \end{bmatrix} \begin{bmatrix} 0 \\ r \end{bmatrix} \quad (6.26)$$

给出的。相对于正常值偏差

$$\tilde{x} = x - x_\infty, \quad \tilde{u} = u - u_\infty$$

的系统，根据式 (6.25) 得出：

$$\dot{\tilde{x}} = A\tilde{x} + B\tilde{u} \quad (6.27)$$

如果构成对于式 (6.27) 偏差系统的调节器：

$$\tilde{u} = -F\tilde{x} \quad (6.28)$$

偏差 $\tilde{x}$ 就可以为 0。因此，如果用

$$u = -Fx + Fx_\infty + u_\infty = -Fx + Hr$$
$$H = -[C(A - BF)^{-1}B]^{-1} \quad (6.29)$$

给原来系统的控制输入 u，就可以带到平衡状态 $y \equiv r$。这样就容易理解式 (6.29) 就是 2 自由度控制系统。

式 (6.29) 的控制规则，在没有外部干扰和模型参数误差时，相对于阶跃响应的目标值 r，可以使输出没有稳态误差的跟踪结果。但是，当有外部干扰和参数误差时，虽然响应性和抗干扰稳定性得到保证，但存在残差。这时，为了实现无残差跟随目标，伺服系统必须采用的设计方法如下：

① 由包括偏差积分的扩大系统构成伺服系统。

② 通过 H_∞ 控制，构成伺服系统。

③ 使外部干扰和参数误差的影响不干涉后，构成伺服系统。

h. H_∞ 控制和 μ 综合控制

H_∞ 控制和 μ 综合控制是在现代控制中掺入了传统控制式频率区域中的闭环传递特

性整形这一概念的控制。通过频率整形，可以考虑相对控制对象变动的鲁棒性，因此，也可以认为是鲁棒控制的一种。

如图 6.5 所示，H_∞ 控制将控制对象全体的不确定性用频率函数 $\Delta(s)$ 来表示，比所有的 $\Delta(s)$ 增益频率大的函数 $W_{\mathrm{del}}(s)$ 作为鲁棒性的频率加权。从不确定的输入 W 乘以频率加权 $W_{\mathrm{del}}(s)$ 后的输出 z_1 的传递函数的权重如果在 1 以下，则对于所有变动 $\Delta(s)$，该控制系统都是稳定的，因此设计满足该条件的控制器 $K(s)$（强制稳定化问题）。

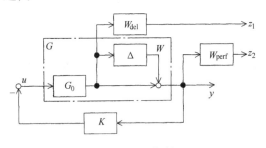

图 6.5 H_∞ 控制

另外，观测外部干扰如果是从 w 的位置介入，从外部干扰 w 向输出 y 的传递函数表示相对外部干扰的输出灵敏度。一般为减少外部干扰对输出的影响，该灵敏度函数越小越好。在欲降低灵敏度函数的频带区，可以考虑增益加大的频率函数 $W_{\mathrm{perf}}(s)$，把从输入 w 向 y 乘以频率加权 $W_{\mathrm{perf}}(s)$ 后的输出 z_2 的传递函数的权重控制在 1 以下，就可以把抗外部干扰输出的灵敏度整形为用 $1/W_{\mathrm{perf}}(s)$ 表示的频率特性（低灵敏度化问题）。

为了实现低灵敏度而加大加权频带，控制器的增益变大；为了实现鲁棒控制性而加大频带，控制器的增益变小。寻求同时满足双方面要求的控制器的问题称为混合感度问题。一般来说，为了提高控制性能，需要提高控制器的增益。因此，在混合感度问题上，需要注意在为提高控制性能的频带区，

不要为了鲁棒性而过度增大加权值。

如图 6.6 所示，μ 综合控制用表示其结构的程序矩阵 Δ_{del} 和对应各个上限值的频率函数矩阵 $W_{\mathrm{del}}(s)$ 来表示设备的不确定性。作为控制性能的指标，设定相对于抗外部干扰稳定性和目标跟随性的频率范围内的加权 $W_{\mathrm{perf}}(s)$，与 H_∞ 控制是相同的。

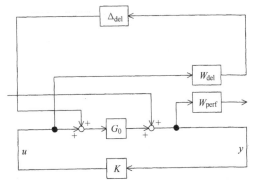

图 6.6 μ 综合控制

H_∞ 控制只能保证设备模型没有变动时的低灵敏度性能和有变动时控制的稳定性（鲁棒稳定性）。而 μ 综合控制，在有变动时不仅能保证稳定性，还能保证低灵敏度性能（鲁棒控制性能）。

H_∞ 控制可以作为低灵敏度指标，通过对应于频域上人体的频率特性的加权，控制主动悬架和变速器滑移。此外，μ 综合控制有在后轮转向和四轮驱动的综合控制及发动机的怠速控制中应用的实例。

i. 非线性控制

汽车原本就是非线性的控制对象，在实际控制中，主要根据使用情况选择在复数工作点的控制增益表，或 Map 进行切换控制。

另外，在控制理论上，对非线性控制对象，一般采用在工作点附近使模型近似线性化，适用线性控制理论的近似线性方法。但是，这种方法不能保证工作点变化时的控制性能和稳定性。近年来，通过坐标变换的局部性的反馈，严格地使非线性化系统线性化并得到了应用。例如，在后轮转向和四轮驱

动的综合控制中,通过坐标变换将用非线性模型表示的运动方程进行严格的线性化,经过线性化后的系统适用 μ 综合控制。另外,还有通过严格线性化和时间坐标变换,解决牵引车辆运动轨迹跟踪控制问题等实例。

采用非线性控制规则的控制理论有滑模控制。它是可变结构(Variable Structure System, VSS)控制的一种,是通过根据状态的控制规则的高速切换,使系统状态约束到某一动态特性的控制,它不仅可以适用于非线性系统,而且还具有很高的鲁棒性。过去,也有许多根据滑模控制研究 ABS 控制和自动驾驶车辆控制的事例。但是,在实际应用中,需要解决高速切换所导致的抖动问题。

近年来,有人提出在仅限于工作点附近的非线性领域,适用于非线性控制对象的非线性 H_∞ 控制,并且已经在主动转向控制中应用。

j. 自律分散控制系统

有人提出了如图 6.7 所示的集合多数自律工作的控制系统。它是通过从上级控制器发出的指令,实现协调控制目标的自律分散控制系统。用于 ABS 和悬架控制等,可以自律进行各轮控制,同时实现车辆整体的目标运动特性等。另外,如果成为冗长的自律分散控制系统,有可能形成容错系统。在主动悬架方面有各车轮高度控制用分散控制,以及用上级控制器发出的指令进行车辆运动时的载荷分配控制的研究案例。

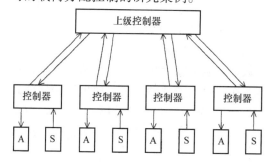

图 6.7 自律分散控制系统
A—执行元件 S—传感器

6.1.3 智能化控制系统的设计方法

未来,为了使汽车具有智能化性能,除了上述控制系统的设计方法之外,还寻求新的设计理念。这些新概念包括学习"人类和生物的适应能力、学习能力、预测能力等智能化本质"。例如,适应环境变化和控制对象特性变化,控制参数也随之变化的适应控制系统;控制系统适应控制对象的学习控制系统;利用车辆行驶环境的预测控制系统等更加智能化的控制系统。为了设计出这些系统,可运用自适应控制理论、模糊控制理论和神经元网络理论等方法。

a. 自适应控制

为了在环境变化、行驶条件变化或负荷发生变化时,也能获得所希望的特性,有时会变化目标值和增益。其方法有模糊控制或程序控制(增益调节),可以说这两种控制都具有适应性。

另外,对于目标特性,在内部模型明确给出时,模型控制有①模型规范型适应控制系统(Model Refference Adaptive Control Svstem, MRACS)和②自动调整调节器(Self Tuning Regurator, STR)等方法,都是运用了适应控制理论的代表性控制器。

图 6.8 所示为上述适应控制系统的构成框图。如图 6.8 所示,系统整体构成有以下两种方法:①检测出目标模型的输出和实际输出之间的误差,以消除输出误差的调整控制增益的方法;②根据控制对象参数辨识结果,为实现目标性能调整控制增益的方法。

下面作为应用实例,介绍自适应转向控制系统的研究情况。

操纵性和稳定性是受行驶速度、车辆装载条件及路面条件如摩擦系数 μ 影响而变化的。这是因为表示汽车行驶的两轮模型,只具有横摆角速度和测滑的 2 个自由度,且模型参数也变化的。具体来讲,对于转向输入,横摆角速度响应或侧向加速度响应依条

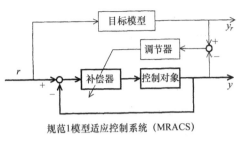

规范1模型适应控制系统（MRACS）

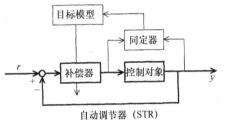

自动调节器（STR）

图6.8 适应控制事例

件变化而变化。自适应转向系统的目的是获得所希望的横摆角速度响应或侧向加速响应，在输出和状态变量反馈系统中，为跟随作为目标的模型，使参数适应性地变化。目前，正在研究的是以横摆角速度或侧向加速度为目标的适应控制系统，包括前轮转向系统的适应控制和后轮转向系统的适应控制。

b. 模糊控制

汽车的行驶特性受行驶环境的影响很大。例如，与在平坦道路上行驶的情况相比，在坡道上行驶时的重力加速度和动力性能对行驶的影响很大。在弯曲道路行驶时，侧向的离心加速度影响很大，当然，受气象条件的影响，路面变滑，行驶性能也会发生变化。此外，驾驶习惯也随行驶环境，如在高速公路行驶还是在市区行驶，而发生变化。

这样，道路变化导致特性的变化，发动机动力传动系统和底盘控制系统的性能也发生变化，导致行驶性能以及操作性能和稳定性能下降，就连安全性能也有降低的可能。因此，针对环境变化和特性变化，用什么方法调整控制系统才能防止这类性能降低？对于驾驶人来说，如何才能顺畅而安全地驾驶？这是人们一直期待解决的问题。

模糊控制是针对环境变化和特性变化，调整控制系统的一种方法。模糊控制具有以下特点：

① 必须是 IF – THEN 规则。
② 必须是自然语言记述。
③ 要用成员函数将模糊量数值化表现。

在将这样的模糊理论用于汽车控制时，可考虑以下方法（图6.9）：

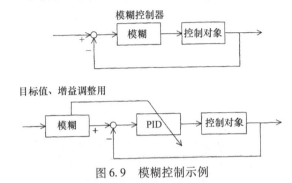

图6.9 模糊控制示例

① 将模糊规则的集合直接作为控制规则使用。

② 将普通的 PID 或最佳控制规则作为控制规则，根据行驶环境的变化，变更其目标值，或根据行驶环境的变化，变更其控制增益。

使用模糊控制理论的例子有，为实现顺畅行驶的变速器换档控制、估计各种行驶环境以保持操纵稳定性的转向控制和防止车轮侧滑控制等。

c. 神经元网络控制

神经元网络理论可以说是将生物体的神经细胞、神经网络的功能经过极度抽象化、模型化以后的工程学非线性运算回路理论。它基本是由图6.10所示的多输入多输出的非线性神经元构成的，每个神经元通过结合系数与其他神经元相结合。其结合方法采用从普通的输入层到中间层、输出层的层状式构造。其中，单向构造的称为正向（forward）型，包括反馈在内的称为循环（recurrent）型。

在工程上运用神经元网络理论的理由在于其学习功能和包括非线性的最佳化功能。

其功能通过学习各神经元的结合系数起作用，一般通过误差逆传法（逆传递）进行。但是，由于用现有的计算机学习需要很多时间，可以考虑预先给出教师信号，对其信号进行离线学习。这时最重要的是对学习外的信号如何正确获得信息的验证。

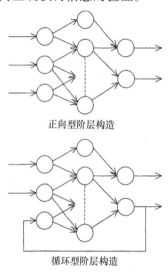

图 6.10　神经控制

各学会等发表的神经元网络应用举例，分为模型构建、未知变量的推定和控制规则的设计。在模型构建中，轮胎的非线性特性以及包括悬架非线性的频率特性须分别辨识。作为未知变量的推定，如侧滑角的推定比较难，也进行了尝试性研究。关于在控制系统中的实用化问题，正在探讨在4WS后轮转向及在悬架控制系统中的应用。今后还将对各种适用情况进行研究，并且为了提高到实用的水平，还需要对学习的收敛性、计算精度和计算时间以及可靠性等问题进行进一步的研究。

6.1.4　人的驾驶习惯与控制

迄今为止，已研究了许多驾驶人模型，但是很难制作出适用于所有行驶状态的驾驶人模型。想象一下在高速公路上悠闲行驶时和紧急躲避时以及在山区道路或城市道路行驶时，都不会有同样的驾驶感觉。因此，在对汽车的行驶性能以及安全性和舒适性进行评价时，对人的习惯的评价是十分重要的。需要有效地运用驾驶模拟器，从各个角度进行评价。

在某种意义上人总是希望能最智能地驾驶汽车。自近藤（先生）最先提出了驾驶人前方注视点模型，之后人的驾驶特性开始被关注，并提出了许多种类的转向模型（图6.11，表6.1）。

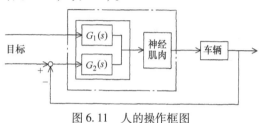

图 6.11　人的操作框图

表 6.1　驾驶人的操纵模型

操纵模型分类		备　注
开环特性	前方注视点模型	$\delta(t) = K\varepsilon_y(t+\Delta t)$　$(\Delta t = L/V)$ $\varepsilon_y(t+\Delta t) = y_{\text{path}}(t+\Delta t) - |y(t) + L\theta(t)|$
	预测控制模型	$\delta(t) = K\varepsilon_y(t+\Delta t)$　$(\Delta t = L/V)$ $\varepsilon_y(t+\Delta t) \cong \varepsilon_y(t) + \dot{\varepsilon}_y(t)\Delta t + \cdots\cdots$
	传递函数模型	$G(s) = K\left(T_D s + 1 + \dfrac{1}{T_I s}\right)e^{-\tau s}$ $G(s) = K\dfrac{T_1 s + 1}{T_2 s + 1}e^{-\tau s}$
闭环特性	交叉模型	一阶传递函数
	最佳控制模型	评价函数的最小化
	适应、学习控制模型	适应理论，神经理论，GA理论
理论控制模型		程序控制，模糊理论

最近，开始尝试以模拟器和实车行驶数据为基础，用模糊模型和神经网络理论表示驾驶人的驾驶特性。还有用遗传算法（GA）研究在紧急躲避时，驾驶人的传递特性如何变化的案例。

虽然驾驶人的操作通过视觉获得大部分信息，但是转向盘操作所产生的操舵反作用力、加减速操作时的踏板踩踏力或加减速度和侧向加速度等这些身体感觉的信息在驾驶时也是十分重要的。例如在 ABS 控制中，除了滑移控制本身的性能外，还有能以何种程度将路面打滑程度的信息通知驾驶人的问题。另外，还有对应行驶环境变化，统筹兼顾车辆操纵稳定性，并追求鲁棒性时，如何向驾驶人传递车辆极限状态信息的问题。在机器人等领域，人的遥控操作有双向控制的概念，如何将操作的感觉反馈给人，关系到操作的好坏。

亟待解决的问题是，如何使汽车能像自动制动、自动操纵系统那样有自律功能，并有必要明确汽车应具有何等程度的自律特性以适应人的操作。虽然正在进行在一定长度道路上可完全自动驾驶的研究，但是无人驾驶的车辆能否称为自动车（汽车），对此的抵触情绪以及自动驾驶的安全概念也在广泛的讨论之中。与此同时，我们清楚地认识到自动驾驶已不再是遥远的梦想，而正在变为现实。

汽车，作为支撑道路交通的主要部分，聚集着许多尖端技术，特别是近年来，作为附加智能化移动体，学习人和动物的功能，成为更加有趣的课题。水族馆中鱼群的流动方法、天空中展翅飞翔的鸟群、草原上奔驰的动物群等，都可以使人感到它们在以某种规律统一行动。恐怕这些动物很少发生正面接触，更不会像球一样相撞。在现实的道路交通中存在自然界中所没有的、各种人为的错综复杂因素，对比自然界，虚心地向生物学习也是有必要的。

汽车控制中最重要的是发掘理想的汽车特性，为此需要深入理解人的操纵特性，因为它与控制系统设计的最终评价有很大的关系。

6.2 控制关键技术的现状与展望

在 20 世纪 70 年代，汽车电子控制系统为满足降低排放等的社会要求而采用发动机控制系统，之后，又出现了为提高车辆行驶性能和乘员的安全性、舒适性、便利性等的

控制技术。在最近的高级轿车中，有的采用了超过 40 个的微处理器进行各种控制。毫不过分的说是电子技术给汽车技术发展带来了新的动力。最近，包括基础设施在内的综合系统开发推动车辆和道路向智能化方向发展，由此开始交通管制、最佳路线导航、躲避碰撞和自动驾驶等的研究，使得车辆电子控制系统越来越高性能化、大规模化。

汽车搭载的 ECU（Electronic Control Unit），在过去每当采用新的电子控制系统时，都需要额外增加。但是，为适应今后控制系统的高度自动化和大规模化，将会采用汽车以外领域的电子控制系统，运用信息处理部分集中化技术，以提高效率，考虑在控制处理部分导入危险处理和功能的层次化分散构造。在图 6.12 所示的未来车辆电子控制系统构成中，将外部信息（驾驶人动作、车辆状态、基础设施、车辆外部环境）与中央信息处理 ECU 连接，将智能化系统的各执行机构用多重通信与 ECU 连接。这样，各系统的基本控制在执行机构部分实现独立，再用中央信息 ECU 处理基于外部信息和各系统之间协调的高度判断的控制，就可以构成高度可扩展的系统。

车用电子技术发展的关键在于如何运用好新技术，以实现具有与航空器要求相媲美的高度可靠性、免维护的耐久性，而且还要实现与家用电器相同的低价格。为了实现汽车电子控制系统的深入发展，传感器技术、执行元件技术、半导体技术、多重通信技术及 FDI（Fault Detection and Isolation）技术等要素的进步和辅助 ECU 软件开发技术等变得越来越重要。下面，就这些技术的现状和未来进行介绍。

a. 传感器技术

在车辆电子控制系统中，为了获得必要的物理量和化学量的信息，采用各种各样的传感器。最近的车辆有的已经装用近 50 个传感器。能否应用性能、可靠性和性价比均

高的传感器影响着控制系统的整体功能和潜在性能。因此，对传感器技术的发展寄予很大的期望。车用各种传感器，按检测对象的分类见表6.2。

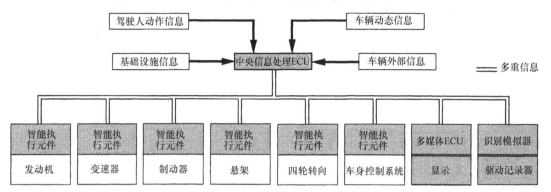

图6.12 未来车辆电子控制系统构成示例

表6.2 车用传感器的分类

检测对象	检测方法	应用传感器	使用系统
位移	电位器 转盘+光耦合器 压电元件	节流传感器 转向传感器 行程传感器	发动机 悬架
方位位置	励磁+检测线圈 光的位置差 电波的时间差	地磁传感器 光纤传感器 GPS接收器	导航 ↑ ↑
距离	超声波反射时间 电磁波反射时间 ↑	超声波传感器 激光学雷达传感器 毫米波传感器	接近报警 追尾报警 车间距离控制
速度	磁铁+磁阻元件 电磁拾取器	车速传感器 发动机转速传感器	自动变速器 发动机
角速度	音叉+压电元件+HIC	横摆角速度传感器	悬架
加速度	薄膜计+HIC 压电元件+HIC	加速度传感器 ↑	悬架 气囊
压力	压电元件 半导体隔膜 金属隔膜+半导体计压电振子	燃烧压力传感器 进气压力传感器 油压传感器 雨滴传感器	发动机 ↑ 悬架 自动刮水器
流量	热线加热电力变化 卡门涡旋+光敏晶体管	空气流量计 ↑	发动机 ↑
温度	热敏电阻	冷却液温度、吸气温度传感器	发动机
气体	ZrO_2氧浓度差电池 TiO_2的阻抗变化	空燃比传感器 ↑	发动机 ↑
光	光敏晶体管	光照传感器 点火时期传感器	空调 发动机
图像	CCD摄像机+图像处理	影像传感器	行驶、运行状况识别

传感器技术的发展方向：发动机、驱动系统领域为了进一步推进排放气体的净化和低油耗化，希望开发发动机转矩的直接检测、空燃比检测的大量程化、进气量检测的高精度化以及油的劣化检测等传感器技术；底盘系统为了实现车辆控制的高性能化，希望开发车辆动态的三维检测、对地速度的直接检测以及路面状况检测等传感器技术。另外，为了实现悬架的预测控制和未来的自动操纵控制，应该重点开发视觉传感器和实时图像处理技术以及检测驾驶人本身状态的传感技术。实现这些要求的手段之一是，运用集成化技术和精密加工技术使传感器更加精巧，如图6.13所示，预计将分阶段实现。再有，随着高速、大规模微处理器和车内通信技术的进步，控制系统设计中必要的，但

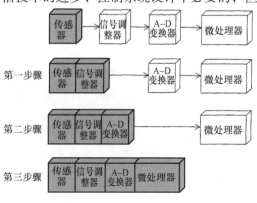

图6.13 传感器集成化的发展过程

不能直接测定的物理量和化学量通过可测定的其他传感器信号相组合进行综合运算处理而采用的软传感技术也是很重要的。

b. 执行机构技术

在车辆电子控制系统中，根据控制对象的不同，采用各种各样的执行机构。汽车用电气执行机构，按方式进行的分类见表 6.3。

表 6.3 汽车用电气执行机构的分类

种类	工作原理	应用执行机构
电磁铁	电磁吸引力引起的机械行程	○ 行驶控制 执行机构用电磁离合器
电磁阀	电磁吸引力进行阀的开闭	○ 燃料喷油器 ○ 怠速控制阀 ○ 自动变速器 变速锁止用电磁阀 ○ 防抱死制动器 执行机构用电磁阀 ○ 动力转向控制阀
直流电动机	电磁感应连续旋转	○ 燃料泵 ○ 空气悬架压缩机用电动机 ○ 防抱死制动器 执行机构用电动机 ○ 动力转向驱动用电动机
步进电动机	脉冲输入进行一定角度的旋转	○ 怠速控制阀 ○ 牵引控制 执行机构
压电元件	电致伸缩效应的机械行程	减振器阻尼力切换执行机构

执行机构技术的发展方向是，为了实现高输出、小型化的要求，改善构成材料的特性或采用新材料。例如，使用钕磁铁的高输出电动机和利用压电元件，使得响应性、稳定性、分辨率较高的集成压电式执行元件得以实用化，因此，在发动机、驱动系统和底盘系统领域可以应用新的控制系统。另外，为了实现与系统高度自动化和大规模相匹配的控制处理系统，预计执行机构和传感器及电子回路的一体化将促进执行机构更加轻巧智能化。

c. 半导体技术

半导体技术的发展给车用电子技术的发展带来了巨大的影响。微处理器的发展如图 6.14 所示。处理能力以每 1.5 年提高 2 倍左右的速度提升，2000 年集成度达到 5000 万个元件，相当庞大的车辆电子控制系统的控制电路用一个芯片就可以实现。随着这些微处理器的发展，发动机、驱动系统和底盘控制系统，以及辅助驾驶人识别状况和判断等，将会实现更高精度的实时控制，今后车辆电子控制系统所使用的微处理器，在节省空间和调整演算处理方面，集成有利的储存介质和外围功能，以单片机为主流，向系统集成化的方向发展。另外，在今后的大规模车辆电子控制系统的开发中，灵活地应对控制规格的变化和缩短开发时间更为重要。因此，今后即使是在装备 ECU 之后，可擦写程序的闪存也将逐渐扩大使用范围。此外，为了对应主要控制系统之间的协调工作的扩展，有必要加强多重通信功能。

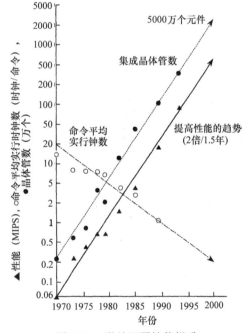

图 6.14 微处理器性能提升

在驱动电机和电磁铁的功率半导体领域，像功率 MOS FET 那样，内部设有故障诊断和元件保护功能，将代替以前的接点式继电器和双极型功率晶体管，从而降低小型化、可靠性高的智能化动力装置的成本。

d. 多重通信技术

随着电子控制系统的增加和复杂化，连

接分散配置部件之间的电气配线也大幅度地增加了。特别是高级轿车,线束回路数超过了2000,总线长度达到了2km以上。今后在各控制系统之间进行协调控制时,需要大量的数据交换。针对这些问题,为了减少配线数量,如图6.15所示,多重通信技术被车身控制系统和车辆控制系统采用。

车载ECU之间采用的多重通信,一般称为车内LAN(Local Area Network)。它是在各个ECU中设置LAN控制器,通过串行通信总线来收发数字化数据的,根据传送速度分为低速用(1kbit/s以下)、中速用(1~100kbit/s)和高速用(100kbit/s以上)。通信方式,一般采用的是错开传送时间带,不使信号相互重迭的分时多重方式。另外,通信控制方式主要有表6.4列出的三种方式,根据各自的用途,区别使用。车辆电子控制系统所使用的高速用多重通信的代表案例有博世公司提出并作为ISO标准的CAN(Controller Area Network)。

由于采用多重通信,可以实现各控制系统的传感器信号和车辆状态信息共有化,以及综合性诊断功能。因此,在发展各控制系统的高功能化、高性能化及协调化的基础上,这种技术将继续扩展。在多重通信领域,以往各公司都在开发研究各自的通信方式,但由于市场要求故障诊断装置的通用化,正在以SAE和ISO为中心推进标准化进程。

e. FDI与故障诊断辅助技术

随着车辆电子控制系统大规模化和复杂化,当发生故障时也会带来很大的麻烦。为此,除检测系统构成部件的故障部位外,应增加故障诊断功能,预测在发生故障前的性能劣化程度,并向用户报警,同时断开故障部位,尽量维持控制系统的正常功能等,面对这些多样的需求,有必要采用更加主动的FDI(Fault Detection and Isolation)技术。自然地,有必要研发能正确检测老化程度的新传感器并进行异常逻辑推定。

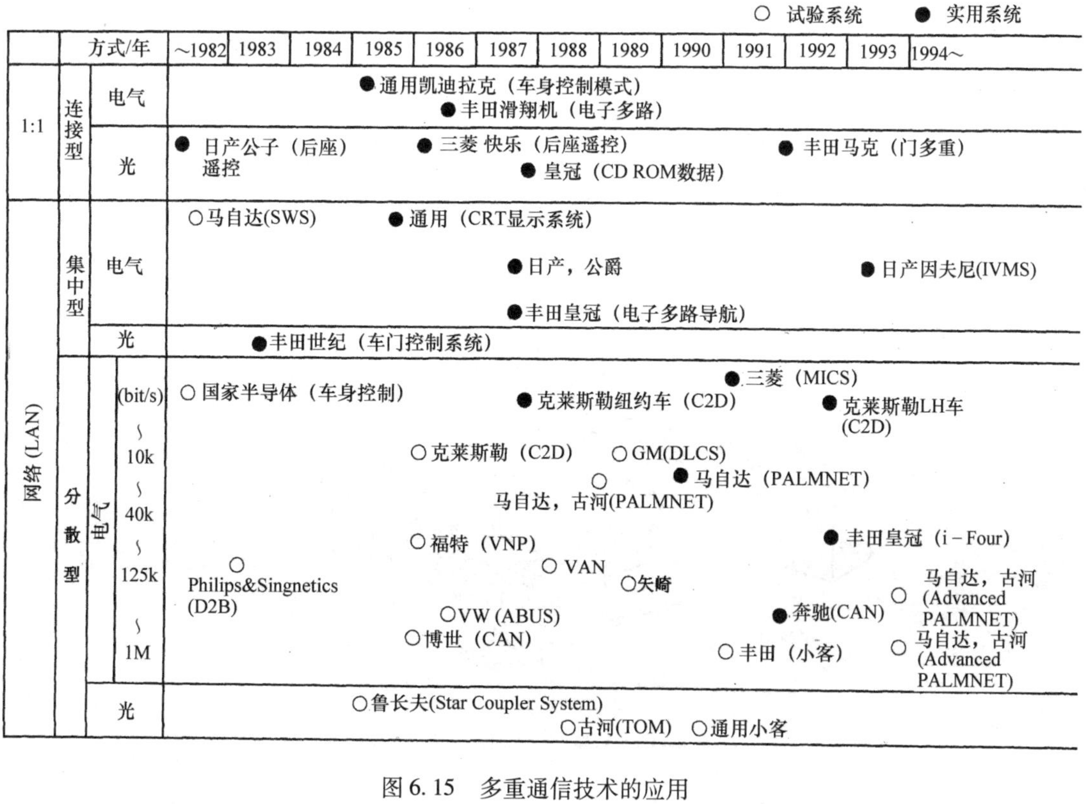

图6.15 多重通信技术的应用

表 6.4　通信控制方式的比较

方式	特征	优点	缺点
CSMA/CD	监视母线空间，如果有空间就进行通信的方式 当多个 ECU 同时传送数据、发生冲突时，先从优先度低的数据开始向上传送，当随机时间过后再次传送数据。主要用于中、高速	○ 一般来说，传递滞后时间较短 ○ 波节伸缩容易	○ 传递滞后时间不确定 ○ 需要通信 IC，稍微复杂
记号通行	在环状的网络内，称为记号的发送信号权循环，只具有发信权的小节（通信机器）进行通信的方式	○ 传递滞后时间确定 ○ 需要通信 IC，但简单	○ 波节伸缩性略有不足 ○ 如果波节多，滞后时间就大
主从方式	主局（master）向子局（slave）询问通信要求，有了要求后才允许通信的方式。主要用于低速通信	○ 不需要通过 IC，廉价（对应只用软件）	○ 波节伸缩性不好 ○ 主局发生故障，整体就会瘫痪

另外，为了在维修工厂等，准确而迅速地排除故障，需要补充车载 ECU 的车载诊断和车辆外部非车载诊断并用的故障诊断辅助系统。车辆外部的诊断装置可以通过串行通信连接车载 ECU，获取车载诊断结果和系统控制状态，进行故障内容的显示和故障部位的判断，以及执行机构的工作检查等。图 6.16 所示为今后用于解决较复杂、高难度故障的故障诊断辅助系统的构成。运用车内 LAN 可以实现控制系统之间的信息共有化、与汽车厂家专用网络连接的多媒体技术，以及利用熟练维修人员的技术经验搭建故障诊断专家系统等，故障诊断技术的系统化将会不断地发展和进步。此外，美国加利福尼亚州排放法规强化同步实施的 OBD（On-Board Diagnosis）法规、对应于安全和环境保护的法规，故障诊断的国际标准化也正在进行完善。

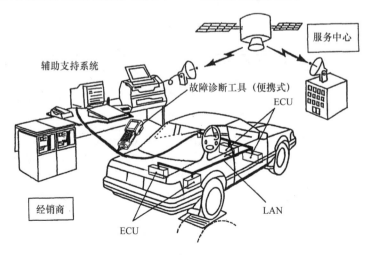

图 6.16　故障诊断辅助系统的构成

f. ECU 软件开发辅助系统

随着车辆电子控制系统大规模化和复杂化,高效率地开发 ECU 的控制程序显得更加重要。为了代替原来程序开发用的汇编程序语言,开始使用在构造上易于理解及表述的高级程序设计语言——C 语言。但是,由于原来的通用编译程序,存在着控制 ECU 软件的功能不足和储存使用量的增加等问题,提出了如图 6.17 所示的适用于车辆电子控制系统的"车辆控制用 C 语言规格",并且进入了实用阶段。

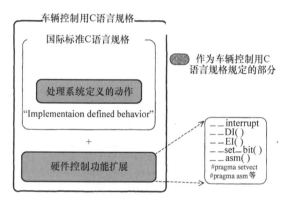

图 6.17 车辆控制用 C 语言的概要

另外,在多个 ECU 之间用多重通信进行协调控制与用一个 ECU 统一控制多个控制系统时,重点是创造各控制系统能独立开发的环境。为了实现这一目的,开始研究采用实时 OS(Operation System)。

6.3 控制系统开发的革新

由于控制信息量的增大,系统也变得越来越复杂化。庞大交错的电子装置和电气配线限制了控制系统自身的发展,同时还要解决制造质量和维修保养的问题。今后,随着智能化系统的扩大应用,这些问题将会变得更加苛刻,因此,现在必须开始考虑相应的对策。

a. 车辆 LAN 的采用

针对信息的增多,需要建立车辆 LAN,使多重通信成为可能,推进传感器和执行元件智能化,达到信息共有化,并统一整合 ECU,尽可能地实现系统的小型化。因此,不仅开发元件重要,体系化和标准化也是十分重要的。正如上节所述,这种工作正在稳步地推进。

b. 开发工具的运用

在系统开发中,计算机是不可缺少的工具。如何高效利用计算机,答案不仅在于工程师,还要依靠管理者的技术资质。近年来,开发工具迅速得到了发展,在控制系统设计中广泛利用的 MATLAB,其矩阵计算、计算功能、图表化、数据处理及等对话形式等都是优势,不必考虑烦琐的流程,完全可以按照自己解决问题的思路轻松进行开发。系统还增加了非线性控制,运用 SIMULINK 模块可以简单地进行仿真,可以一边想象实际的系统,一边进行设计。因此,凭借这些软件,现在已经进入了现代控制理论和最新控制算法易于实现的时代。除此之外,欧美开发了很多软件,如 Multi-Body Dynamics 软件群已经上市。日本由于没有认为软件是技术商品,在该领域明显处于非常落后的位置。图 6.18 为软件 ANDECS 实例。

c. 层次化系统

过去,发动机系统、驱动系统、悬架系统及转向系统是分别开发的,局部最优化未必能达到车辆整体的最优化,导致无用的信息量增加。今后,考虑从车辆整体或社会系统出发,提出以更高层次、更加智能化的汽车为目标,制造具有新创意、新价值感的汽车。例如,对车辆整体控制和个别自律控制进行重新分工,为了最大限度地发挥控制效果,在新系统下分配原来的性能、功能,或对所有新的功能进行整理、重编并进行精简。

在实际中,系统越复杂,控制软件发展得越精细,也就必然向具有生物特征的汽车发展。在末梢反射性快速响应的自律分散控制和观测所有情况的条件下,协调控制车辆

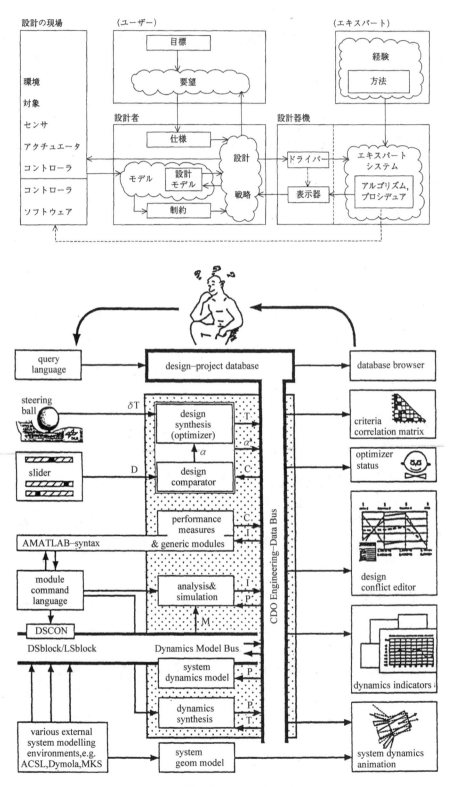

图 6.18 ANDECS

整体，达到互补的控制效果。例如，蜂鸟概念（4.4节）使该梦想得以实现，让人想象出恰似从宇宙飞来并在地上悬停，自由自在移动的汽车。

解决该课题最为有力的方法就是层次化系统。它不仅使硬件和软件层次化，在车辆整体控制整合中考虑失效保护，也进行层次化重构。因此，开始了自律分散控制理论的研究。通过层次化处理，就可以比较容易地建立关于诸多信息的判断、软传感以及人工智能的应用等数据库，实现高功能与高智能化。在底层推进传感器、执行机构及微机的智能化产品，进而为尽快实现标准化低成本的辅助系统的量产；在上层考虑利用系统控制余量的多台小型机，通过LAN实现信息的整车共有，形成紧凑且良好的系统。为了实现这一目标，有必要重新建立开发体系。

d. 新开发体制

一般来说，一旦装备了诸多控制系统，以前的开发方法就不适用了。即在新系统中，必然装入新的特性，对新特性进行评价套用原来的评价方法和评价标准是不充分的、不恰当的。因此，包括硬件、软件在内，系统开发和评价指标的确立同时进行，系统设计时应迅速判断是用硬件处理还是用软件处理与目标的差异，以此运转开发循环。开发流程如图6.19所示。随着软件比重的增大，应该推进预测仿真技术，即驾驶模拟器及虚拟现实技术，在设计领域进行一些必然的反复式开发，因此在不久的将来，将会发生从现在的以硬件开发为中心的开发体系向便于开发软件的体系的转变。

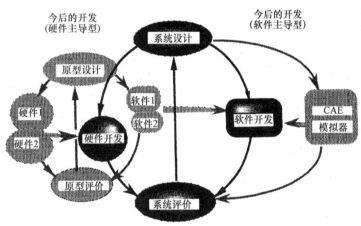

图6.19 新系统的开发流程

在综合控制化和智能化的条件下，软件常被视为黑匣子，不在体系下的复杂控制其实是浪费的、不合理、不安全的因素，不仅增加成本，失效保护在整个车辆上也难以整合，在安全性方面完全可能产生致命的缺陷。为使新系统的合理开发成为可能，推进开发组织的综合协调和分散、信息管理的系统化，为达到目标而进行各种软件的技术经验的积累，同时也要继承一定的传统技术的组织体系和管理模式。利用微机的辅助作用是能够达到管理创新和技术积累的双重目标。

e. 梦想的实现

最后谈谈最终梦想的系统。假如能够建立具有独立控制轮荷、控制驱动制动力、控制转向的系统，那么执行元件和ECU的构成将与过去的完全不一样。整车控制指令从服务主机向外传送，控制一个发动机驱动系统ECU和四个车轮ECU，基本构成如图6.20所示。由于四个车轮装备同样的系统，即使一个车轮失效，另外三个车轮也能共同应对失效工况，这样的系统控制余量设计比较容易，因此可以研究出不需划分为 ABS、TSC、VSC 的系统，如同可以按照创意自由控制系统，也可以说，完全可能实现各轮载荷任意变换、宛如动物的四条腿一样的灵活、鲁棒性强的控制系统。由于各轮具有综合控制三轴方向运动的 ECU，快速自律控制各轮的动作，以通过数据总线提供的信息和车辆自身的传感器信息为基础，车辆综合 ECU 能够自适应地控制整个车辆运动。车辆综合 ECU 若具有后备功能，可形成相互辅助的系统。万一双方的 ECU 均发生失效，通过车轮 ECU 的自律性判断，可以避免陷入危险的状况。如果该梦想能够得以实现，就有可能制造出小型化、高功能、高可靠性且性价比高的系统。

在整体环境中，即使没有特别注意，也能自然地最大限度地发挥各自的能力。其效果就是通过综合化考虑，协调为一个目标。如果能达到犹如管弦乐队和声的效果，那我们就能制造出理想的汽车。

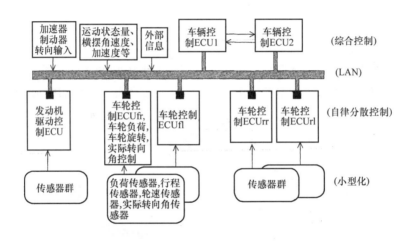

图 6.20　层次化系统的构成

参 考 文 献

1) A. G. Thompson, et al.：Optimal Active Suspension Design Using a Frequency-shaping PID Filter, Vehicle System Dynamics, Vol. 21, p.19-37 (1992)
2) 自動車技術会：自動車技術ハンドブック, 1.基礎・理論編, 第 6 章 (1990)
3) M. Nagai, et al.：Theoretical study on active four-wheel-steering system by virtual vehicle model following control, Int. J. of Vehicle Design, Vol. 10, No. 1 (1989)
4) A. G. Ulsoy, et al.：Stability Robustness of LQ and LQG Active Suspensions, Trans. of ASME, J. of Dynamic Systems, Measurement, and Control, Vol. 116, p.123-131 (1994)
5) 土井ほか：周波数特性を考慮したサスペンション制御, 日本機械学会第 2 回運動と振動の制御シンポジウム講演論文集, p.67-72 (1991)
6) 藤岡：カルマンフィルタの車両運動計測への応用（加速度計出力を使ったヨーレート・横すべり角の推定）, 自動車技術会論文集, No. 41, p.39-44 (1989)
7) 川谷ほか：H_∞制御理論に基づくアクティブサスペンションの制御, 計測自動制御学会論文集, Vol. 27, No. 5, p.554-561 (1991)
8) K. Kono, et al.：Torque Converter Clutch Slip Control System, SAE Paper 950672
9) 平野ほか：非線形ロバスト制御による操舵・駆動系統合制御システム, 自動車技術会論文集, Vol. 25, No. 4, p.103-107 (1994)
10) D. Hrovat, et al：Robust Automotive Idle Speed Control Design Based on μ-Synethesis, Proc. of ACC, p.1778-1783 (June, 1993)
11) 三平ほか：非線形制御理論を用いた自動車型けん引車両の経路追従制御, 計測自動制御学会論文集, Vol. 30, No. 4, p.427-434 (1994)
12) H. Tan, et al.：Vehicle antilock braking and traction control：a theoretical study, Int. J Systems SCI, Vol. 23, No. 3, p.351-365 (1992)
13) H. Pham, et al.：Autonomous Steering and Cruise Control of Automobiles via Sliding Mode Control, AVEC '94, p.444-448 (1994)

14) 小野ほか：自動車操舵系のロバスト制御—非線形 H_∞ 状態フィードバックによるロバスト安定化，計測自動制御学会論文集，Vol. 30, No. 4, p.443-451 (1994)
15) E. Ono, et al.：Distributed Hierarchy Control of Active Suspenshon System, AVEC '94, p.373-378 (1994)
16) 永井ほか：適応前輪操舵系による車両運動の制御，日本機械学会論文集（C編），58巻，554号，p.2982-2988 (1992)
17) 金井ほか：四輪操舵車の適応形ヨーレート，横加速度および D^* 制御系の設計，計測自動制御学会論文集，Vol. 24, No. 4, p.104-106 (1988)
18) I. Sakai, et al.：Shift Scheduling Method of Automatic Transmission Vehicles with Application of Fuzzy Logic, SAE Paper 905049
19) G. F. Mauer, et al.：Fuzzy Logic Continuous and Quantizing Control of an ABS Braking System, SAE Paper 940830
20) A. Moran, et al.：Optimal Preview Control of Rear Suspension Using Nonlinear Neural Networks, AVEC '92, p.117-122 (1992)
21) 加藤ほか：ニューラルネットワークを用いた車体重心スリップ角の推定，自動車技術会論文集，Vol. 26, No. 1, p.57-62 (1995)
22) 塩塚ほか：ニューラルネットワークによる四輪操舵車の制御，自動車技術会論文集，Vol. 25, No. 4, p.86-91 (1994)
23) M. Nagai, et al.：Driver's Decision and Control Process During Right-Turning at Intersection (Application of Fuzzy Linguistic Model for Accident Analysis), IPC4, 871250 (1987)
24) 景山ほか：ニューラルネットワークを用いた人間—自動車系のモデル化，自動車技術，Vol. 48, No. 12, p.5-11 (1994)
25) 永井ほか：遺伝的アルゴリズムによる車両運動制御に関する研究（第2報，制動を伴う操蛇による緊急回避），日本機械学会論文集（C編），62巻，599号，p.2654-2660 (1996)
26) 杉山ほか：センサの集積化，自動車技術，Vol. 44, No. 2 (1990)
27) 嶋：MPUの進化を読む，NIKKEI MICRODEVICES, 1992年3月号
28) 坂本ほか：多重通信 コントローラ，"Advanced PALMNET" の開発，自動車技術，Vol. 48, No. 8 (1994)
29) 佐藤ほか：C言語を用いた自動車制御プログラム開発手法の検討，自動車技術，Vol. 48, No. 8 (1994)
30) G. Gruebel, et al.：Computer-Ingrated Control-Dynamics-Design Experimentation by ANDECS. Status Report October 1992. Deutsche-Forshungsanstalt fuer Luft-und Raumfahrt e.V. p.47-68 (1992)